W0064580

IRMGARD GRUNWALD

Ein Fest nach langer Trauer

Der biblische Weg zu Vergebung und Versöhnung

IRMGARD GRUNWALD

Ein Fest nach langer Trauer

Der biblische Weg zu Vergebung und Versöhnung

Irmgard Grunwald
Ein Fest nach langer Trauer
Der biblische Weg zu Vergebung und Versöhnung

Bestellnummer: 271 412
ISBN: 978-3-86353-412-7

Wenn nicht anders angegeben,
wurde folgende Bibelübersetzung verwendet:
Revidierte Elberfelder Bibel, © 1985/1991/2006
SCM R.Brockhaus im SCM-Verlag GmbH & Co. KG, Witten

Außerdem wurden verwendet:

Hoffnung für alle (HFA), © 1983, 1996, 2002, 2015.
Mit freundlicher Genehmigung des Herausgebers
Fontis-Brunnen Basel

Lutherbibel Standardausgabe (LUT)
© 1999 Deutsche Bibelgesellschaft, Stuttgart

Neue Genfer Übersetzung NT + PS (NGÜ),
© Genfer Bibelgesellschaft,
1032 Romanuel-sur-Lausanne, Schweiz,
1. Auflage 2011

Schlachter-Übersetzung (SLT), © 2000, CLV, Bielefeld

1. Auflage
© 2017 Christliche Verlagsgesellschaft Dillenburg
www.cv-dillenburg.de
Satz und Umschlaggestaltung:
Christliche Verlagsgesellschaft Dillenburg
Umschlagmotiv: © Shutterstock.com/Maya Kruchankova
Druck: GGP Media GmbH, Pößneck
Printed in Germany

INHALTSVERZEICHNIS

.... ~ ....

*Ein Fest nach langer Trauer – der biblische Weg
zu Vergebung und Versöhnung*

.... ~ ....

ERSTER TEIL
....

ZWEITER TEIL

WIE EIN FEST NACH LANGER TRAUER

Wie ein Fest nach langer Trauer,
wie ein Feuer in der Nacht.
Ein offnes Tor in einer Mauer,
für die Sonne aufgemacht.
Wie ein Brief nach langem Schweigen,
wie ein unverhoffter Gruß.
Wie ein Blatt an toten Zweigen,
ein „Ich-mag-dich-trotzdem"-Kuss.

So ist Versöhnung, so muss der wahre Friede sein.
So ist Versöhnung, so ist Vergeben und Verzeihn.

Wie ein Regen in der Wüste,
frischer Tau auf dürrem Land.
Heimatklänge für Vermisste,
alte Feinde Hand in Hand.
Wie ein Schlüssel im Gefängnis,
wie in Seenot „Land in Sicht".
Wie ein Weg aus der Bedrängnis,
wie ein strahlendes Gesicht.

Text: Jürgen Werth, Melodie: Johannes Nitsch
© *1988 SCM Hänssler, 71087 Holzgerlingen*

So ist Versöhnung, so muss der wahre Friede sein.
So ist Versöhnung, so ist Vergeben und Verzeihn.

Wie ein Wort von toten Lippen,
wie ein Blick, der Hoffnung weckt.
Wie ein Licht auf steilen Klippen,
wie ein Erdteil, neu entdeckt.
Wie der Frühling, wie der Morgen,
wie ein Lied, wie ein Gedicht.
Wie das Leben, wie die Liebe,
wie Gott selbst, das wahre Licht!

So ist Versöhnung, so muss der wahre Friede sein.
So ist Versöhnung, so ist Vergeben und Verzeihn.

Eine entsetzliche Entdeckung

„Ja, ich denke, ich kann die Telefonnummer für dich finden. Sie müsste in unserem alten Notizbuch mit den Adressen stehen. – Ja, ich melde mich, sobald ich die Nummer habe. – Keine Ursache. Auf Wiedersehen."

Heike beendete das Gespräch und überlegte. Das abgegriffene braune Adressbuch müsste irgendwo im Büro liegen. Sie ging ins Arbeitszimmer ihres Mannes. Ralf war noch in der Schule. „Es kann später werden heute – schon wieder eine Konferenz", hatte er am Frühstückstisch gesagt, bevor er eilig das Haus verlassen hatte. Auf dem Schreibtisch lagen mehrere aufgeschlagene Bücher neben Ralfs Bibel und einem angefangenen Predigtmanuskript für den nächsten Sonntag. Heike lächelte, als sie das akribisch geordnete Chaos betrachtete: Die Bücher lagen exakt rechtwinklig zur Tischkante, der sorgfältig gespitzte Bleistift akkurat parallel zum Schreibblock. Geradlinig, geordnet und zielorientiert – wie alles in Ralfs Leben. Zielstrebig öffnete sie die zweite Schreibtischschublade. Allerlei Büromaterial war zu sehen, aber kein Notizbuch. Vielleicht liegt es in einer der anderen Schubladen? Heike durchsuchte noch erfolglos die Postkarten und Briefumschläge im obersten Fach und den Schuhkarton mit alten Briefen in der vorletzten Schublade. Seufzend ging sie in die Knie und zog das unterste Fach auf. Es klemmte. Ganz hinten erspähte sie den dunklen Ledereinband.

Als sie das alte Adressbuch packte und herauszog, hörte Heike ein seltsam hartes, klapperndes Geräusch. Sie tastete die hinteren Ecken des Schubfachs ab und bekam einen Gegenstand zu fassen. Sie beugte sich noch tiefer herunter und starrte verblüfft auf eines dieser neuartigen Handys. Ralf hatte kürzlich erst gesagt, dass ein solches Mobiltelefon vielleicht ganz praktisch sein könnte – aber trotz seiner Vorliebe für technisches Spielzeug eigentlich nicht wirklich lebenswichtig.

Langsam richtete Heike sich auf. Zahlreiche widersprüchliche Gedanken jagten ihr durch den Kopf. Wem gehörte dieses Gerät? Warum lag es an einer so versteckten Stelle? Sollte das Ding möglicherweise ein Geschenk für sie werden? Am besten sollte sie das Telefon wohl einfach wieder zurücklegen und vergessen, oder? Heike zögerte einen Moment. Sie wollte die ungeheuerliche Vorstellung nicht zulassen, die sich in ihrem Kopf in die erste Reihe drängelte: Hatte Ralf vielleicht ein Geheimnis vor ihr? In den letzten zwei, drei Monaten waren ihr manche seiner Verhaltensweisen eigenartig und fremd vorgekommen. Heike schloss die Augen und schüttelte leicht den Kopf, als ob man eine unliebsame Idee auf diese Weise verscheuchen könne. Dann legte sie das Handy auf den Schreibtisch.

Heike drehte sich um und ging zur Tür. Als sie die Hand zur Klinke ausstreckte, brummte das Mobiltelefon. Heike wandte sich wieder zurück. Offenbar war soeben eine SMS angekommen. Mit zitternden Fingern nahm sie das Gerät auf.

*

„Warum stehst du da und heulst? Du bist doch selbst schuld! Wie kommst du dazu, mir nachzuspionieren? Wieso stöberst du in meinen Privatangelegenheiten herum? Dieses Handy geht dich überhaupt nichts an!" Noch nie in 25 Ehejahren hatte Heike ihren Mann so erbittert erlebt. Ralf war völlig aufgebracht und brüllte seine Frau unbeherrscht an. Heike bebte am ganzen Körper und brachte kein Wort mehr heraus. Tränen strömten ihr über das Gesicht.

Konnte es wirklich wahr sein, was da bruchstückhaft ans Licht gekommen war? Konnte es wirklich wahr sein, dass ihr Mann sein Eheversprechen gebrochen hatte – dass er seine Liebe zu ihr verraten und die Treue mit Füßen getreten hatte? Im Zorn hatte Ralf seiner verstörten Ehefrau schonungslos eröffnet, dass er endlich eine verständnisvolle Frau, die wahre Liebe seines Lebens, gefunden habe. Ein Name war gefallen: Bettina.

ERSTER
Teil

2

Schuld, Vergebung und Versöhnung

.... ❧ ....

Wenn wir sagen, dass wir keine Sünde haben,
betrügen wir uns selbst, und die Wahrheit ist nicht
in uns. (...) Wenn wir sagen, dass wir nicht gesündigt
haben, machen wir ihn zum Lügner,
und sein Wort ist nicht in uns.
(1. Johannes 1,8.10)

.... ❧ ....

❧ Vorsicht, Falle!

Jeder weiß, dass es immer wieder und überall geschieht –
auch in christlichen Gemeinden.

Jeder weiß, dass man selbst auch nicht in jeder Versuchung absolut immun gegen die Sünde ist.

Dennoch sitzt der Schock tief, wenn plötzlich in unmittelbarer Nähe – in der eigenen Familie oder Gemeinde – geliebte Menschen abgleiten und sich in Sünde verstricken. Es ist vermutlich kein Zufall, dass diese Sünde häufig sexueller Natur ist.

Die Konsequenzen der Sünde zeigen sich sofort: Zahllose zerbrochene Beziehungen in den betroffenen Familien und in der Gemeinde sind der Preis für ein verbotenes „Glück".

Von sich aus ist kein einziger Mensch „gut" genug, um sündlos zu leben, um permanent eine ungetrübte Beziehung zu Gott haben zu können, um ewiges Leben zu verdienen. In der Bibel heißt es:

Alle haben gesündigt, und in ihrem Leben kommt
Gottes Herrlichkeit nicht mehr zum Ausdruck ...
(Römer 3,23; NGÜ)

Jeder Mensch, der ehrlich zu sich selbst ist, muss sich eingestehen, dass er nicht sein ganzes Leben lang fehlerlos gelebt hat. Das ist für einen Menschen völlig unmöglich. Folglich hat auch keiner, wirklich absolut niemand das Recht, hochmütig auf die Sünde seiner Mitmenschen zu zeigen.

∾ Freispruch aus Gnade

Wenn wir unsere Sünden bekennen, ist er treu und
gerecht, dass er uns die Sünden vergibt und uns rei-
nigt von jeder Ungerechtigkeit. (...) Meine Kinder, ich
schreibe euch dies, damit ihr nicht sündigt; und wenn
jemand sündigt – wir haben einen Beistand bei dem
Vater: Jesus Christus, den Gerechten. Und er ist die
Sühnung für unsere Sünden, nicht allein aber für die
unseren, sondern auch für die ganze Welt.
(1. Johannes 1,9; 2,1-2)

Kein Mensch hat aus eigener Kraft die Möglichkeit, zu Gott zurückzukommen. Alle Bemühungen, Gott durch Tränen der Reue, durch versuchte Wiedergutmachung in Form von „guten Werken" oder durch ein besonders „frommes" und religiöses Leben zu beeindrucken, schlagen unweigerlich fehl. Nur Gott kann diese Distanz von sich aus überbrücken – aus Gnade.

Deswegen geht der Vers aus dem Brief an die Römer auch weiter:

... und dass sie für gerecht erklärt werden, beruht auf seiner Gnade. Es ist sein freies Geschenk, aufgrund der Erlösung durch Jesus Christus.
(Römer 3,24; NGÜ)

Der Herr Jesus Christus hat als Unschuldiger die Sünde der ganzen Menschheit getragen; er hat stellvertretend für meine Schuld bezahlt – für jede Sünde, die ein Mensch demütig und mit der ernsthaften Bereitschaft zur Buße vor Gott bekennt.

Durch Sündenbekenntnis und aufrichtige Buße wird die Beziehung zwischen dem Sünder und unserem gnädigen Gott vollständig wiederhergestellt.

∞ Versöhnung von Mensch zu Mensch

Wenn du nun deine Gabe darbringst zu dem Altar und dich dort erinnerst, dass dein Bruder etwas gegen dich hat, so lasse deine Gabe dort vor dem Altar und geh vorher hin, versöhne dich mit deinem Bruder, und dann komm und bring deine Gabe dar!
(Matthäus 5,23-24)

In den meisten Fällen wird durch die Sünde auch im zwischenmenschlichen Bereich eine Menge Porzellan zerschlagen. Vollständig kitten kann man die Scherben häufig nicht mehr – die Enttäuschungen und Verletzungen sind schmerzhaft und tief.

Dennoch: Versöhnung ist möglich!

In diesem Buch geht es um Sünde und Vergebung, illustriert durch die spezielle Sünde Ehebruch. Die Geschichte: Ein langjährig bewährter Gemeindemitarbeiter verliebt sich in eine alleinstehende Frau in seiner Gemeinde. Er verlässt seine Ehefrau und seine Kinder und taucht mit seiner neuen Lebensgefährtin unter. Viele Jahre lang sieht man verhärtete Fronten auf allen Seiten – bis eines Tages, wie durch ein Wunder, die überströmende Gnade Gottes das Paar zur Buße treibt. Dadurch wird der Weg frei zur Versöhnung. Die wiedergewonnene Gemeinschaft der Geschwister ist wie ein Fest nach langer Trauer. Es ist allerdings – trotz aller jubelnden Freude über Vergebung und Versöhnung – ein Fest mit einem leichten bitteren Nachgeschmack, ohne „Happy End".

Die hier geschilderte Geschichte ist zwar fiktiv, alle Personen und Ereignisse sind frei erfunden. Ähnlichkeiten zu tatsächlichen Geschehnissen sind allerdings alles andere als zufällig, denn Begebenheiten dieser Art ereignen sich immer wieder in allen denkbaren Variationen. Auch die Bibel schildert offen und schonungslos einen krassen Fall von Ehebruch: König David, der „Mann nach dem Herzen Gottes", verstrickt sich in diese Sünde, die in der Folge noch weitere Sünden nach sich zieht.

Wie konnte es dazu kommen?
Wie bewertet die Bibel die Themen Ehe und Ehebruch?
Welche Konsequenzen hat die Sünde?
Wie kann die betrogene Ehefrau mit der Verletzung umgehen?
Wie soll die Gemeinde reagieren?
Wie kann man zu Vergebung und Versöhnung kommen?

Diese und viele weitere Fragen drängen sich auf, wenn man sich mit dem Themenkomplex Sünde am Beispiel Ehebruch aus biblischer Perspektive auseinandersetzt. Die Gedanken in diesem Buch möchten eine Hilfe bei der Beschäftigung mit einigen Facetten dieser speziellen Sünde gegen Gott und gegen Menschen anbieten. Dabei wechseln sich die erzählenden Kapitel ab mit Betrachtungen zu einzelnen Fragestellungen im Licht der jeweiligen biblischen Aussage.

Nicht zuletzt soll die Geschichte jedoch Mut machen und Hoffnung geben: Keine Situation ist jemals so verfahren, dass die Gnade Gottes sie nicht entwirren könnte. Unser barmherziger Herr kann sogar ein krasses menschliches Fehlverhalten durch die Macht der Vergebung dazu nutzen, um alle beteiligten Personen näher zu ihrem ganz persönlichen Herrn und Erlöser zu ziehen.

IHM allein sei Lob und Ehre, Dank und Anbetung in Ewigkeit!

3

Die Sehnsucht nach Glück

„Darf ich dich mal etwas fragen?" Mit einem schüchternen Lächeln setzte sich Oliver zu Ralf, der sich gerade noch eine letzte Tasse Kaffee eingegossen hatte. Das große Fest anlässlich der Silberhochzeit von Heike und Ralf war vorbei; die beiden Männer hatten gerade die Stühle im Gemeindesaal für den Sonntagsgottesdienst aufgestellt, und einige Frauen aus der Gemeinde waren noch mit dem Aufräumen beschäftigt.

„Wie war das eigentlich damals bei euch, vor 25 Jahren? Du weißt ja, dass Tanja und ich auch im kommenden Herbst heiraten wollen … hast du nicht einen Tipp für mich?" Ralf grinste ein wenig amüsiert, und Oliver beeilte sich hinzuzufügen: „Ich meine, wie geht man denn als Christ an die Ehe heran?" Ralf hatte das Gefühl, auf dem falschen Fuß erwischt worden zu sein. Ein persönlicher Erfahrungsbericht? Damit konnte er Oliver nicht weiterhelfen. Aber selbstverständlich kannte Ralf geistlich begründete Theorien. „Hast du schon einmal von der sogenannten Ehepyramide gehört? Diese Pyramide besteht aus drei Ebenen. Die Basis bildet das gemeinsame geistliche Leben: Beide Ehepartner sind wiedergeboren und wollen dem Herrn von ganzem Herzen dienen. Auf diesem tragfähigen Fundament steht die seelische Ebene – dazu zählen natürlich zuerst gegenseitige Sympathie, aber selbstverständlich auch gemeinsame Interessen und Wertvorstellungen. Hier verliebt man sich … Die dritte Ebene ist die Spitze der Pyramide, der körperliche, erotische Aspekt der Liebesbeziehung: Dieser Teil ist ausschließlich der Ehe vorbehalten." *Soweit die Theorie,* dachte Ralf wehmütig.

„Und dann funktioniert eine Ehe so wie bei euch?" Ralf sah Oliver an. „Aus eigener Erfahrung kann ich dazu leider gar nichts sagen. Wir waren beide damals noch nicht gläubig – sonst wäre vermutlich vieles anders gelaufen. Ich fürchte, wir haben damals die Ebenen glatt vertauscht." Oliver war verblüfft. „Das wusste ich nicht", sagte er. „Aber trotzdem würde mich eure Liebesgeschichte interessieren. Erzählst du mir davon?" – „Gern", erwiderte Ralf. „Solange wir nicht von den fleißigen Helfern weggeputzt werden …"

Der Polterabend war eine feucht-fröhliche Party, aber Ralf fühlte sich ein wenig unbehaglich. Er kannte kaum jemanden der zahlreichen Partygäste, nur einige Leute, die – wie er – aus der Nachbarschaft kamen. Ralf wollte noch rasch sein Glas austrinken und sich dann auf den Heimweg machen. Er entdeckte Heike, als er sich beiläufig auf der Festwiese umsah. Sie stand mit einigen anderen jungen Frauen bei der Braut und lachte ausgelassen, als sich ihre Blicke plötzlich trafen. Scheinbar zufällig schlenderte Ralf auf die Gruppe zu.

Im Anschluss an den Polterabend trafen sie sich zuerst sporadisch, dann immer häufiger. Ralf erfuhr, dass Heike ein Jahr jünger war als er; sie hatte vor kurzem ihren 20. Geburtstag gefeiert. Sie hatte allerdings – im Gegensatz zu Ralf – bereits eine abgeschlossene Berufsausbildung und arbeitete in einer Apotheke. Ralf war vom Berufsleben noch weit entfernt; er hatte erst vor wenigen Monaten seinen Wehrdienst beendet und mit dem Studium begonnen. Bis er als Lehrer arbeiten könnte, würden noch mindestens fünf Jahre vergehen. Heike und Ralf dachten allerdings wenig über die Zukunft nach; sie lebten für den Augenblick und genossen es, ihre freie Zeit miteinander zu verbringen.

Nach ein paar Wochen wurde es auch für die Eltern unübersehbar: Ralf und Heike „gingen miteinander".

„Ich bin verliebt in die Liebe … sie ist okay-ay für mich – ich bin verliebt in die Liebe … und vielleicht auch in dich!", plärrte eine schmalzige Stimme aus der Musikbox der neuen italienischen Eisdiele. Heike mochte am liebsten Zitroneneis, und Ralf begleitete sie gerne in das chromblitzende moderne Café. Ab und zu gingen sie auch tanzen; dabei genossen die beiden es ganz besonders, einander in aller Öffentlichkeit im Arm zu halten. „Nights in White Satin" war ihr Lieblingssong; sie tanzten eng umschlungen. Später, auf langen einsamen Waldspaziergängen, wurden ihre Küsse immer leidenschaftlicher.

Irgendwann, knapp drei Jahre nach jenem schicksalhaften Polterabend, wurde ihnen klar, dass sie zusammenbleiben wollten. Ralf und Heike beschlossen, ihre Beziehung offiziell zu machen und zu heiraten. Sie mussten lediglich noch eine Weile auf Kinder verzichten, denn Ralf studierte weiterhin und Heike musste zunächst allein für den Lebensunterhalt sorgen.

Fünf Jahre nach der Hochzeit – Ralf hatte inzwischen eine Festanstellung als Lehrer – wurde Matthias, ihr erstes Kind, geboren. Nach weiteren vier Jahren und der Geburt von Sonja schien die Familie komplett und ihr Glück vollkommen zu sein.

Doch ein Jahr später wurde ihre kleine Welt völlig auf den Kopf gestellt. Durch einen neuen Arbeitskollegen hörte Ralf die Botschaft des Evangeliums, und der Geist Gottes führte ihn innerhalb weniger Wochen zur Bekehrung. Sein neues Leben bewirkte als erstes eine heftige Ehekrise; es war Heike gänzlich schleierhaft, wie ein junger Mann von 34 Jahren sich urplötzlich mit einem „alten Buch" und den darin enthaltenen Gedanken über Schuld und Vergebung, Tod und Ewigkeit befassen konnte. Doch ihre anfangs feindselige Haltung schlug allmählich in Nachdenklichkeit um. Einige Monate nach ihrem Mann erlebte auch Heike eine Wiedergeburt.

Diese Lebensentscheidungen prägten fortan ihr Familienleben. Intensive Mitarbeit in der Gemeinde wurde für Ralf und Heike selbstverständlich – wenn auch in unterschiedlichen Bereichen. Ralf reduzierte im Laufe der Zeit seine Stundenzahl als Lehrer und widmete sich immer stärker den vielfältigen Aufgaben der Gemeindearbeit. Das dritte Kind, Joel, wuchs von Anfang an in einer bewusst christlich gestalteten Umgebung in Familie und Gemeinde auf.

Oliver war beeindruckt von Ralfs Bericht. „Nach 25 Jahren Ehe noch ein glückliches Paar mit einem harmonischen Familienleben und dabei noch so hingebungsvolle Mitarbeiter in der Gemeinde ... das ist wirklich eine tolle Leistung!" Ralf schüttelte leicht den Kopf. „Nein, keine Leistung, nur Gnade. Und trotz allem ein zerbrechliches Glück."

*

Heike und Bettina kümmerten sich in der Gemeindeküche um den restlichen Abwasch. „Noch ein paar Kaffeetassen, dann ist alles erledigt", sagte Heike zufrieden. „Gut", erwiderte Bettina, „ich bin jetzt auch ziemlich erledigt. Aber es war wirklich ein schönes Fest. 25 Jahre glücklich verheiratet ... das ist schon etwas Besonderes." Heike lächelte. „Ja, es ist ein Geschenk." Seufzend drehte sich Bettina zu ihr um. „Was habe ich bloß alles falsch gemacht, dass Gott *mir* kein bisschen Glück in meinem Leben geschenkt hat?" Betroffen blickte Heike sie an. „Aber du hast doch Annika. Und jetzt hast du außerdem noch uns, alle deine Geschwister in der Gemeinde", wandte sie hilflos ein. „Ja ...", antwortete Bettina lahm, „aber trotzdem fehlt mir ein Mann. Einer, der nett zu mir ist und mich nicht bloß ausnutzt." Heike nickte. Einige Einzelheiten aus ihrem Leben hatte Bettina ihr schon anvertraut, während sie nach Bettinas Bekehrung im letzten Sommer gemeinsam einen Glaubensgrundkurs durchgearbeitet hatten. Nein, viel Glück hatte Bettina in ihrem Leben bisher nicht erlebt.

Die vorherrschenden Gefühle in Bettinas Kindheit waren Angst und Verunsicherung gewesen. Ständig war sie auf der Hut vor ihrem Vater. Wenn er Sorgen hatte, trank er zu viel, und wenn er getrunken hatte, neigte er zu aggressiven Wutausbrüchen. Sobald sie volljährig war und finanziell auf eigenen Füßen stehen konnte, verließ sie ihr Elternhaus und zog in eine andere Stadt. Bettina sehnte sich nach einem glücklichen Familienleben und suchte einen Mann, der ihr alles geben würde, was sie bisher so schmerzlich vermisst hatte. Immer wieder wurde sie bitter enttäuscht.

Mit Mitte 20 lernte sie Rüdiger kennen. Zuerst überhäufte er Bettina mit Geschenken, doch schon bald forderte er Gegenleistungen. Bettina ging darauf ein – alles schien ihr besser zu sein als Einsamkeit. Als sie schwanger wurde, drängte sie Rüdiger zur Hochzeit. Bettina hatte die vage Hoffnung auf eine harmonische Familie noch nicht aufgegeben.

Sie war 27, als Annika geboren wurde. Kurz nachdem sie mit ihrem Baby aus der Klinik nach Hause gekommen war, erfuhr Bettina, dass Rüdiger unterdessen mit einer anderen Frau in ihrer Wohnung gehaust hatte. Als sie ihn zur Rede stellen wollte, schlug er sie zum ersten Mal. In naiver Leichtgläubigkeit wollte Bettina zu gerne Rüdigers zerknirschter Reue und seinen großzügigen Geschenken am nächsten Tag Vertrauen schenken. Doch im Laufe der Zeit verselbstständigte sich der unheilvolle Kreislauf in immer kürzeren Abständen: weitere Affären, handgreifliche Streitereien, mit Geschenken erkaufte

Versöhnung … Angst und Verunsicherung blieben Bettinas treueste Begleiter.

Irgendwann schlug Rüdiger so heftig zu, dass sie blutend am Boden lag. Bettina schluchzte – und dann sah sie die Panik in den Augen ihrer inzwischen dreijährigen Tochter. Voller Verzweiflung packte sie Annika und suchte Zuflucht im Frauenhaus.

Bettina brachte es fertig, sich von Rüdiger scheiden zu lassen. Sie kümmerte sich um Annika, aber sie verabscheute ihren Status als alleinerziehende Mutter. Zwar lernte sie immer wieder Männer kennen, die Beziehungen waren jedoch meist von kurzer Dauer.

Annika war 14, als sie von einer Schulfreundin zur Jugendgruppe der christlichen Gemeinde eingeladen wurde. Bettina wurde neugierig, denn ihre Tochter berichtete begeistert von Liedern und Spielen, Aktionen und Bibelarbeiten. An einem Freitagabend im Mai brachte Annika eine besondere Neuigkeit mit nach Hause: „Mama, nächste Woche ist in der Gemeinde ein Salatabend für Frauen. Willst du da nicht mal hingehen?" Bettina zögerte nicht lange. Schon seit geraumer Zeit suchte sie nach einem Halt im Leben, nach einem Fixpunkt, der ihrem Dasein Sinn und Ziel geben konnte.

Der Salatabend wurde zum Wendepunkt in Bettinas Leben. Sie entdeckte die Liebe Gottes und die wohltuende Kraft der Vergebung. Langsam begannen selbst alte Wunden zu heilen.

„Trotz allem", sagte Bettina und legte das feuchte Geschirrtuch über die Heizung, „es ist tatsächlich

eine große Gnade, dass ich mich bekehren konnte –
ob mit oder ohne Mann." Heike legte ihr freundlich
die Hand auf die Schulter. „Da hast du absolut Recht,
Bettina. Und außerdem weißt du ja: wenn du irgendetwas brauchst – wir sind immer für dich da."

4

Der Bund fürs Leben – Ehe im Alten und Neuen Testament

.... ❧ ....

Es ist nicht gut, dass der Mensch allein sei.
(1. Mose 2,18)

.... ❧ ....

❧ Der Bund fürs Leben

Was ist eigentlich eine Ehe?

In der multioptionalen westlichen Welt des 21. Jahrhunderts muss man dieses „Lebenskonzept" nicht nur definieren, sondern regelrecht verteidigen. Das Lexikon zur Bibel beschreibt die Ehe als „das nach jeweils geltendem Brauch und Recht zustande gekommene feste Verhältnis von Mann und Frau, das durch körperliche und geistige Gemeinschaft ausgezeichnet und dessen Sinn und Ziel nach dem Schöpfungsbericht die Lebens- und Arbeitsgemeinschaft ist."[1]

---

1 *Lexikon zur Bibel*, Fritz Rienecker (Hrsg.), Hänssler 1992

Eine Ehe ist von ihrem Ursprung und ihrer Zielsetzung her verbindlich und unauflöslich und endet erst mit dem Tod eines der Ehepartner. Diese Perspektive erfordert ein tragfähiges Fundament – eine wanwdelbare Emotion wie „Verliebtheit" reicht keinesfalls aus, um eine unerschütterliche Entscheidung für ein ganzes Leben zu treffen. Nur mit einem bewussten und – neben aller Liebe! – nüchternen Willensentschluss kann ein Ehepaar Jahre und Jahrzehnte „in guten und in schlechten Tagen" die Herausforderungen des Zusammenlebens meistern.

In unserem heutigen Lebenszusammenhang steht am Beginn jeder Ehe entsprechend den Vorschriften des Bürgerlichen Gesetzbuches ein sogenannter bürgerlicher, „weltlicher" Vertrag oder Bund, der im Beisein eines staatlichen Beamten von beiden Ehepartnern rechtsverbindlich unterzeichnet werden muss. Die Ehe ist also (auch nach biblischer Lesart) kein „Sakrament". Geheiratet wird (in Deutschland) nicht in der Gemeinde oder Kirche, sondern auf dem Standesamt.

Das im Beisein von Zeugen unterschriebene Eheschließungsdokument allein reicht allerdings zur Bestätigung der Gültigkeit des Ehebundes nicht aus. In den meisten Staaten dieser Welt – so auch in Deutschland – gibt es gesetzliche Regelungen zur Sexualität in der Ehe. Das Bürgerliche Gesetzbuch beispielsweise sieht vor, dass die Ehepartner einander zur „ehelichen Lebensgemeinschaft" verpflichtet sind und damit zur sogenannten Geschlechtsgemeinschaft. Ehe und Sex gehören einfach zusammen.

Der Geschlechtsakt nach der Eheschließung ist dementsprechend gewissermaßen das Zeichen des geschlossenen Bundes, vergleichbar etwa mit dem Regenbogen bei Gottes Bund mit Noah.

∽ Der Ehebund im Alten Testament

Gott ist absolut nicht auf Menschen oder gar auf menschliche Zuneigung angewiesen; dennoch sucht er die innige Verbindung mit seinen geliebten Geschöpfen. Ein Beispiel dafür ist der Bund mit dem Volk Israel (2. Mose 19–24). Er wurde von Gott und ausschließlich durch seine Initiative mit dem Volk Israel geschlossen: Gott verpflichtete sich in diesem Bund, Israel zu seinem Eigentum zu machen (siehe Psalm 33,12; Psalm 135,4; 2. Mose 19,5; 5. Mose 7,6; 26,18).

Im Zusammenhang des Alten Testaments ist – für unsere Ohren befremdlich – auch der Ehebund stets geprägt durch ein *Eigentumsverhältnis*. Auf diese Weise spiegelt die antike menschliche Ehegemeinschaft die Beziehung des Herrn zu seinem auserwählten Volk Israel wider, dem „Volk des Eigentums". Israel ist, im Bild gesprochen, die Ehefrau, und Gott selbst der Ehemann.[2] Dadurch illustriert das Wort Gottes Kennzeichen einer Ehebeziehung wie Vertrautheit, Treue und Verantwortung. Die Geschichte des Propheten Hosea (siehe v. a. Kapitel 1 bis 3) ist ein besonders einprägsames Beispiel dafür.

Das bedeutet allerdings keineswegs, dass Verliebtheit und romantische Liebesbeziehungen im Kontext einer alttestamentlichen Ehe nicht vorkommen – man denke nur an Ehepaare wie Isaak und Rebekka (1. Mose 26,8) oder Hanna und Elkana (1. Samuel 1,5.8).

---

2 Das Neue Testament modifiziert diese Sichtweise und verlagert den Akzent: Jesus Christus versinnbildlicht den Bräutigam, die neutestamentliche Gemeinde stellt die Braut dar. Erst nach der Entrückung finden das „Hochzeitsmahl des Lammes" und die endgültige Vermählung statt.

∽ Gottes Bilderbuch: die Ehe im Neuen Testament

Die Ehe ist auch im Neuen Testament in mancherlei Hinsicht ein Bild oder ein Vergleich, doch steht hier die *Liebesbeziehung* im Vordergrund. Gott benutzt im Epheserbrief ganz besonders das Bild der ehelichen Verbindung eines Mannes und einer Frau, um die Beziehung und die Liebe des Herrn zu seiner Gemeinde darzustellen:

> *Ihr Männer, liebt eure Frauen! Wie auch der Christus*
> *die Gemeinde geliebt und sich selbst für sie hingege-*
> *ben hat. (...) Denn niemand hat jemals sein eigenes*
> *Fleisch gehasst, sondern er nährt und pflegt es, wie*
> *auch der Christus die Gemeinde. (…) Deswegen wird*
> *ein Mensch Vater und Mutter verlassen und seiner*
> *Frau anhängen, und die zwei werden ein Fleisch*
> *sein. Dieses Geheimnis ist groß, ich aber deute es auf*
> *Christus und die Gemeinde.*
> **(Epheser 5,25.29.31-32)**

Ist es nicht unfassbar, was der Herr uns anvertraut? Er hat Menschen geschaffen mit Geist, Seele und Körper (1. Thessalonicher 5,23), und er hat die Ehe geschaffen, damit ein Mann und eine Frau geistlich, seelisch und sexuell eine Einheit bilden können. Und darüber hinaus ist diese Einheit ein Abbild der Einheit unseres Herrn Jesus Christus mit seiner Brautgemeinde.

Welch eine Tragödie, dass der Mensch dieses wunderbare Bild durch die Sünde bis zur Unkenntlichkeit entstellt und besudelt.

∾ Sehr gut – Sexualität aus Gottes Sicht

Und Gott schuf den Menschen nach seinem Bild,
nach dem Bild Gottes schuf er ihn; als Mann und
Frau schuf er sie. Und Gott segnete sie, und Gott
sprach zu ihnen: Seid fruchtbar und vermehrt euch.
(...) Und Gott sah alles, was er gemacht hatte, und
siehe, es war sehr gut.
(1. Mose 1,27-28a.31)

Nach biblischer Norm gehören Ehe und Sexualität unbedingt zusammen. Das Thema Sexualität wird in der Bibel immer mit großer Offenheit und Selbstverständlichkeit behandelt. Wir erfahren genau, wie Gott sich die menschliche Sexualität vorstellt, die er geschaffen hat. Gottes Wort nimmt aber auch kein Blatt vor den Mund, wenn es darum geht aufzuzeigen, was die Sünde aus diesem wertvollen Geschenk Gottes gemacht hat.

∾ Eine Quelle der Freude

Erfreue dich an der Frau deiner Jugend! Die liebliche
Hirschkuh und anmutige Gämse – ihre Brüste sollen
dich berauschen jederzeit, in ihrer Liebe sollst du
taumeln immerdar!
(Sprüche 5,18-19)

Vielleicht ist man als Frau heutzutage nicht gerade begeistert davon, mit einer Hirschkuh oder einer Gämse verglichen zu werden. (Ist das nicht so eine Art Ziege?!) Aber vielleicht ist man dennoch höchst erstaunt über die unbefangene Schilderung der Sexualität. Gottes Wort macht keinen Hehl daraus, dass Sex Freude bringen soll. Oder gilt das etwa nur für Männer?

Nein, auch Sulamith, die Braut Salomos im Hohelied, schildert die körperlichen Vorzüge ihres Geliebten ohne Zurückhaltung:

> *Seine Arme sind goldene Rollen, mit Türkis besetzt;*
> *sein Leib ein Kunstwerk aus Elfenbein, bedeckt mit*
> *Saphiren. Seine Schenkel sind Säulen aus Alabaster,*
> *gegründet auf Sockel von gediegenem Gold. (...) Sein*
> *Gaumen ist Süßigkeit, und alles an ihm ist begeh-*
> *renswert. Das ist mein Geliebter, und das ist mein*
> *Freund, ihr Töchter Jerusalems!*
> ***(Hohelied 5,14-16)***

Wenn das so ist in der Bibel, dann sollte doch eigentlich alles klar sein. Dann darf sich jeder an Gottes Geschenk erfreuen. Wo ist das Problem?

∾ Die Sünde verdirbt alles

Das Gesicht der Sexualität ist schwer entstellt durch die Sünde. Was als gegenseitiges, intimes Geschenk von Eheleuten geschaffen ist, wird öffentlich zu Markte getragen und im wörtlichen wie im übertragenen Sinn verkauft. Wo die Liebe Motivation und tragendes Element sein sollte, finden wir nur zu oft Egoismus und das Ausleben von Machtgelüsten. Die Liste der Sünden in Verbindung mit der Sexualität ist lang. Gott hat klare Regeln vorgegeben, doch schon vor über 4000 Jahren herrschten offenbar die gleichen Zustände wie heute: Das Wort Gottes verurteilt Ehebruch (3. Mose 20,10), Inzest (3. Mose 20,11-12.17.19-21), praktizierte Homosexualität (3. Mose 20,13) und den sexuellen Umgang mit Tieren (3. Mose 20,15-16). Das Neue Testament bekräftigt diese Aussagen noch einmal, zum Beispiel in Römer 1,26-27. Das Geschenk Gottes, ein vollkommenes Bild seiner Liebe und seiner Verbundenheit mit seinen Kindern, wird von vielen mit Füßen getreten – und wie immer bringt der Einfluss der Sünde auch hier viel Leid für die Menschen. Nur wenn wir uns bewusst an Gottes Vorgaben orientieren, dann können wir sein Geschenk genießen.

❧ Klare Regeln

Wie lauten die Regeln Gottes für die Sexualität?

- Gott stellt die Sexualität immer in einen Zusammenhang mit der Ehe. Die Ehe ist gekennzeichnet von einem eindeutigen Beginn und lebenslanger Treue. Jede sexuelle Betätigung außerhalb dieses Rahmens bezeichnet die Bibel als „Unzucht" bzw. „Hurerei". Und bereits an diesem Punkt fangen die Probleme an: Sowohl der Anfang einer Ehe als auch die ausschließliche Bindung an einen Ehepartner werden heute (auch in „christlichen Kreisen"!) zur Diskussion gestellt.

- Sexualität nach den Regeln Gottes ist ein *gegenseitiges Geschenk*; nie steht die persönliche Lustbefriedigung im

Vordergrund, sondern immer die Person des geliebten Ehepartners. Und da diese Regel *für beide* gilt, kommt mit Sicherheit keiner zu kurz. Haben Sie gewusst, dass die Bibel gerade beim Thema Sexualität so „frauen-freundlich" ist? (Vgl. 1. Kor 7,3-4.)

- Der *Sinn* der Sexualität ist daher keineswegs nur das Zeugen von Kindern. Zwar steht die Sexualität in einem klaren biologischen Zusammenhang mit dem Zeugen von Nachkommen, doch das ist sozusagen nur das „Zusatzgeschenk", nicht der einzige Zweck. In der Biologie gibt es zahlreiche Beispiele ungeschlechtlicher Fortpflanzung – sowohl bei Pflanzen als auch bei Tieren – oder aber für Fortpflanzung zu bestimmten Zeiten („Brunftzeit"). Der allmächtige Schöpfer hätte das beim Menschen selbstverständlich ähnlich einrichten können. Das tiefe seelische Erleben der Sexualität, eingebettet in die eheliche Liebe, ist allerdings nur dem Menschen möglich.

- Jede Art von sexueller *Perversion* ist von vornherein *ausgeschlossen*: Gottes Wort nimmt eindeutig Stellung zu Themen wie Inzest oder praktizierter Homosexualität.

୶ Ein verschlossener Garten

Ein verschlossener Garten ist meine Schwester, meine Braut, ein verschlossener Born, eine versiegelte Quelle. Was dir entsprosst, ist ein Lustgarten von Granatapfelbäumen samt köstlichen Früchten ...
(Hohelied 4,12-13a).

37

König Salomo dichtet dieses Liebeslied für seine Braut. Das Hohelied Salomos ist ausgesprochen poetisch; man spürt die Verliebtheit des jungen Salomo und seiner Freundin Sulamith ebenso wie ihre Sehnsucht, endlich in der Ehe endgültig zusammen zu gehören. Bis es aber so weit ist – und sei es nur aus organisatorischen Gründen (planen *Sie* mal eine königliche Hochzeit!) – ist die Braut für ihren Bräutigam „ein verschlossener Garten". Man muss nicht viel Fantasie haben, um sofort zu verstehen, worauf Salomo mit diesem Bild anspielt: Er wartet sehnsüchtig darauf, dass sie endlich miteinander schlafen dürfen.

Wenn sie nun doch aber schon „fast" verheiratet sind, wenn sie sich eindeutig für einander entschieden haben, wenn sie einander treu sind und treu bleiben wollen, wenn sie das miteinander möglicherweise auch schon im Gebet vor Gott gebracht haben ... sind sie denn dann in Gottes Augen nicht vielleicht doch schon verheiratet? Diese Argumentationsweise ist gerade unter jungen Christen heute sehr beliebt.

Doch so einfach ist das nicht, denn durch diese Ansicht werden (auch staatliche!) Rechtsprinzipien ausgehebelt. Stellen Sie sich vor, Sie wollten ein Haus kaufen. Sie schließen einen Vertrag ab; aber erst später, nachdem der Kauf notariell beglaubigt und der Kaufpreis gezahlt ist, bekommen Sie die Schlüssel ausgehändigt. Versuchen Sie schon vorher, in das Haus einzudringen, kann Ihnen das eine Klage wegen Hausfriedensbruch einbringen! Dieses einfache Beispiel kann deutlich machen, was eigentlich ein Vertrag ist.

So wie jeder Mensch ein Geburtsdatum hat, so kann auch jede Ehe ein Datum der Eheschließung angeben. Von diesem Zeitpunkt an wird ein Ehepaar beispielsweise vom Finanzamt anders behandelt als Ledige. Die Ehe ist auch heutzutage noch ein *Vertrag* mit gewissen Rechten und Pflichten. Das hört sich natürlich sehr formal an – hat denn Ehe nicht in erster Linie etwas mit Liebe zu tun?!? Doch, denn die Liebe macht es ja überhaupt erst möglich, dass man sich zu einer solchen Bindung entschließt. Und einzig und allein in den Rahmen einer solchen verbindlichen Ehebeziehung stellt Gott die menschliche Sexualität.

∾ Das Hochzeitsgeschenk Gottes

> *Mein Geliebter komme in seinen Garten und esse seine*
> *köstlichen Früchte! Ich komme in meinem Garten,*
> *meine Schwester, meine Braut. Ich pflücke meine Myr-*
> *rhe samt meinem Balsam, esse meine Wabe samt mei-*
> *nem Honig, trinke meinen Wein samt meiner Milch.*
> *Esst, Freunde, trinkt, und berauscht euch an der Liebe!*
> ***(Hohelied 4,16b-5,1)***

In poetischen Bildern, aber dennoch offen spricht das Alte Testament über Sex. Salomo lässt keinen Zweifel daran, dass er und seine Braut Sulamith ihre junge Ehe begeistert mit sexuellen Erfahrungen beginnen möchten.

Das Neue Testament klingt da viel sachlicher; aber schließlich schreibt Paulus ja auch einen Lehr- und Ermahnungsbrief an eine ganze Gemeinde und keinen intimen Liebesbrief! Sein Ansatzpunkt ist ein ganz anderer: Paulus will den Christen der jungen Gemeinde in Korinth Gottes Maßstäbe zum Umgang mit dem eigenen Körper mitteilen.

Und offensichtlich muss er bei diesen Neubekehrten ganz von vorne anfangen: „*(Jeder habe) seine eigene Frau, und jede habe ihren eigenen Mann*" (1. Korinther 7,2). An den Anfang jeder sexuellen Beziehung stellt der Herr also auch im Neuen Testament die verbindliche Ehebeziehung.

Gleich darauf kommt der Korintherbrief auf die „Pflicht" zu sprechen: „*Der Mann leiste der Frau die eheliche Pflicht, ebenso aber auch die Frau dem Mann*" (1. Korinther 7,3). Das klingt bei Salomo aber noch ganz anders! Nicht die Pflicht, sondern die Freude am Sex steht im Hohelied im Vordergrund. Doch schon der nächste Vers zeigt, worauf Paulus hinaus will: „*Die Frau verfügt nicht über ihren eigenen Leib, sondern der Mann; ebenso aber verfügt auch der Mann nicht über seinen eigenen Leib, sondern die Frau*" (1. Korinther 7,4). Dieser Vers ist der Dreh- und Angelpunkt der biblischen Gedanken zum Thema Sexualität: Hier ist kein Platz für egoistisches Ausleben der eigenen Lust, hier ist auch kein Platz für sexuelle Unterdrückung. Innerhalb einer Ehe verlangt der Herr von beiden Partnern ein liebevolles und verantwortungsvolles Verhalten. Im Übrigen sind beide Ehepartner *im Bereich der Sexualität offensichtlich gleichberechtigt*. Von „Unterordnung" in sexueller Hinsicht findet man im Wort Gottes nichts!

∽ Nach Gottes Maßstab leben

Gott macht in seinem Wort deutlich, dass er die Sexualität geschaffen hat und dass sie sehr gut ist. Er legt auch einen klaren Maßstab fest und gibt dem Menschen Regeln, wie er mit diesem empfindlichen, zerbrechlichen göttlichen

Geschenk umgehen soll. Gott verurteilt deutlich sexuelle Sünden wie Ehebruch, Homosexualität und anderes. Er stellt den Menschen darüber hinaus aber vor Augen, welche Freude sie an der Sexualität haben können, wenn sie als intimes gegenseitiges Geschenk der liebenden Eheleute gebraucht wird – und das schließt jeden Ehebruch aus. Gottes Wort ist der allein gültige Maßstab.

Im Strudel

Sonntag, 25. Juni 2000

Der Gottesdienst war zu Ende. Die meisten Gemeindebesucher standen noch im geräumigen Flur zusammen und unterhielten sich. Bettina blickte sich suchend um. Draußen auf dem Parkplatz und der angrenzenden Wiese spielten zwei Dutzend Kinder aller Altersstufen; etwas abseits tummelten sich die Jugendlichen. Gerade ging Thomas, der Jugendleiter, auf die Gruppe zu und sagte etwas, das ganz offensichtlich auf begeisterte Zustimmung stieß. Bettinas Tochter Annika stürmte lebhaft auf ihre Mutter zu. „Mama, ich fahre mit zu Sylvia und Thomas, ist doch okay, oder? Thomas hat uns gerade zu einer spontanen Grillparty eingeladen. Ist schließlich die letzte Gelegenheit vor den Ferien …" Bettina nickte. „Ja, das ist eine tolle Idee. Und …" Sie brach ab, denn Annika war schon wieder auf dem Weg zu ihren Freunden.

Gerne wäre Bettina selbst mitgefahren zu Sylvia und Thomas, doch sie wollte sich nicht aufdrängen. Bettina mochte diese turbulente Familie mit ihren elfjährigen Zwillingen und dem Energiebündel Jonas, der bald die zweite Klasse der Grundschule durcheinanderwirbeln würde. Thomas engagierte sich unter anderem in der Gemeindeleitung und in der Jugendarbeit der Gemeinde, Sylvia kümmerte sich mit Heike zusammen um die Frauenarbeit. Seit Anfang Mai stemmte Sylvia außerdem ein weiteres Projekt: Die ausgebildete Buchhändlerin hatte, mit viel Unterstützung aus der Gemeinde, einen christlichen Buchladen eröffnet. Bettina bewunderte ihre scheinbar unendliche Power.

Aus dem Kinderraum kam Heike auf sie zu und winkte. „Bettina! Na, wie geht's dir?" Ob sie wohl heute noch einmal auf eine Einladung hoffen durfte? Bettina war noch unschlüssig, was sie mit dem Rest des Tages – mal wieder ohne Annika – anfangen sollte. Sie scheute sich allerdings, Heike und Ralf direkt zu fragen. „Wir müssen heute schnell nach Hause, meine Schwiegereltern haben sich zum Mittagessen angesagt", rief Heike und umarmte Bettina flüchtig. *Damit hat sich eine Einladung für heute wohl erledigt.* „Ach ja, und am Dienstag kann ich nicht mit ins Schwimmbad kommen. Joel hat Geburtstag, und wir müssen das Kinderfest noch hinter uns bringen, bevor es am Mittwoch Zeugnisse gibt und die Sommerferien anfangen! Und am nächsten Samstag fahren wir schon zur Familienfreizeit." *Schade, dass das gemeinsame Schwimmen schon wieder ausfallen muss.* Bettina wusste bereits, dass Heike und ihre Familie zwei Wochen Urlaub geplant hatten. Wenn es bei ihr finanziell nicht so eng wäre, würde Bettina auch gerne wegfahren. Aber die Jugendfreizeit für Annika war schon teuer genug.

In der kleinen Sitzgruppe in der Fensternische hatten sich Heinrich und Lydia niedergelassen. Das freundliche Rentnerehepaar hatte Bettina gelegentlich nach dem Gottesdienst zu Gast gehabt, aber heute waren die beiden ganz offensichtlich von Zara in Beschlag genommen. Zara hatte sich erst vor einigen Monaten bekehrt und war ungeheuer wissbegierig. Zu Heinrichs Predigt musste sie noch tausend Fragen stellen. Meist war Ralf der geduldige Zuhörer, der Zaras verrückteste Fragen ernst nahm und ihr biblische Zusammenhänge plausibel erklärte – doch wenn Ralf nicht greifbar war, fand Zara schnell einen anderen Gesprächspartner. Sie war jung und so temperamentvoll wie ihre jamaikanischen Vorfahren; sonntags lud sie sich mit Vorliebe selbst irgendwo zum Mittagessen ein. Jeder mochte Zara und ihre bunte und impulsive Art. Bettina beneidete sie manchmal.

Leise seufzend verabschiedete Bettina sich und machte sich allein auf den Weg nach Hause.

Drei Wochen später: Montag, 17. Juli 2000

Bettina kam erst um halb sechs von der Arbeit nach Hause; unterwegs hatte sie noch rasch eingekauft. Sie hatte sich gerade erschöpft auf ihrem kleinen Balkon niedergelassen, als es an der Wohnungstür klingelte. *Das wird wohl Ralf sein mit Heikes altem Heimtrainer.* Heike hatte ihr das Sportgerät angeboten; sie hatte es nach ihrer Rückenoperation angeschafft, aber eigentlich kaum benutzt. „Ich bin einfach nicht besonders sportlich; es kostet mich schon Überwindung, wöchentlich schwimmen zu gehen. Ich bin dir so dankbar, dass du mich immer dazu motivierst!", hatte sie erst gestern zu Bettina gesagt.

Bettina packte mit an und half Ralf, den sperrigen Heimtrainer in die Wohnung zu transportieren. „Heike geht Sylvia heute schon den ganzen Nachmittag zur Hand; sie wollen die Schaufenster im Buchladen neu gestalten", berichtete Ralf. „Schade, dass ich dauernd zur falschen Zeit arbeiten muss", bemerkte Bettina. „Ich habe immer erst abends frei, wenn die anderen Frauen aus der Gemeinde ihre Zeit für Kinder und Ehemann reservieren. Leider kann ich nicht einfach irgendetwas tagsüber erledigen …" Bettina war zwar zurückhaltend, doch sie war im Grunde ein geselliger Mensch. Sie bedauerte, dass sie außerhalb der offiziellen Gemeindeveranstaltungen nur relativ wenig Kontakt zu den Glaubensgeschwistern in der Gemeinde hatte. Bettina trieb gerne Sport, aber Schwimmen oder Fahrradfahren machten ihr allein meist keinen Spaß. *Vielleicht ist es mit dem Heimtrainer besser.* „Ich persönlich fahre ja viel lieber draußen in der Natur", sagte Ralf, während er das Gerät installierte. „Ja, ich auch", stimmte Bettina zu. „Aber Annika hat oft keine Zeit … und außerdem ist mein Fahrrad kaputt." Ralf nahm den traurigen Unterton in Bettinas Stimme wahr. „Wenn du willst, kann ich es für dich reparieren", schlug er sofort vor. „Ich habe schließlich noch Sommerferien. Wir könnten eine gemeinsame Fahrradtour machen mit Annika, Sonja und Joel. Was hältst du davon?" Bettina zögerte. Sie könnte kurzfristig einen Tag Urlaub nehmen … warum eigentlich nicht? Lächelnd stimmte sie zu.

„Hast du noch einen Moment Zeit? Dann würde ich dich zu einem Glas Eiskaffee einladen!" Ralf wischte sich den Schweiß von der Stirn. „Ja, gerne, das klingt verlockend." Er blickte auf die Uhr. Ihre beiden 15 und 16 Jahre alten Töchter Annika und Sonja hatten sich heute zum Shoppen verabredet. „Heute Vormittag habe ich schon Taxi zum Bahnhof gespielt; ich habe versprochen, die Damen um kurz nach sieben wieder abzuholen. Dann kann ich mir noch eine Erfrischung gönnen." Sie setzten sich nach draußen, und Ralf entdeckte begeistert die dösende Katze auf dem Balkon. „Das ist Rapunzel", stellte Bettina vor. Ralf streichelte die rotgetigerte Katzendame, die sofort zu schnurren begann. „Ich mag Katzen; in meinem Elternhaus wohnten immer mindestens zwei davon", erzählte Ralf. „Leider ist Heike nicht besonders angetan von irgendwelchen Tieren im Haus … außerdem hat sie eine Katzenallergie." Während Ralf weiterhin Rapunzel kraulte, unterhielten sie sich – über Katzen, über das Wetter, über Annikas erstaunlich ehrgeizige Pläne, ihr Fachabitur zu machen. Ralf vertraute Bettina seine Sorgen um Matthias an, seinen 20-jährigen Sohn, der dem Glauben seiner Kindheit längst den Rücken gekehrt hatte und nur noch selten zu Besuch kam.

Nach einem Blick auf die Uhr schreckte Ralf plötzlich auf. „Jetzt muss ich aber schnellstens zum Bahnhof fahren!", rief er und verabschiedete sich hastig.

Die Zeit ist rasend schnell vergangen, dachte Bettina.

*

Während Bettina am nächsten Tag mit Heike im Schwimmbad war, machte Ralf sein großzügiges Angebot wahr und reparierte Bettinas Fahrrad.

Freitag, 21. Juli 2000

Tatsächlich hatte Bettina unverhofft einen Tag Urlaub nehmen können. Vergnügt begann die kleine Gruppe ihre

Fahrradtour. Zusammen mit Annika, Ralf, Sonja und deren zwölfjährigen Bruder Joel verbrachte Bettina einen herrlichen Sommertag. Heike war nicht mitgefahren; sie hatte immer noch Rückenprobleme und war außerdem ganz dankbar für einen „freien Tag" ohne Familienpflichten. *Seltsam*, dachte Bettina wehmütig, als sie auf dem Rückweg hinter Ralf her radelte, *genauso wie bei diesem Ausflug habe ich mir immer eine glückliche Familie vorgestellt.*

*

Bettinas Woche schleppte sich mühsam dahin. Bei der Bibelstunde am Mittwochabend vermied sie es, in Ralfs Nähe zu kommen. Einmal trafen sich ihre Blicke kurz, aber Ralf drehte sich rasch um und hantierte am Kopierer. Wieso eigentlich?

Am Donnerstag fuhr Ralf seine Tochter Sonja sowie Annika und zwei weitere Jugendliche aus der Gemeinde zur lang erwarteten Jugendfreizeit. *Zehn Tage ohne Annika – mein Kind wird langsam erwachsen …*

Als Bettina am Freitagabend vor dem Fernseher saß, klingelte das Telefon. Ralf fragte, ob sie nicht noch einmal Lust auf eine Fahrradtour habe. Er berichtete, dass er für ein paar Tage ganz allein zu Hause sei. Heike verbringe gerade wie jedes Jahr im Sommer ein paar Tage mit ihren beiden Schwestern und ihrer Mutter in deren Ferienwohnung. Joel sei nun auch zu seiner Abenteuerfreizeit gestartet. „Eigentlich hatte ich mir vorgenommen, an diesen freien Tagen die Bibelarbeiten für die Gemeindefreizeit vorzubereiten, und für die evangelistische Vortragsreihe im November ist auch noch einiges zu organisieren … Aber das Wetter ist

so herrlich – das muss man doch ausnutzen, oder? Also …
kommst du mit?"

Mit Herzklopfen sagte Bettina zu.

Sie verlebten einen wunderbaren Tag zusammen. Zur Mit-
tagszeit rasteten Ralf und Bettina auf der idyllischen Terrasse
eines Ausflugslokals. Sie unterhielten sich und Bettina erzählte einige Episoden aus ihrer Vergangenheit – zuerst nur
lustige und harmlose Begebenheiten, doch nach und nach
auch einige traumatische Erlebnisse. Betroffen hörte Ralf zu
und fragte ab und zu behutsam nach. „Manchmal ist es erschütternd, wie wenig wir als Geschwister voneinander wissen", sagte er nachdenklich.

„Und welche Geheimnisse hast du?", erkundigte sich
Bettina halb scherzhaft. Ralfs Antwort verblüffte sie. „Die
Geschwister in der Gemeinde sehen immer nur Ralf, den
unerschütterlichen Bruder … den Bruder, der auf alle
Fragen eine biblisch fundierte geistliche Antwort hat.
Den Bruder, der alles erledigt, was andere vergessen ha-
ben … den Bruder, der immer Zeit für alles hat. Verstehe
mich nicht falsch – ich liebe die Arbeit in der Gemeinde,
meinen Dienst für den Herrn und die Beschäftigung mit
Gottes Wort. Aber manchmal wächst mir alles über den
Kopf, und ich fühle mich sehr allein." Bettina schwieg
und blickte Ralf mitfühlend an. Nach einer Weile sagte
sie leise: „Das hätte ich nie geahnt. Ich dachte immer, euer
Leben sei ideal. Schließlich hast du ja auch deine Heike."
Ralf senkte den Kopf. „Heike ist eine nette Frau. Aber ich

glaube, sie versteht das gar nicht; wir sind grundlegend verschieden."

Auf dem Heimweg radelten beide still und in Gedanken vertieft nebeneinander her.

Ralf blieb noch zum Abendessen bei Bettina. Erst am späten Abend verabschiedete er sich. „Danke für diesen wundervollen Tag mit dir", sagte er und nahm Bettinas Hand. Ganz sanft küsste Ralf ihren Handrücken. Dann drehte er sich abrupt um und ging eilig hinaus.

Bettina sah ihm nach. Glasklar drang eine Erkenntnis in ihre Gedanken, die sie seit Tagen zu verdrängen versuchte. Etwas Schlimmes war passiert. Etwas Herrliches war geschehen. Sie hatten sich ineinander verliebt.

Sonntag, 30. Juli 2000

Entgegen ihrer Gewohnheit fuhr Bettina unmittelbar nach dem Gottesdienst nach Hause. *Zum Glück hat heute nicht Ralf gepredigt. Ich hätte es nicht ertragen, ihn die ganze Zeit anzuschauen, ohne mir etwas anmerken zu lassen. Wie es ihm wohl ergeht?*

Eine halbe Stunde später stand er vor der Tür. „Ich habe es zu Hause nicht ausgehalten ohne dich", sagte Ralf. „Darf ich hereinkommen?" Beiden war bewusst, dass damit eine Grenze überschritten wurde. Es war die erste Heimlichkeit, die zu weiteren Grenzüberschreitungen führen würde.

Trotz des sommerlichen Wetters verbrachten sie den kompletten Sonntag in Bettinas Wohnung. Auf die erste zaghafte Umarmung folgte der erste innige Kuss. Die protestierende Stimme des Gewissens übertönte jeder der beiden Verliebten mit dem donnernden Glücksrausch der Gefühle.

Sie saßen auf dem Sofa und Ralf spielte mit einer Locke, die sich aus Bettinas Haarspange gelöst hatte. „Wenn ich dich so anschaue, kommt mir unweigerlich ein Bibelvers in den Sinn ..." Bettina blickte erschrocken auf. *„Du sollst nicht ehebrechen!",* sah sie mit leuchtend roten Lettern vor ihrem inneren Auge. Aber Ralf zitierte mit zärtlicher Stimme aus dem Hohelied Salomos: *„Siehe, du bist schön, meine Freundin, siehe, du bist schön ..."* [3]

Sie sprachen nicht darüber – doch beiden war bewusst, dass ihr Verhalten falsch war und eine Sünde vor Gott und den Menschen. Falsch, ja, aber wunderschön ... Die beiden Verliebten beschlossen stillschweigend, einfach den Moment zu genießen. Ihre übermächtigen Empfindungen zogen Ralf und Bettina in einen Strudel, dessen unheilvollen Sog sie unterschätzten.

Was soll nur werden, wenn Heike am Dienstag zurück-kommt?

---

3   Hohelied 1,15

50

6

Vertragsbruch und Vertrauensbruch – Ehebruch im Alten und Neuen Testament

.... ∿ ....

Niemand sage, wenn er versucht wird: Ich werde von Gott versucht. Denn Gott kann nicht versucht werden vom Bösen, er selbst aber versucht niemand. Ein jeder aber wird versucht, wenn er von seiner eigenen Begierde fortgezogen und gelockt wird. Danach, wenn die Begierde empfangen hat, bringt sie Sünde hervor; die Sünde aber, wenn sie vollendet ist, gebiert den Tod. Irret euch nicht, meine geliebten Brüder!
(Jakobus 1,13-16)

.... ∿ ....

∿ Eine alltägliche Katastrophe

Ehebruch gehört in unserer Zeit völlig selbstverständlich zum Alltag. Erwünscht ist die Treulosigkeit zwar kaum, doch wird eine sexuelle Beziehung, die keine Rücksicht auf eine bereits bestehende Ehe nimmt, in der Gesellschaft oft wie eine Naturgewalt betrachtet. Man behauptet: Wenn sich Menschen ineinander verlieben, dann seien sie dem Strudel der Gefühle ausgeliefert. Die neue Liebe sei einfach stärker als die abgenutzte Ehebeziehung. Schließlich dürfe man niemandem sein Glück missgönnen, lautet die Argumentation. In tausenden Romanen und Filmen sind dementsprechend auch ausgerechnet die beiden Ehebrecher die romantischen Helden, deren tragisch-rührendes Schicksal im Mittelpunkt steht.

Dennoch: Jede sexuelle Untreue ist eine Sünde und bringt – für den betrogenen Ehepartner und die mitbetroffenen Kinder – enormes seelisches Leid; eine menschliche Katastrophe.

Zwar war in früheren Zeiten auch in unserer westlichen Kultur die gesellschaftliche Akzeptanz in Bezug auf Ehebruch deutlich geringer[4], doch hat es das Phänomen selbst natürlich schon immer gegeben. Auch im Alten Testament findet man ein prominentes Beispiel dafür.

Und es geschah bei der Wiederkehr des Jahres, zur Zeit, wenn die Könige ins Feld ausziehen, da sandte David Joab und seine Knechte mit ihm und ganz Israel aus. (…) David aber blieb in Jerusalem. Und es geschah zur Abendzeit, dass David von seinem Lager aufstand und sich auf dem Dach des Königshauses erging. Da sah er vom Dach aus eine Frau baden. Die Frau aber war von sehr schönem Aussehen. Und

---

4 In nahezu allen Kulturen der Welt war eheliche Untreue durch die Jahrtausende und zum Teil bis heute strafbar. Ehebruch als Straftatbestand wurde in Deutschland erst am 1. September 1969 offiziell abgeschafft.

David sandte hin und erkundigte sich nach der Frau.
Und man sagte: Ist das nicht Batseba, die Tochter
Eliams, die Frau Urias, des Hetiters? Da sandte David
Boten hin und ließ sie holen. Und sie kam zu ihm, und
er lag bei ihr. Sie hatte sich aber gerade gereinigt von
ihrer Unreinheit. Und sie kehrte in ihr Haus zurück.
(2. Samuel 11,1-4)

David ist eindeutig zur falschen Zeit am falschen Ort. Es gehört zu seinem „Beruf" als König, die Innen- und Außenpolitik seines Landes nicht nur zu koordinieren, sondern bei Konflikten persönlich die Befehlsgewalt und die Verantwortung zu übernehmen. König David aber nimmt eine Auszeit und schickt seinen General, die Offiziere und Soldaten allein los. Hat er vielleicht ein Burnout-Syndrom? Ist er krank? Warum legt er sich nachmittags einfach schlafen? Anscheinend verschwendet er keinerlei Gedanken an Regierungsgeschäfte.

David ist zu dieser Zeit kein jugendlicher Hitzkopf, sondern ein gestandener Mann, Herrscher eines großen Reiches und – in unserer Zeit nur schwer nachvollziehbar – bereits mit sieben Frauen gleichzeitig und rechtsgültig verheiratet.[5] Seine Ehefrauen leben an unterschiedlichen Orten, zum Teil in Hebron. König David selbst residiert in Jerusalem.

Was ist los mit David? Vielleicht macht der erfolgreiche König eine Midlife-Crisis durch? Wir können es nicht

---

5 Davids Ehefrauen: (1) Sauls Tochter Michal, (2) Abigajil, die Witwe Nabals aus Karmel; (3) Ahinoam aus Jesreel,(4) Haggit, (5) Egla, (6) Abital; (7) Maacha, Tochter des Königs Talmai aus Geschur, (8) Batseba (vgl. u. a. 2. Samuel 3,2-5)

ergründen; die Bibel vermeldet nur nüchterne Fakten. König David hat von seiner Dachterrasse aus eine fantastische Aussicht; er kann von dort oben sogar Einsicht nehmen in fremde Grundstücke und Häuser. Was er an jenem verhängnisvollen Spätnachmittag erblickt, gefällt ihm außerordentlich gut – und es regt seine (sexuelle) Fantasie enorm an.

> *Wenn jemand in Versuchung gerät, ist es seine eigene Begierde, die ihn reizt und in die Falle lockt. Nachdem die Begierde dann schwanger geworden ist, bringt sie die Sünde zur Welt; die Sünde aber, wenn sie ausgewachsen ist, gebiert den Tod.*
> **(Jakobus 1,14-15; NGÜ)**

David macht hier eine Erfahrung, die schon unzählige Menschen vor und nach ihm gemacht haben: offensichtlich „denkt" er mit dem falschen Körperteil. Von Liebe und Leidenschaft war bisher im Zusammenhang mit seinen verschiedenen Eheschließungen nie die Rede, doch jetzt und hier lässt König David sich beim Anblick einer attraktiven Frau nur noch von seinen Hormonen regieren – Gehirn und Gewissen sind wie betäubt. Es geht bei David zu diesem Zeitpunkt definitiv nicht um Liebe oder Zuneigung, sondern einzig und allein um (unerlaubten) Sex. Ob die Dienerschaft vielleicht gewagt hat, Einwände zu äußern?

David wird umgehend darüber informiert, wer das Objekt seines heftigen und scheinbar unkontrollierbaren sexuellen Begehrens ist. Er kennt ihre Identität und ihren Familienstand; aber beides schreckt ihn nicht ab. Dabei ist der König immerhin sehr vertraut mit Batsebas nächsten Angehörigen. Er verdankt ihnen nicht wenig: Sowohl Eliam, Batsebas Vater, als auch Uria, ihr Ehemann, zählen zu Davids berühmten Helden (vgl. 1. Chronik 11,41; 2. Samuel 23,34). Ahitofel, der Großvater der Batseba, ist zudem ein langjähriger Ratgeber des Königs.

Der Bibelleser erfährt absolut nichts über Batsebas Reaktion, über ihre Gedanken und Gefühle. Der König befiehlt, sie hat zu gehorchen – so scheint es. Hätte sie die Möglichkeit zum Widerspruch gehabt? Was ergibt eine nüchterne Analyse der Sachlage?

Selbstverständlich kannte Batseba die Zehn Gebote und wusste, dass Ehebruch unter allen Umständen verboten war – selbst wenn die Anfrage vom König persönlich kam. Es war Batseba auch sicherlich bekannt, dass auf Ehebruch die Todesstrafe stand, und zwar für beide Beteiligten. War sie wirklich hilflos der Willkür eines Machtmenschen ausgesetzt? Trifft die junge Frau eine Mitschuld?

Der biblische Bericht zeigt Batseba in zwei Situationen:

1. David „sah vom Dach aus eine Frau baden“.
Batseba befolgt das mosaische Gesetz zur rituellen Reinigung nach der Menstruation. Sie trägt allerdings offenbar nicht ausreichend Sorge dafür, dass sie bei diesem intimen Akt der Körperhygiene unter allen Umständen vor neugierigen Blicken geschützt ist. Das scheint recht ungewöhnlich zu sein – sogar in unserer heutigen westlichen Kultur der Schamlosigkeit gilt es bei den meisten Menschen noch als anstößig, sich unbekleidet zu zeigen. Batseba nimmt in Kauf, dass man sie auf irgendeine Weise beobachten kann.

2. Batseba „kam zu ihm, und er lag bei ihr".

Ist sie tatsächlich nur ein passives „Objekt"? Hätte Batseba sich den Luxus einer eigenen Meinung leisten können?

Josef, der Sohn Jakobs, hatte in einer ähnlichen Lage den Mut zum Widerspruch – er war sich darüber im Klaren, dass Ehebruch inakzeptabel ist, obwohl das Gesetz Gottes zu seinen Lebzeiten noch längst nicht schriftlich fixiert war. Josef wusste genau, worauf diese Affäre hinauslaufen würde: *„Wie sollte ich dieses große Unrecht tun und gegen Gott sündigen?"* (1. Mose 39,9, vgl. auch die Verse 6-20). Er war sogar bereit, als Folge seiner Standhaftigkeit eine ungerechtfertigte Bestrafung zu ertragen.

„Ziviler Ungehorsam" wäre auch für Batseba möglich gewesen, und das Beispiel Josefs war ihr vermutlich sogar geläufig. Batseba war kein willenloses Spielzeug eines Machthabers, sie musste und konnte sich entscheiden: für oder gegen den Willen Gottes; für oder gegen die Sünde. Sie allein trägt die Verantwortung für ihre eigene Entscheidung; Sünde geschieht immer freiwillig.

Hätte sie den König womöglich sogar umstimmen können? David ist kein tyrannischer Despot und auch kein triebgesteuerter Frauenheld, sondern er ist vernünftigen und geistlichen Argumenten gegenüber durchaus aufgeschlossen, denn er liebt Gott.[6]

Wir wissen nicht, ob Batseba „nur" den Weg des geringsten Widerstands gegangen ist oder ob sie David bei

---

6 Diesen Wesenszug Davids findet man zum Beispiel in 1. Samuel 25: Abigajil ist eine emanzipierte, selbstbewusste Frau, die den zornigen David vor einer Sünde bewahrt; ihr beherztes Auftreten imponiert David so, dass er von seinen ursprünglichen unguten Plänen ablässt und Abigajil schließlich sogar heiratet.

seinem Vorhaben ermuntert hat – sicher ist allerdings, dass nicht nur David, sondern auch Batseba die falsche Entscheidung getroffen hat. Beide müssen die Konsequenzen ihrer Entscheidungen tragen.

∾ Richtlinien im Alten Testament

Von Anfang an war es ganz klar: Das Wort Gottes beschreibt und erklärt die innige seelische und körperliche Einheit eines Ehepaares, die jeden anderen Menschen – sogar die eigenen Eltern – ausschließt. *Ein* Mann und *eine* Frau, die auf Lebenszeit zusammen gehören, ist das Konzept Gottes:

> *Ein Mann (wird) seinen Vater und seine Mutter verlassen und seiner Frau anhängen, und sie werden zu einem Fleisch werden.*
> **(1. Mose 2,24)**

Erst viel später wird im Rahmen der mosaischen Gesetzgebung schriftlich festgelegt, welche rechtlichen Grundsätze eine Ehe verbindlich sichern. In den Zehn Geboten heißt es eindeutig und unmissverständlich:

> *Du sollst nicht ehebrechen.*
> **(2. Mose 20,14)**

Drei Verse weiter wird bereits das Begehren als Delikt gewertet – und zwar wie ein Eigentumsdelikt:

Du sollst nicht das Haus deines Nächsten begehren.
Du sollst nicht begehren die Frau deines Nächsten,
noch seinen Knecht, noch seine Magd, weder sein
Rind noch seinen Esel, noch irgendetwas, was deinem
Nächsten gehört.
(2. Mose 20,17)

Auch die vorgesehene drastische Strafe benennt Gottes Wort ohne Umschweife:

Wenn ein Mann mit einer Frau Ehebruch treibt,
wenn ein Mann Ehebruch treibt mit der Frau seines
Nächsten, müssen der Ehebrecher und die Ehebreche-
rin getötet werden.
(3. Mose 20,10)

Wenn ein Mann bei einer Frau liegend angetroffen
wird, die einem Mann gehört, dann sollen sie alle
beide sterben, der Mann, der bei der Frau lag, und die
Frau. Und du sollst das Böse aus Israel wegschaffen.
(5. Mose 22,22)

Würde dieses göttliche Gesetz des Alten Testaments zu unserer Zeit in unserem Land konsequent angewendet, so würde die erwachsene Bevölkerung in Deutschland deutlich schrumpfen: Je nach Statistik haben circa 25 bis 30 % der verheirateten Männer und Frauen schon einmal ihren Ehepartner betrogen. Zu unserem großen Glück leben wir zur Zeit des Neuen Testaments von Gnade und Vergebung.

Doch selbst im unmittelbaren Gültigkeitsbereich der mosaischen Gesetzgebung – im Land Israel, um das Jahr

1000 v. Chr. – galt im Allgemeinen wohl bei Ehebruch der Grundsatz „Gnade vor Recht". Auch David und Batseba blieben von der Vollstreckung der Todesstrafe verschont.

∽ Klare Vorgaben im Neuen Testament: Bis dass der Tod euch scheidet!

Die Ehe sei ehrbar in allem, und das Ehebett unbefleckt! Denn Unzüchtige und Ehebrecher wird Gott richten.
(Hebräer 13,4)

Flieht die Unzucht! Jede Sünde, die ein Mensch begehen mag, ist außerhalb des Leibes; wer aber Unzucht treibt, sündigt gegen den eigenen Leib. Oder wisst ihr nicht, dass euer Leib ein Tempel des Heiligen Geistes in euch ist, den ihr von Gott habt, und dass ihr nicht euch selbst gehört? Denn ihr seid um einen Preis erkauft worden. Verherrlicht nun Gott mit eurem Leib!
(1. Korinther 6,18-20)

Der von Gott vorgegebene Standard der innigen und ausschließlichen Ehebeziehung und der damit verbundenen unbedingten sexuellen Treue wird in der Bibel an keiner Stelle aufgehoben – jedem Paar sollte diese Tatsache selbstverständlich bereits bei der Eheschließung bewusst sein. Der Ehebund ist per Definition ein Vertrag, der erst beim Tod eines Ehepartners erlischt. Dieses Prinzip geht bis auf die ursprüngliche Schöpfungsordnung zurück und steht in keiner Weise zur Disposition. Selbst bei einem krassen Fehlverhalten wie Ehebruch lauten die Vorgaben im Neuen

Testament Buße, Vergebung und Versöhnung – und zwar verbindlich für jeden wiedergeborenen Christen.

Jesus aber sprach zu ihnen: Wegen eurer Herzenshärtigkeit hat er euch dieses Gebot geschrieben; von Anfang der Schöpfung an aber hat er sie als Mann und Frau geschaffen. „Darum wird ein Mensch seinen Vater und seine Mutter verlassen, und die zwei werden ein Fleisch sein"; daher sind sie nicht mehr zwei, sondern ein Fleisch. Was nun Gott zusammengefügt hat, soll der Mensch nicht scheiden.
Und im Hause befragten ihn die Jünger deswegen noch einmal. Und er spricht zu ihnen: Wer seine Frau entlässt und eine andere heiratet, begeht Ehebruch gegen sie. Und wenn sie ihren Mann entlässt und einen anderen heiratet, begeht sie Ehebruch.
(Markus 10,5-12)

Jesus macht deutlich, dass jede Ehescheidung die von Gott herbeigeführte Einheit eigenmächtig zerstört. Jede Regelung zur Scheidung ist dementsprechend nichts weiter als ein menschliches Zugeständnis.

Und Pharisäer kamen zu ihm, versuchten ihn und sprachen: Ist es einem Mann erlaubt, aus jeder beliebigen Ursache seine Frau zu entlassen? Er aber antwortete und sprach: Habt ihr nicht gelesen, dass der, welcher sie schuf, sie von Anfang an als Mann und Frau schuf und sprach: „Darum wird ein Mensch Vater und Mutter verlassen und seiner Frau anhängen, und es werden die zwei ein Fleisch sein", - so dass

sie nicht mehr zwei sind, sondern ein Fleisch? Was
nun Gott zusammengefügt hat, soll der Mensch nicht
scheiden. Sie sagen zu ihm: Warum hat denn Mose
geboten, einen Scheidebrief zu geben und zu entlassen?
Er spricht zu ihnen: Mose hat wegen eurer Herzens-
härtigkeit euch gestattet, eure Frauen zu entlassen; von
Anfang an aber ist es nicht so gewesen. Ich sage euch
aber, dass, wer immer seine Frau entlässt, außer wegen
Hurerei, und eine andere heiratet, Ehebruch begeht;
und wer eine Entlassene heiratet, begeht Ehebruch.
(Matthäus 19,3-9)

In diesen Versen bezieht sich Jesus in seiner Argumentation auf 5. Mose 24,1-4. Dabei kommt aber zum Ausdruck, dass diese von Mose regulierte Praxis keineswegs ein von Gott eingeräumtes Recht ist, sondern lediglich eine Art Schadensbegrenzung infolge der menschlichen Sünde.[7]

Jesus lehrt außerdem eindeutig, dass jede Wiederheirat eines geschiedenen Ehepartners zwangsläufig als Ehebruch gewertet wird.

∾ Skandal in Korinth

Rund 1000 Jahre nach der Affäre von Israels König mit seiner attraktiven Nachbarin erschüttert eine ähnliche Tragödie die neugegründete Missionsgemeinde im griechischen Korinth.

---

7   Sprachliche Anmerkung: *Ehebruch* (griechisch: *moicheia*) bezeichnet den ausnahmslos verbotenen sexuellen Umgang mit dem Ehepartner eines anderen. *Hurerei („Unzucht")* (griechisch: *porneia*) meint jegliche sexuelle Aktivität außerhalb der Ehe.

Der Apostel Paulus nimmt in einem Brief Stellung zu einem eklatanten Fall von Unsittlichkeit in der Gemeinde:

> *Mir ist noch etwas berichtet worden. Es gibt bei euch*
> *doch tatsächlich einen so unglaublichen Fall von*
> *Unmoral, dass er nicht einmal bei denen toleriert*
> *würde, die Gott nicht kennen: Einer von euch hat ein*
> *Verhältnis mit seiner eigenen Stiefmutter! Und da*
> *spielt ihr euch immer noch groß auf? Solltet ihr nicht*
> *vielmehr beschämt und traurig sein und den, der sich*
> *so etwas hat zuschulden kommen lassen, aus eurer*
> *Gemeinschaft ausschließen?*
> ***(1. Korinther 5,1-2 NGÜ)***

In der jungen Gemeinde in Korinth gibt es gravierende Probleme. Irgendjemand wendet sich mit einem dringenden Hilferuf an den Gründer der Gemeinde, Paulus.

Wie war die Situation damals in dieser Stadt? *„Korinth war eine Weltstadt mit extremen sozialen Gegensätzen; zwei Drittel der Bevölkerung waren Sklaven. In den Straßen drängten sich Kaufleute und Großunternehmer aus Rom, Griechenland, Palästina, Syrien und Ägypten"*[8]. Die Sittenlosigkeit und die Unmoral der Stadt waren geradezu sprichwörtlich. Götzendienst und Tempelprostitution gehörten wie selbstverständlich zum Stadtbild. In dieser Atmosphäre ist ein christlicher Lebensstil eine Herausforderung.

Der Missionar Paulus kannte Korinth von insgesamt zwei längeren Besuchen. Während seines ersten Aufenthaltes in der Stadt – ungefähr anderthalb Jahre vom Herbst 50

---

8 *Lexikon zur Bibel*, Fritz Rienecker (Hrsg.), Hänssler 1992

bis zum Frühjahr 52 n. Chr. – war die christliche Gemeinde entstanden. Zwei bis drei Jahre später schrieb Paulus den 1. Korintherbrief. Erst einige Zeit danach, vermutlich im Winter 55/56, besuchte Paulus die Gemeinde noch einmal.

Was war geschehen in der Gemeinde in Korinth? In welcher Angelegenheit erwarteten die Gemeindemitglieder Hilfe und Anweisungen von ihrem Gemeindegründer?

Paulus ist entsetzt: Ein Mitglied der christlichen Gemeinde hat eine sexuelle Beziehung zu der (zweiten) Ehefrau seines eigenen Vaters, die folglich seine Stiefmutter ist. Eine solche Konstellation, die noch weit über einen „einfachen" Ehebruch hinausgeht, wird selbst in einer freizügigen, nicht-christlichen Gesellschaft nicht toleriert, kommentiert Paulus. Mindestens genauso erschütternd findet er allerdings die Reaktion der Gemeinde auf diesen Skandal: Anscheinend erkennen etliche Gemeindemitglieder gar nicht die Tragweite des Vorfalls; die Sünde wird heruntergespielt. Wie kann das sein? Könnte es in unseren Gemeinden heute auch so weit kommen? Lauschen wir einmal einem fiktiven Gespräch zweier Mitchristen aus Korinth:

- *Hast du schon gehört, dass Vissarion neuerdings mit Filíppa zusammenlebt?*
- *Ist das nicht schlimm? Ich dachte, Vissarions Vater hätte Filíppa vor ein paar Monaten geheiratet.*
- *Ja, das stimmt. Aber es war eine schrecklich traurige Hochzeit.*
- *Wieso denn traurig?*
- *Weißt du das nicht? Als Vissarions Mutter letztes Jahr plötzlich starb, hatten kurz zuvor gerade die Hochzeitsvorbereitungen für Vissarion und Filíppa begonnen. Die*

geplante Ehe war selbstverständlich von den Eltern arran-
giert worden, trotzdem mochten die beiden jungen Leute
einander wohl sehr gern. Sie hatten sich wirklich ineinan-
der verliebt. Doch nach dem Tod von Vissarions Mutter
suchte sein Vater dringend eine neue Ehefrau. Da lag es
natürlich nahe, dass Vissarions Vater Filíppa kurzerhand
selbst heiratete; der Brautpreis war schließlich schon aus-
gehandelt, und Filíppas Vater hatte nichts dagegen einzu-
wenden, dass seine Tochter einen wohlhabenden und le-
benserfahrenen Ehemann bekam, auch wenn er ein wenig
zum Jähzorn neigt.

– *Wie tragisch! Filíppa musste also den Vater heiraten, obwohl*
  sie Vissarion liebt? Jetzt kann ich gut verstehen, dass Vissari-
  on seine Filíppa aus dem Haus seines Vaters geholt hat!

Diese Version der Vorfälle in Korinth ist zweifellos reine Spe-
kulation. Trotzdem bewirkt sie bei den meisten Menschen
etwas: Man hat plötzlich Mitleid mit den betroffenen Personen, man hat Verständnis für ihre Handlungsweise. Ein
Sachverhalt, der bei objektiver Einschätzung als Ehebruch
– und damit als Sünde – betrachtet werden muss, wird ro-
mantisch weichgespült zu einer tragischen Geschichte, die
jedes menschlich empfindende Gemüt anrührt. Und schon
schwirrt sie durch Kopf und Herz, die uralte und wohlbe-
kannte Frage: Sollte Gott wirklich gesagt haben …? Schon im
Garten Eden hatte Satan, der Verführer, Erfolg damit – und
noch heute bohrt er weiter. Was ist denn schon das kalte Gesetz gegen die innige Liebe zweier Menschen? Sie sind doch
den Umständen ihres Lebens ausgeliefert. Gott kann doch
nicht wollen, dass seine Geschöpfe unglücklich sind? Hat er
sie nicht im Grunde selbst zusammengeführt?

Paulus kannte sicherlich alle diese Einwände und Fragen, und auch Paulus war ein Mann mit einem mitleidigen Herzen. Er liebte die Menschen, die ihm anvertraut waren. Doch ihm war ebenso die große Verantwortung bewusst, die Gott ihm in Bezug auf christliche Lehre und Lebensgestaltung übertragen hatte. In seinen Predigten und Briefen war er ein Werkzeug seines geliebten Herrn, und als Sprachrohr Gottes musste und wollte er auch unpopuläre göttliche Prinzipien weitergeben. Eines davon war die unbedingte Gültigkeit eines einmal geschlossenen Ehebundes – und zwar unabhängig davon, wie die Ehe zustande gekommen ist.

Im Gegensatz zu unserer heutigen westlichen Praxis war und ist es in den meisten Kulturen durchaus nicht üblich, sich den Ehepartner selbstständig und frei auszuwählen – diese Aufgabe gehört vielfach in den Verantwortungsbereich der Eltern. Während bisweilen die jungen Männer durchaus Wünsche äußern oder sogar selbst aktiv werden dürfen, bleibt den zukünftigen Ehefrauen manchmal kaum ein Mitspracherecht – schlimmstenfalls nicht einmal die Möglichkeit, sich einer unerwünschten Heirat zu entziehen. Auch im Kontext des Neuen Testaments, im Umfeld des Apostels Paulus, gehörten solche arrangierten Eheschließungen zur gesellschaftlichen Norm. Die für uns selbstverständliche Liebesheirat ist bei der Gesamtheit der Eheschließungen wohl eher die Ausnahme als die Regel.

Dennoch erwartet Gott offensichtlich, dass die Unauflöslichkeit selbst einer nicht ganz freiwillig und nicht aus Liebe eingegangenen Ehe von beiden Ehepartnern bedingungslos respektiert wird. Das ist eine große Herausforderung, ganz ohne Frage. Selbst die Jünger des Herrn Jesus fanden diesen Gedanken beängstigend: *„Seine Jünger sagen* *zu ihm: Wenn die Sache des Mannes mit der Frau so steht, so ist es nicht ratsam zu heiraten"* (Matthäus 19,10). Zweifellos kannten auch diese Männer die Macht von Liebe und Leidenschaft – und ihre eigene Neigung zur Sünde.

Doch damals wie heute gilt: Wir sind keine rein triebgesteuerten Tiere, sondern Menschen, vom Schöpfer ausgestattet mit Vernunft, Gewissen und einem freien Willen. Ehebruch ist – wie alle anderen Sünden auch – eine absolut und ausnahmslos falsche Entscheidung.

∾ Ist das Barmherzigkeit?

Jede Gemeinde kennt tragische Verwicklungen in Eheangelegenheiten. Die modernen Lebensentwürfe unserer westlichen Welt zeigen ihre zerstörerische Wirkung auch in der Gemeinde Gottes. Zum Beispiel Alex: Der engagierte junge Christ heiratet eine Frau, die nach eigenen Angaben ebenfalls wiedergeboren ist. Doch schon während des ersten Ehejahres hat sie mehrere Affären mit anderen Männern, und binnen kurzem reicht sie die Scheidung ein. Zahlreiche Gesprächsversuche verlaufen ergebnislos. Alex bleibt gebrochen und allein zurück – er ist 27; verurteilt zu einem Leben in Einsamkeit.

Zum Beispiel Melanie: Sie heiratet sehr jung gegen den Rat ihrer Eltern und hat ein Jahr später das erste Kind. Mit ihrem alkoholabhängigen Mann versteht sie sich bald nicht mehr – das Paar wird einvernehmlich geschieden, und sie sucht Trost bei einem anderen. Auch von ihm bekommt sie ein Kind, doch diese Beziehung geht ebenfalls in die Brüche. In dieser Situation hört sie erstmals von Gottes Liebe und Gnade. Sie bekehrt sich und möchte künftig von ganzem Herzen mit und für Gott leben. Die Konsequenz ihrer Entscheidung: Sie muss lebenslänglich allein bleiben, und ihre Kinder müssen ohne Vater aufwachsen.

Schicksale wie die von Alex oder Melanie sind harte Lebenswege. Und was wäre, wenn sich zwei Menschen wie diese beiden wiedergeborenen Christen in einer Gemeinde treffen und sich ineinander verlieben? Wie weit geht die Barmherzigkeit Gottes? Und welcher unvollkommene Mensch kann darüber entscheiden?

∽ Ist das Gerechtigkeit?

Andere scheinen es da leichter zu haben. Zum Beispiel Julia: Sie ist jung und lebenslustig. Sobald sie volljährig ist, zieht sie mit ihrem Freund in eine gemeinsame Wohnung. Während der ersten Berufsjahre stellen die beiden fest, dass sie sich auseinandergelebt haben, und sie trennen sich. Julia geht daraufhin eine weitere langjährige Beziehung ein, aus der auch ein Kind hervorgeht. Als sie sich nach einigen Jahren bekehrt und im Anschluss daran ihr Leben neu ordnen will, wird sie umgehend von ihrem Lebensgefährten, dem Vater ihres Kindes, verlassen: Er will mit „Religion" absolut nichts zu tun haben. Die alleinerziehende Mutter wird in der Gemeinde mit offenen Armen empfangen, und als sie dort einen gläubigen und ledigen Mann kennenlernt, ist die Freude groß: Einer Hochzeit steht nichts im Wege – denn schließlich war Julia nie verheiratet.

∾ Feinfühlige Seelsorge

Natürlich darf die Konsequenz aus solchen und ähnlichen Lebenskonstellationen nicht lauten, als Christ am besten vorsichtshalber gar nicht erst zu heiraten, um sich keine Chance zu verbauen … so, wie es die Jünger in Matthäus 19,10 schon in Erwägung gezogen haben.

Bei Nichtchristen ist dieses Verhalten allerdings gängige Praxis. Seit circa 40 Jahren ist es allmählich in unserem Lebensumfeld zur allgemein akzeptierten gesellschaftlichen Normalität geworden, unverheiratet als Paar zusammenzuleben und auch unverheiratet Kinder großzuziehen. Es gibt offenbar in dieser Hinsicht nicht mehr das geringste Unrechtsbewusstsein. Eine christliche Gemeinde wird Menschen, die vor ihrer Bekehrung wie selbstverständlich in einem solchen Kontext gelebt haben, tatsächlich als „ledig" betrachten.

Nach menschlichem Empfinden sind biblisch begründete Konsequenzen – wie in den Beispielen geschildert – oft hart und scheinbar ungerecht. Wie kann die Gemeinde des Herrn sowohl die Gerechtigkeit Gottes als auch seine Liebe und Barmherzigkeit widerspiegeln? Patentrezepte gibt es auf diesem Gebiet leider nicht. Vielmehr ist in diesen Fragen eine erfahrene und sensible seelsorgerliche Begleitung erforderlich.

7

Ein verhängnisvoller Weg

August 2000

Hinter verschlossenen Türen hatten Ralf und Bettina ihre unrechtmäßige Liebesbeziehung begonnen. Nahezu unmerklich veränderte diese neue und unangemessene Situation ihren Alltag. Aus Angst vor Entdeckung waren sie ständig auf der Hut. Dennoch musste das Leben im Hinblick auf ihre ahnungslosen Familien und die Geschwister in der Gemeinde möglichst reibungslos weitergehen – ein anstrengender innerer Spagat. Und der funktionierte nur, weil sich zum Ehebruch fast wie von selbst noch ein Bündel weiterer Sünden gesellte: lauter „kleine" Lügen und Verdrehungen …

Weiterhin traf sich Bettina regelmäßig jeden Dienstag zum Schwimmen mit Heike. Sie ahnte nicht, dass Heike insgeheim schon begann, sich Sorgen um Bettina zu machen. Ihre Freundin wirkte neuerdings häufig unkonzentriert, abwesend, dabei irgendwie verschlossen. *Ob sie vielleicht krank ist?* Heike versuchte, Bettina vorsichtig darauf anzusprechen, doch sie bekam nur einsilbige und ausweichende Antworten.

Ja, vielleicht bin ich wirklich gewissermaßen krank, dachte Bettina insgeheim. Sie hatte in ihrer Bibel vor Kurzem zum ersten Mal das Hohelied von Anfang bis Ende gelesen. *„Stärkt mich mit Traubenkuchen, erquickt mich mit Äpfeln, denn ich bin krank vor Liebe!"*[9]

Trotz der beglückenden Augenblicke mit Ralf konnte Bettina nicht verhindern, dass ihr Gewissen zappelte. Fortwährend versuchte sie, ihren gottgewollten Kontrollmechanismus mit Scheinargumenten ruhigzustellen. *Gott ist die Liebe – dann kann er doch nicht wollen, dass wir unglücklich sind, nur weil wir uns lieben. Und außerdem liegt es auf der Hand, dass Heike und Ralf völlig unterschiedlich sind. Das ist auf die Dauer wirklich keine Basis für eine funktionierende Ehe. Heike versteht ihren Mann doch überhaupt nicht. Sie kann Ralf einfach nicht geben, was er braucht ... noch nicht einmal in körperlicher Hinsicht.* Prickelnd stieg die Erinnerung an das letzte Treffen mit ihrem Liebhaber in Bettina auf. Sie lag eng an Ralf geschmiegt, als er plötzlich flüsterte: „Bettina ... du bist alles, was ich brauche ... alles, was ich will." Längst war auch die letzte Grenze überschritten.

Mitte August waren die Schulferien zu Ende, und Ralf und Bettina versuchten, der alltäglichen Routine unbemerkte, gemeinsame Augenblicke abzuringen. Ralf hatte sich heimlich ein Mobiltelefon zugelegt, und kurz darauf schenkte er auch Bettina ein Handy. Auf diese Weise konnten sie völlig unbemerkt miteinander reden und sich auch sehr kurzfristig verabreden, wenn die Gelegenheit günstig war.

Doch kampflos gibt das Gewissen nicht auf. Kinder Gottes erkennen ihre Sünde.

---

9 Hohelied 2,5

Ralf fühlte sich zunehmend innerlich in Stücke gerissen. Fortwährend musste er mit seinem Gewissen ringen. *Gibt es denn gar keine Gnade für uns?*

In Ralfs Leben wurden lang erprobte gute Gewohnheiten durch neuartige Heimlichkeiten ersetzt. Ralf stellte ohne große Verwunderung fest, dass er nicht mehr beten konnte. Er hatte eine massive Mauer aus Schuld zwischen sich und seinem Gott gebaut. Von außen betrachtet ging sein Dienst in der Gemeinde unbeeinträchtigt weiter – doch Ralf selbst litt zunehmend unter dieser untragbaren Situation. Er las nur noch mechanisch und pflichtgemäß in seiner Bibel. Er legte in seinen Predigtdiensten die Bibeltexte theologisch korrekt und sachorientiert, aber nicht mehr geistgeleitet und persönlich aus. Seine Heuchelei belastete ihn von Tag zu Tag mehr.

Nach einem seiner heimlichen Treffen mit Bettina lag Ralf schlaflos im Bett. Die spürbare Nähe seiner Ehefrau war ihm unangenehm. Heikes argloses Vertrauen zu ihm wurde ihm unerträglich. *So kann es doch nicht endlos weitergehen?!*

Heike erwachte nicht, als Ralf schließlich aufstand und in sein Arbeitszimmer ging. Gewohnheitsgemäß setzte er sich an den Schreibtisch. Seine Bibel vor ihm schien mit feurigen Pfeilen auf ihn zu schießen. Ralf spürte den erbitterten Kampf, der in seinem Inneren tobte. Wörter, Sätze, Gedanken flogen durch seinen Kopf.

„Ich bin der Herr, dein Gott."[10] „Was nennt ihr mich aber:
Herr, Herr!, und tut nicht, was ich sage?"[11]*

Aber ich rackere mich ständig ab für dich, und mir
geht es dabei nicht mehr gut. Kümmert dich das gar
nicht? *„Siehe, so viele Jahre diene ich dir, und niemals
habe ich ein Gebot von dir übertreten; und mir hast du
niemals ein bisschen Glück gegönnt."[12]*

„Du sollst nicht ehebrechen."[13]

Aber ist wahre Liebe nicht viel mehr wert als Pflicht-
erfüllung in einer toten Ehe? Es steht doch in der Bibel: *„Wenn ich keine Liebe habe, so bin ich nichts. Die
größte Kraft ist die Liebe."[14]* *„Die Liebe ist aus Gott;
und jeder, der liebt, ist aus Gott geboren. Wer nicht
liebt, hat Gott nicht erkannt, denn Gott ist Liebe."[15]*

„Denn das ist die Liebe Gottes, dass wir seine Gebote halten, und seine Gebote sind nicht schwer."[16] „Wer sagt: Ich
habe ihn erkannt, und hält seine Gebote nicht, ist ein Lügner, und in dem ist nicht die Wahrheit."[17]

Aber Gott ist ein barmherziger Gott. Bettina hat so
viel Schlimmes durchgemacht; sie hat ein bisschen
Glück verdient. Es steht geschrieben: *„Ein geknicktes
Rohr wird er nicht zerbrechen, und einen glimmenden
Docht wird er nicht auslöschen."[18]*

---

10 2. Mose 20,2a
11 Lukas 6,46
12 Vgl. Lukas 15,29
13 2. Mose 20,14
14 Vgl. 1. Korinther 13,2-3.13
15 Vgl. 1. Johannes 4,7-8
16 1. Johannes 5,3
17 1. Johannes 2,4
18 Vgl. Matthäus 12,20

„Denn so hat Gott Bettina *geliebt, dass er seinen eingeborenen Sohn gab, damit* Bettina, *die an ihn glaubt, nicht verloren geht, sondern ewiges Leben hat.“*[19]

Aber auch, wenn Menschen mal sündigen, werden sie nicht gleich verstoßen. Gott ist gnädig. Jesus sagt selbst: *„Niemand wird sie aus meiner Hand rauben.*[20] *Ich bin der gute Hirte und ich lasse mein Leben für die Schafe.“*[21]

*„*Jesus *war durchbohrt um* Ralfs *Vergehen willen, zerschlagen um* Ralfs *Sünden willen. Die Strafe lag auf ihm zu* Ralfs *Frieden, und durch seine Striemen ist* Ralf *Heilung geworden.“*[22]

Ralf spürte, wie Tränen in ihm aufstiegen. Er erkannte ohne den geringsten Zweifel, dass Gott ihn zur Buße führen wollte. Es war ihm schmerzlich bewusst, dass sein Weg verkehrt war. Dennoch – sein eigensinniger Wille schien sich verzweifelt aufzubäumen.

*

Eine Zeit lang stand bei jedem ihrer Treffen die stumme Forderung des Gewissens im Raum. Ralf und Bettina wussten es beide genau: Diese Beziehung musste beendet werden. Sofort. Sie hielten einander umschlungen und weinten. *Wie kann eine Trennung so schrecklich wehtun, wenn es doch der einzig richtige Weg ist?* Ernsthaft wollten sie sich von der Sünde abwenden. Beide spürten, wie qualvoll und

---

19 Johannes 3,16
20 Vgl. Johannes 10,28
21 Vgl. Johannes 10,14a.15b
22 Vgl. Jesaja 53.5

schmerzlich dieser notwendige Schritt war, als sie schließlich beschlossen, sich nicht mehr heimlich zu treffen.

Sie saßen traurig in Bettinas Küche, und Bettina konnte kaum aufhören zu weinen. „Sieh mal", sagte Ralf und bemühte sich sichtlich um Selbstbeherrschung. Er zeigte auf ein Kalenderbild an der Wand. *„Statt die Katze zu verjagen, stell den Teller weg!",* lautete der originell illustrierte Spruch. „Im Grunde wäre das genau die richtige Empfehlung für unsere Situation. Im Klartext bedeutet dieses Sprichwort doch: Es ist besser, nicht die Symptome eines Problems zu beseitigen, sondern die Ursache. Nicht mühsam der Versuchung aus dem Weg zu gehen, sondern schon ihren Ursprung auszumerzen. Vielleicht müssten wir eine Möglichkeit schaffen, uns einfach überhaupt nicht mehr zu sehen." Bettina blickte entsetzt auf. „Weißt du", fuhr Ralf fort, „ich fühle mich im Hinblick auf dich wie verhext: Wenn ich in deiner Nähe bin, könnte ich es wohl auf die Dauer kaum ertragen, nicht mit dir zusammen zu sein." Schweren Herzens erwogen sie gemeinsam denkbare Wege: Einer von beiden könnte in eine andere Stadt ziehen. Ralf könnte seine Versetzung beantragen. Vor allem müsste einer von beiden in eine andere Gemeinde gehen. Bettina und Ralf kamen rasch zu einem ernüchternden Ergebnis: Alle diese Szenarien erschienen ihnen unrealistisch. Sie mussten es auch ohne solche drastischen Maßnahmen irgendwie alleine schaffen.

Bei all ihren Kämpfen und Überlegungen blieben die besten Möglichkeiten unbeachtet: Wenn man sich jemandem anvertrauen würde … ein Hilferuf um Beistand von Geschwistern bei der Abkehr von ihrem sündigen Weg, eine Bitte um Seelsorge und Hilfe zur Umkehr, öffentliches Bekenntnis und Buße in der Gemeinde. Das wären mutige

Schritte, die mutigsten überhaupt – doch sie kosten Überwindung. In letzter Konsequenz waren Ralf und Bettina nicht bereit zur Buße. Vielleicht könnte es ja auch anders gehen, weniger demütigend?

Schon nach kurzer Zeit war es sowohl Bettina als auch Ralf klar: Sie schafften es nicht. Alle guten, aber letztlich halbherzigen Vorsätze verliefen im Sande. Gewissen und Gefühl gingen ganz unterschiedliche Wege. Die nüchternen Fakten sprachen eine deutliche Sprache: Die sündhafte Beziehung wurde nicht beendet, sondern entwickelte sich im Gegenteil immer tiefer. „Ich halte das Leben nicht mehr aus ohne dich", beteuerte Ralf und zitierte aus dem Hohelied – dem einzigen Bibeltext, der ihm noch leicht über die Lippen ging: *„Stark wie der Tod ist die Liebe, hart wie der Scheol die Leidenschaft. Ihre Gluten sind Feuergluten (...) Mächtige Wasser sind nicht in der Lage, die Liebe auszulöschen, und Ströme schwemmen sie nicht fort."*[23]

Ralf besuchte Bettina, wann immer sich eine günstige Gelegenheit bot – und außerdem regelmäßig jeden Freitag, wenn Annika zur Jugendgruppe ging. Seine Abwesenheit erklärte er Heike gegenüber mit einer raffinierten Ausrede: Er erfand einen neuen und angeblich am Glauben interessierten Arbeitskollegen. Warum sollte Heike misstrauisch werden?

---

23 Hohelied 8,6-7

8

Sünde lockt Sünde an

.... ∾ ....

*Deshalb legt ab alle Unsauberkeit und das Übermaß
der Schlechtigkeit, und nehmt das eingepflanzte Wort
mit Sanftmut auf, das eure Seelen zu erretten vermag!*
(Jakobus 1,21)

.... ∾ ....

∾ Vertuschung – um jeden Preis

*Und die Frau wurde schwanger. Und sie sandte hin
und berichtete es David und sagte: Ich bin schwanger.*
(2. Samuel 11,5)

Damit hatte König David wohl nicht gerechnet: Sein dreister Ehebruch mit der attraktiven Batseba hat Folgen – die junge Frau erwartet ein Kind von ihm. Welche Optionen hat das Paar nun?

In der heutigen Zeit steht in solchen Fällen die Möglichkeit der diskreten Abtreibung im Raum; ein derartiger Eingriff war für David und Batseba offenbar keine Lösung.

Doch David ist ein Mann der Tat, er hat schon einen ersten Plan. Ob er Batseba in sein Vorhaben einweiht?

Das ist wahrscheinlich, denn schließlich muss sie „mitspielen".

> *Da sandte David zu Joab: Schick mir Uria, den Hetiter!*
> *Und Joab schickte Uria zu David. Und Uria kam zu*
> *ihm, und David fragte nach dem Wohlergehen Joabs*
> *und nach dem Wohlergehen des Volkes und nach der*
> *Kriegslage. Und David sagte zu Uria: Geh in dein Haus*
> *hinab und wasche deine Füße! Und als Uria aus dem*
> *Haus des Königs ging, kam ein Geschenk des Königs*
> *hinter ihm her. Uria aber legte sich am Eingang des*
> *Königshauses nieder bei allen Knechten seines Herrn*
> *und ging nicht in sein Haus hinab. Und man berichtete*
> *es David: Uria ist nicht in sein Haus hinabgegangen.*
> **(2. Samuel 11,6-10a)**

David versucht zuerst, seinem treuen und loyalen Truppenführer auf hinterlistige Weise ein Kuckuckskind unterzuschieben. Der König gibt sich jovial und großzügig; er spendiert dem verdienten Offizier einen außerplanmäßigen Fronturlaub mit Privataudienz zur Kriegsberichterstattung. Anschließend weist David den arglosen Uria an, nach Hause zu gehen. Sogar ein königliches Geschenk wird Uria noch überbracht. Davids Plan ist simpel: Uria verbringt die Nacht mit seiner schönen Ehefrau. Irgendwann erzählt Batseba ihm von der Schwangerschaft und erwähnt dabei unauffällig seinen kurzen Heimaturlaub. Selbstverständlich geht der treue Ehemann davon aus, dass das Baby von ihm gezeugt wurde. Zwar würde es ein paar Wochen zu früh zur Welt kommen, aber so etwas kommt gelegentlich vor. Der Ehebruch bliebe jedenfalls unentdeckt.

Pech gehabt, David. Uria ist ein Ehrenmann. Er verweigert die Sonderbehandlung und übernachtet in der offiziellen Unterkunft für Soldaten und Wachposten. Was nun?

Da sagte David zu Uria: Bist du nicht von der Reise gekommen? Warum bist du nicht in dein Haus hinabgegangen? Uria aber sagte zu David: Die Lade und Israel und Juda wohnen in Zelten, und mein Herr selbst, Joab, und die Knechte meines Herrn lagern auf freiem Feld, und da sollte ich in mein Haus hineingehen, um zu essen und zu trinken und bei meiner Frau zu liegen? So wahr du lebst und deine Seele lebt, wenn ich das tue! Da sagte David zu Uria: Bleib auch heute noch hier! Morgen werde ich dich dann entlassen. So blieb Uria an diesem Tag und am folgenden in Jerusalem. Und David lud ihn ein, und er aß und trank vor ihm, und er machte ihn betrunken. Und am Abend ging er hinaus, um sich auf sein Lager bei den Knechten seines Herrn hinzulegen; aber in sein Haus ging er nicht hinab.
(2. Samuel 11,10b-13)

Davids Taktik der Verschleierung geht einfach nicht auf. Uria befolgt seinen eigenen Ehrenkodex, und für ihn ist es undenkbar, den Luxus seiner Stadtwohnung – obwohl in Sichtweite des Königspalastes – und die verführerische Nähe seiner Frau zu genießen, während seinen Kameraden im Feld ein solches Privileg vorenthalten wird. Urias erstes und wichtigstes Argument ist allerdings der Zustand der Bundeslade Gottes: Selbst das Allerheiligste Israels hat kein festes Haus, sondern ist noch immer in einem provisorischen Zelt untergebracht. Uria erscheint es geradezu anstößig, unter diesen Umständen die Annehmlichkeiten seines gemütlichen Hauses in Anspruch zu nehmen. David startet zwar noch einen weiteren Versuch, an Urias Prinzipien zu rütteln, indem er ihn bei einem königlichen Bankett überreichlich mit Alkohol versorgt, doch Uria bleibt standhaft und geht einfach nicht nach Hause, um mit seiner Frau zu schlafen.

> *Und es geschah am nächsten Morgen, da schrieb David einen Brief an Joab und sandte ihn durch Uria. Und er schrieb in dem Brief Folgendes: Stellt Uria dahin, wo die Kampffront am härtesten ist, und zieht euch hinter ihm zurück, dass er getroffen wird und stirbt!*
> *(2. Samuel 11,14-15)*

Schon nach zwei fehlgeschlagenen Versuchen der Vertuschung seines folgenschweren Ehebruchs ist die königliche Geduld zu Ende. Urias Tugend besiegelt sein Schicksal. David schmiedet kurzerhand ein tödliches Komplott: Nach dem unheilvollen Vorbild seines Schwiegervaters Saul (siehe 1. Samuel 18,25-26) will er Uria unbemerkt und scheinbar zufällig in einer Schlacht umkommen lassen. Joab, der Befehlshaber, erhält die schriftliche Anweisung des Königs, Uria auf einen aussichtslosen Posten zu beordern, damit er mit größtmöglicher Wahrscheinlichkeit in der Schlacht fällt. Uria muss diesen schändlichen Befehl, sein eigenes Todesurteil, ahnungslos selbst überbringen – ist das der Gipfel der Schamlosigkeit des ansonsten so gottesfürchtigen Königs David?

Wenn David noch ein Gewissen hat, dann ist es entweder extrem elastisch oder komplett stumm geschaltet. Kann das wirklich derselbe Mann sein, den der heilige Gott selbst als *„einen Mann nach meinem Herzen"* bezeichnet (1. Samuel 13,14; Apostelgeschichte 13,22)?!? Welche menschlichen Abgründe werden hier sichtbar? Und wie leicht haben es jetzt die geheimen Gedanken des selbstgerechten Bibellesers – meine eigenen Gedanken: „Ja, natürlich, ich sündige auch manchmal, aber doch nicht *so* schrecklich!"

Wirklich?

Und es geschah, als Joab die Stadt ständig beobachtete, setzte er Uria an der Stelle ein, von der er erkannt hatte, dass dort kriegstüchtige Männer waren. Als nun die Männer der Stadt auszogen und gegen Joab kämpften, fielen einige vom Volk, von den Knechten Davids; dabei starb auch Uria, der Hetiter.
(2. Samuel 11,16-17)

Hauptmann Joab gibt sich alle Mühe, den verdeckten königlichen Mordauftrag gewissenhaft auszuführen; dadurch macht er sich mitschuldig.

Der perfide Plan gelingt, Uria kommt ums Leben – betrogen und als möglicher Ankläger beseitigt von seinem langjährigen Waffenbruder und seiner eigenen Ehefrau. Die weiteren Gefallenen – Söhne, Ehemänner, Familienväter – nimmt König David als Kollateralschaden in Kauf.

Und als Urias Frau hörte, dass Uria, ihr Mann, tot war, hielt sie die Totenklage um ihren Gatten. Als aber die Trauerzeit vorüber war, sandte David hin und nahm sie in sein Haus auf. Und sie wurde seine Frau

und gebar ihm einen Sohn. In den Augen des HERRN
aber war die Sache böse, die David getan hatte.
(2. Samuel 11,26-27)

Wie viel hat Batseba gewusst? Sie reagiert auf die Nachricht vom Tod ihres Mannes angemessen mit den üblichen Ritualen der Totenklage. Doch unmittelbar nach der vorgeschriebenen Trauerzeit, vermutlich bereits eine Woche später[24], heiratet David die Witwe, und als das Kind zur Welt kommt, gilt es als legitimer Sohn des Königs.

David hat verschiedene Möglichkeiten der Problemlösung ausprobiert. Das Ergebnis: ein toter Mann – eliminiert aus niedrigen Beweggründen. Aber ist damit die Angelegenheit wirklich erledigt? Natürlich nicht.

Was war denn ursprünglich Davids und Batsebas Problem gewesen? Am Anfang ihres verhängnisvollen Weges stand ihre eigene Sünde! Haben sie ihre eigene Schuld durch die unvorhergesehene Schwangerschaft völlig aus dem Blickfeld verloren? Sie selbst waren durch den Ehebruch schuldig geworden – schuldig an Batsebas Ehemann Uria und schuldig vor Gott. Dennoch zeigen sie von sich aus keine Bereitschaft zu Reue oder Buße – ganz im Gegenteil. Sie versuchen nur mit allen Mitteln, den Konsequenzen ihrer Sünde zu entgehen.

„Welche Optionen hat das Paar?", lautete die Eingangsfrage. Ist es nicht eine bemerkenswerte Alltagserfahrung, dass die Möglichkeit der Umkehr von einem falschen, sündigen Weg nur selten sofort in Betracht gezogen wird? Es

---

24 Die Totenklage dauert in der Regel sieben Tage – vgl. z. B. 1. Mose 50,10; 1. Samuel 31,13.

scheint ganz natürlich zu sein, Ausflüchte zu suchen, um nicht als Sünder entlarvt zu werden. Manchmal mutet es einfacher an, buchstäblich über Leichen zu gehen.

Gottes Urteil ist deutlich: *„In den Augen des HERRN aber war die Sache böse, die David getan hatte."*

∾ Teuflische Abwärtsspirale

Ein Mensch entscheidet sich zur Sünde – spontan, im Affekt oder sogar ganz vorsätzlich. Erst im Nachhinein kommt dem Sünder zu Bewusstsein, dass seine Sünde unangenehme Folgen hat. Wie könnte man die Konsequenzen – Entdeckung, Verurteilung, Strafe – umgehen? Es scheint ein teuflischer Mechanismus zu sein, zur vordergründigen Vermeidung des Entdeckt-Werdens eine Sünde mit einer weiteren Sünde zu verknüpfen – bisweilen sogar mit einer regelrechten Kaskade von Sünden. Das gehört zum Wesen der Sünde von Anfang an. Sünde lockt Sünde an.

Menschen kann man vielleicht damit blenden, doch mit dem allwissenden Herrn des Himmels und der Erde ist ein solches Versteckspiel völlig sinnlos. Dennoch wird es bis heute immer wieder versucht. Haben wir denn kein Gewissen? Doch – Gott stattet jeden Menschen mit jener sensiblen Kontrollinstanz aus. Aber leider lässt sich das Gewissen betäuben, fesseln und knebeln. Trotzdem muss jeder Sünder irgendwann feststellen, dass Gott niemals getäuscht werden kann.

Natürlich ist diese Tatsache jedem Christen heutzutage klar. Warum verhalte ich mich dann in völliger Selbstüberschätzung so, als ob ich die einzige Ausnahme von dieser Regel sei?

❧ Im Gefängnis der Sünde

David und Batseba, das war damals … diese Ereignisse haben sich vor Tausenden von Jahren zugetragen. Hat sich die Menschheit nicht inzwischen weiterentwickelt? Wir sollten uns nichts vormachen: Die Strategie Satans geht auf – der Mechanismus greift auch heute noch, auch bei uns. Sünde lockt Sünde an.

Wie und warum schalte ich mein Gewissen aus? Wieso gebe ich mich der Illusion hin, gerade meine Sünde könnte unentdeckt oder ohne Konsequenzen bleiben? Welcher scheinbare Automatismus macht mich zeitweilig immun gegen Argumente der Zurechtweisung?

Der Weg der Rebellion ist breit und glatt. Ich entscheide mich, Gott ungehorsam zu sein und stattdessen auf den Teufel zu hören – einmal, zweimal, immer wieder. Der Sog des Bösen wird von Mal zu Mal größer.

Gott zeigt uns in seinem Wort ganz genau, mit wem wir es zu tun haben: Es ist der *„große Drache, die alte Schlange, der Teufel und Satan genannt wird, der den ganzen Erdkreis verführt"* (Offenbarung 12,9). Jesus warnt vor dem Verführer und macht deutlich, dass der Teufel

> *… ein Menschenmörder von Anfang an (war), und (er) stand nicht in der Wahrheit, weil keine Wahrheit in ihm ist. Wenn er die Lüge redet, so redet er aus seinem Eigenen, denn er ist ein Lügner und der Vater derselben.*
> **(Johannes 8,44)**

Der Satan ist folgerichtig ein unvergleichlicher Verwandlungskünstler. Er beherrscht Bilder des Schreckens:

(Unser) Widersacher, der Teufel, geht umher wie ein
brüllender Löwe und sucht, wen er verschlingen kann.
(1. Petrus 5,8)

Mit gleicher Leichtigkeit nimmt er allerdings ebenso *die Gestalt eines Engels des Lichts* an (2. Korinther 11,14). Durch teuflische Verdrehung der Tatsachen erliegt man dem Eindruck, die Sünde sei im Grunde gar keine „echte" Sünde. Man versucht die Sünde zu rechtfertigen: man findet „gute" Gründe, warum man in dieser speziellen Situation gar nicht anders handeln kann. Wer kennt sie nicht, diese abstrusen Gedanken? Selbst der Apostel Paulus litt darunter:

> *Denn das Gute, das ich will, übe ich nicht aus, sondern das Böse, das ich nicht will, das tue ich. (...) Ich sehe ein anderes Gesetz in meinen Gliedern, das dem Gesetz meines Sinnes widerstreitet und mich in Gefangenschaft bringt unter das Gesetz der Sünde, das in meinen Gliedern ist. Ich elender Mensch! Wer wird mich retten von diesem Leibe des Todes?*
> **(Römer 7,19.23-24)**

Wie können wir uns gegen die Angriffe Satans wehren und uns vor seinen Einflüsterungen schützen? Wie bricht man aus dem Gefängnis der Sünde aus?

Auf sich allein gestellt schafft das niemand.

∾ Hilfe!

Ein Mensch kann sich für die Sünde entscheiden und muss anschließend mit den Konsequenzen seiner Entscheidung zurechtkommen. Ausnahmslos alle Menschen können aber auch jederzeit die Entscheidung treffen, Buße zu tun. Vergebung und ein unbelasteter Neuanfang sind möglich – mit Gottes Hilfe. Jeder wiedergeborene Christ weiß, dass es nur eine einzige Möglichkeit gibt, aus dem teuflischen Gefängnis der Sünde auszubrechen: indem man Gott demütig um die unverdiente Gnade der Erlösung und Vergebung durch Jesus Christus bittet.

Gott hat uns alle unsere Verfehlungen vergeben. Den Schuldschein, der auf unseren Namen ausgestellt war und dessen Inhalt uns anklagte, (…) hat er für nicht mehr gültig erklärt. Er hat ihn ans Kreuz genagelt und damit für immer beseitigt. Und die gottfeindlichen Mächte und Gewalten hat er entwaffnet und ihre Ohnmacht vor aller Welt zur Schau gestellt; durch Christus hat er einen triumphalen Sieg über sie errungen.
(Kolosser 2,13b-15; NGÜ)

(Jesus Christus hat) unsere Sünden an seinem Leib selbst an das Holz hinaufgetragen (…), damit wir, den Sünden abgestorben, der Gerechtigkeit leben.
(1. Petrus 2,24)

Also gibt es jetzt keine Verdammnis für die, die in Christus Jesus sind. Denn das Gesetz des Geistes des

Lebens in Christus Jesus hat dich frei gemacht von
dem Gesetz der Sünde und des Todes.
(Römer 8,1-2)

Es ist unumgänglich, das Angebot der göttlichen Vergebung in aller Demut ganz persönlich anzunehmen. Zusätzlich ist es eine große Hilfe (auch um Rückfällen vorzubeugen), Sünden und Versuchungen außerdem einem verantwortungsvollen Mitchristen im seelsorgerlichen Gespräch anzuvertrauen.

Das Beherrschen der Sünde ist nur mit Selbstbeherrschung möglich. Ohne entschlossene Selbstdisziplin – und die Kraft dazu kommt von Gott – treibt jeder Mensch unweigerlich in den verlockenden Strudel der Sünde. Um den Angriffen Satans entgegenzuwirken, ermöglicht der Geist Gottes allen „Kindern des Lichts" (siehe Epheser 5,8), Charaktereigenschaften zu entwickeln, die die Versuchung zur Sünde abwehren können:

Die Frucht des Geistes aber ist: Liebe, Freude, Friede,
Langmut[25], Freundlichkeit, Güte, Treue, Sanftmut,
Enthaltsamkeit[26].
(Galater 5,22-23a)

---

25 Das griechische Wort für „Langmut", *makrothymia*, bezeichnet eine bestimmte Art von Geduld: nämlich die Geduld in Bezug auf Personen.

26 Das im Urtext verwendete griechische Wort *egkrateia* hat die Bedeutung „Selbstbeherrschung" im Sinne von „Sich-in-der-Gewalt-haben"; es bezeichnet kaum die totale Enthaltsamkeit, sondern vielmehr den bewussten und beherrschten Umgang mit Essen und Trinken, Gemütsbewegungen und Sexualität. (Quelle: Elberfelder Studienbibel mit Sprachschlüssel und Handkonkordanz, SCM R. Brockhaus, 1994, 4. Auflage Witten 2013)

Zur direkten Verteidigung gegen die Offensiven des Teufels kann und soll jeder Christ außerdem Gebrauch machen von der Waffenrüstung, die Gott seinen Kindern zur Verfügung stellt. Die Bibel fordert uns ausdrücklich dazu auf:

Werdet stark im Herrn und in der Macht seiner Stärke! Zieht die ganze Waffenrüstung Gottes an, damit ihr gegen die Listen des Teufels bestehen könnt! Denn unser Kampf ist nicht gegen Fleisch und Blut, sondern gegen die Gewalten, gegen die Mächte, gegen die Weltbeherrscher dieser Finsternis, gegen die geistigen Mächte der Bosheit in der Himmelswelt. Deshalb ergreift die ganze Waffenrüstung Gottes, damit ihr an dem bösen Tag widerstehen und, wenn ihr alles ausgerichtet habt, stehen bleiben könnt! So steht nun, eure Lenden umgürtet mit Wahrheit, bekleidet mit dem Brustpanzer der Gerechtigkeit und beschuht an den Füßen mit der Bereitschaft zur Verkündigung des Evangeliums des Friedens! Bei alledem ergreift den Schild des Glaubens, mit dem ihr alle feurigen Pfeile des Bösen auslöschen könnt! Nehmt auch den Helm des Heils und das Schwert des Geistes, das ist Gottes Wort!
(Epheser 6,10-17)

Sünde lockt Sünde an – das ist nicht zu übersehen. Aber mit Gottes Kraft kann jeder Christ dem entsetzlichen Teufelskreis der Sünde entkommen! Das ist das *Evangelium* – die *gute Nachricht*, die beste von allen!

9

Der große Knall

„Ich muss unbedingt mit dir sprechen, Sylvia. Können wir uns gleich treffen?" Heikes Stimme bebte, als sie ihre Freundin anrief. Fragen prasselten auf sie ein, doch Heike wiederholte nur: „Nicht am Telefon. Ich erzähle dir alles persönlich."

Als die beiden Frauen beieinander saßen, legte Heike ohne Umschweife die Fakten auf den Tisch. Sie berichtete Sylvia von ihrem unverhofften Fund in Ralfs Schreibtisch und seiner unerwartet heftigen Reaktion. Auch die Information, die sie zutiefst verstörte, verschwieg Heike nicht: den Namen der Frau, die in ihre Ehe eingebrochen war.

Sylvia traute ihren Ohren nicht; sie war wie vor den Kopf geschlagen. Doch die unfassbaren Tatsachen ließen sich einfach nicht leugnen. Wie konnte es nur sein, dass in all diesen Wochen niemand bemerkt hatte, welche menschliche Katastrophe sich vollkommen unvermutet anbahnte? Sylvia war entsetzt, schockiert und unendlich traurig. Sie sah Heike an, die zitternd und blass auf ihrem Stuhl saß und unentwegt ihre Finger knetete.

Bei der Bibelstunde am Abend fühlte sich Thomas völlig verunsichert. Er war bereits von Sylvia über die ungeheuerlichen Tatsachen informiert worden. Anfangs hatte er noch an einen üblen Scherz geglaubt, doch seine Frau war so erschüttert, dass er an der Wahrheit der Anschuldigungen kaum zweifeln konnte. Thomas hatte versucht, auch Heinrich unverzüglich zu benachrichtigen, doch er hatte ihn noch nicht erreicht. Erst nach der Bibelstunde ergab sich die Gelegenheit zu einem vertraulichen Gespräch der beiden Brüder, die seit Jahren gemeinsam mit Ralf die Gemeinde leiteten. Fassungslos nahm Heinrich die Vorwürfe des Ehebruchs von Ralf und Bettina zur Kenntnis. „Es gibt keinen anderen Weg", sagte er schließlich niedergeschlagen, „wir müssen die beiden zur Rede stellen; und zwar am besten einzeln." Sie vereinbarten, Ralf sofort für den kommenden Abend zu einem Gespräch bei Heinrich einzuladen; zeitgleich sollte Sylvia mit Bettina sprechen.

Donnerstag, 26. Oktober 2000

Sylvia war beklommen, als sie der Schwester und Freundin gegenüber saß. Auch Bettina hatte ein mulmiges Gefühl. „Ich will ja gar nicht leugnen, dass ich Ralf liebe", stieß sie hervor. Seit Ralf ihr vor zwei Tagen eröffnet hatte, dass ihre Beziehung entdeckt worden sei, war Bettina am Boden zerstört – und außerdem ein wenig trotzig. Sylvias vorsichtige Fragen bewirkten eine unwillkürliche Abwehrhaltung. „Das ist doch irgendwie ungerecht. Es geht hier schließlich um Liebe, wir haben ja keinen Mord begangen! Immer wird von Gottes Gnade gepredigt – nur für uns soll es keine

Gnade geben?! Eure Gesetzlichkeit macht alles kaputt. Gott will bestimmt nicht, dass seine Kinder unglücklich sind."

Sylvia hatte eine solche Argumentation schon häufig gehört – nicht zuletzt im vergangenen halben Jahr von Besuchern des Buchladens. *Will denn ein liebender Gott seine Menschen leiden sehen? Will er nicht vielmehr, dass sie glücklich sind?*

Tränen standen in Sylvias Augen, als sie sich um eine sachliche Antwort bemühte. „Vielleicht muss man einmal sich selbst und seine eigene Definition von Glück hinterfragen. Das heißt, ich muss mich selbst aus dem Mittelpunkt rücken. Nicht mein persönliches Glück, nicht mein individuelles Leiden sollen das Zentrum meiner Welt bilden, sondern die Ehre des allmächtigen und heiligen Gottes steht unumstößlich an allererster Stelle. Eins steht fest: Glück in der Bibel hat immer mit der Nähe zu Gott zu tun. Glück lässt sich nicht an äußerlichem Wohlergehen und auch nicht an angenehmen Gefühlen messen. Glück ist für den Christen die tiefe innere Verbundenheit mit seinem Herrn und Heiland Jesus Christus – ganz gleich, in welchen Lebensumständen man sich befindet." Sylvia merkte selbst, dass ihre Worte hölzern und fast unbeteiligt klangen, wie aus einem Buch zitiert.

„Das hört sich alles ganz gut und schön an, und außerdem ziemlich fromm", erwiderte Bettina. „Aber du hast es ja auch gut im Leben; bei dir läuft alles nach Wunsch." Sylvia fühlte sich vollkommen ohnmächtig. Sie versuchte mehrmals eindringlich an Bettinas Gewissen zu appellieren, doch Bettina wehrte ab. „Das kannst du nicht verstehen, Sylvia. Du weißt doch gar nicht, wie das ist, ein ganzes Leben lang einsam zu sein und dann endlich den perfekten Mann zu finden."

Sylvia war ratlos und unendlich traurig. Beim Abschied nahm sie Bettina in den Arm. „Du darfst das nicht vergessen: Wir haben dich lieb", versicherte sie, „aber ihr seid auf einem katastrophal falschen Weg. Ihr könnt noch jederzeit umkehren." – „Nein", entgegnete Bettina tonlos. „Ich kann nicht mehr zurück. Ich liebe Ralf. Ich lasse ihn jetzt nicht im Stich"

*

Zeitgleich bereiteten sich Thomas und Heinrich auf die bevorstehende Unterredung mit Ralf vor. Sie waren von den Ereignissen zutiefst aufgewühlt und trafen sich schon weit vor der mit Ralf vereinbarten Uhrzeit. Ihnen blieb nur eines zu tun: inständig zu beten vor diesem notwendigen Gespräch. In den vergangenen zwei Tagen hatten sie kaum etwas anderes getan als ihren Herrn im Himmel um Trost und Hilfe anzuflehen. Auch Lydia, Heinrichs Frau, saß mit verweinten Augen am Küchentisch und bestürmte fortwährend ihren himmlischen Vater.

Ralf erschien pünktlich wie immer. Wie oft hatten sich die drei Männer schon getroffen – drei Brüder, die miteinander beteten, sich zusammen an Gottes Wort orientierten und die Belange der Gemeindearbeit gemeinsam durchdachten. Immer war Ralf zuvorkommend und hilfsbereit, zuverlässig und engagiert gewesen. Doch heute begrüßte er die Brüder nur einsilbig und mit einem undurchdringlichen Gesicht. Unvermittelt eröffnete er selbst das Gespräch. „Ihr seid das Tribunal, das jetzt tagen muss. Wir können es kurz machen. Ich kenne alle Bibelverse, die ihr mir sagen müsst. Ich kenne das biblische Verfahren, das ihr jetzt in Gang setzen müsst. Ich weiß, dass ihr finden müsst, meine Liebe zu Bettina sei nicht in Ordnung. Ich weiß das alles, aber ich sage trotzdem: Ich will Bettina nicht aufgeben." Die zynischen Worte waren untypisch für Ralf; sie erschreckten Thomas mit ihrer Endgültigkeit. „Ralf", sagte er eindringlich, „Ralf, mein Bruder – mein Freund ... das kann doch nicht dein letztes Wort sein!" Seit vielen Jahren glaubte Thomas diesen Mann zu kennen. Er hatte ihn nicht zuletzt als Ratgeber zu schätzen gelernt, der Gottes Wort kannte und konsequent anwandte. War das wirklich derselbe Mensch, dem er hier und jetzt ins Gesicht blickte? Oder waren alle diese Eigenschaften über die Jahre hinweg nur vorgetäuscht, nur billige Fassade gewesen?

„Bitte überdenke deinen Entschluss doch noch einmal", bat Thomas. „Eine Umkehr ist immer noch möglich, das weißt du. Komm zurück!" Abrupt stand Ralf auf und wandte sich zum Gehen. „Nein", sagte er knapp.

Heinrich hatte Ralfs Worte mit versteinerter Miene verfolgt. Er sah Ralf nach, der schon die Tür öffnete. „Nur eines noch", verlangte Heinrich zu wissen: „Wie lange hintergehst du uns schon, Ralf?"

„Drei Monate", erwiderte Ralf und zog die Tür hinter sich ins Schloss.

Samstag, 28. Oktober 2000

Unzählige Male schon hatten sie hier zusammengesessen und sich ausgetauscht. Immer hatte Gottes Wort eine zentrale Stellung in ihren Gesprächen innegehabt. Heinrich und Lydia, Thomas und Sylvia, Ralf und Heike: Diesen drei Ehepaaren hatte das Wohl der Gemeinde seit Jahren besonders am Herzen gelegen.

Heute wirkte ihre Runde so falsch. Gegen Ralfs Widerstand hatten die beiden anderen Brüder auf einem weiteren Gespräch bestanden: einer gemeinsamen Unterredung mit Ralf und Bettina. Heike war nicht mitgekommen. Sie war am Boden zerstört und kaum fähig, einen klaren Gedanken zu fassen. Den Anblick ihres Ehemannes in Begleitung einer anderen Frau – noch dazu ihrer Schwester und Freundin – konnte Heike nicht aushalten.

Auch für die anderen war die Situation fast unerträglich. Sie waren alle durch die Ereignisse aus der Bahn geworfen worden. Thomas brach das unbehagliche Schweigen. „Wir haben uns nur aus einem einzigen Grund hier getroffen: Wir richten noch einmal einen dringenden Appell an euch beide. Ralf, Bettina: Bitte kehrt um von eurem falschen Weg. Tut Buße für eure Sünde. Vergebung ist möglich – unser Herr Jesus ist dafür qualvoll am Kreuz gestorben." Thomas schluchzte und hielt kurz inne. Als er sich wieder ein wenig gefasst hatte, richtete er unter Tränen erneut eine eindringliche Bitte und Aufforderung zur Buße an Ralf und Bettina. Sie hielt den Kopf gesenkt und blieb stumm. Ralf trug ein regungsloses Gesicht zur Schau. Äußerlich unbewegt sagte er: „Ich kenne die Konsequenzen meiner Entscheidung; lasst mich jetzt einfach in Ruhe. Wir werden auch definitiv nicht noch einmal in die Gemeinde kommen. Im Übrigen muss ich sagen: Heike ist gewissermaßen selbst schuld an ihrem Elend. Sie ist auch keine ideale Ehefrau, wie immer alle meinen. Wir haben nie gemeinsame Interessen gehabt, das Leben mit ihr war langweilig. Ich liebe sie nicht mehr; wahrscheinlich habe ich sie nie geliebt." Heinrich und Lydia, Thomas und Sylvia waren schockiert von Ralfs Worten. „Ich brauche jetzt keine Kommentare von euch", fügte er noch hinzu. Er wirkte wie fremdgesteuert. *Eigentlich bin ich doch gar nicht so,* dachte Ralf selbst ein wenig irritiert. Bettina erschien seine subtile Aggressivität ebenfalls ungewohnt.

Es blieb offenbar nichts weiter zu sagen. Heinrich und Thomas konnten sich nur noch um eine sachliche Abwicklung bemühen. Etliche Dinge waren zu regeln: Schlüssel, Zugang zum Bankkonto, amtliche Unterlagen, Fotos von Gemeindeveranstaltungen ... die Brüder mussten zudem Ralfs bisherige Aufgaben neu aufteilen. Dienste in der Lehre, Taufseminare, Organisatorisches, Kontakte zu Behörden, Finanzen der Gemeinde ... Ralf hatte sich in vielen Bereichen engagiert. Besonders dringend war nun ein Ersatz für die geplante Sonntagspredigt.

Alles war erledigt, alles war gesagt. Es gab keine Umarmung zum Abschied, kein Lächeln. Im Hinausgehen sagte Ralf: „Jetzt fühle ich mich regelrecht befreit. Nehmt es bitte zur Kenntnis: Wir wünschen keine weitere Kontaktaufnahme. Ich verbitte mir auch jede weitere Einmischung." Mit diesen Worten nahm Ralf Bettinas Hand. Gemeinsam verließen sie grußlos den Raum.

Sonntag, 29. Oktober 2000

Sylvia saß wie gewohnt auf ihrem Stuhl im Gemeinderaum. Alles schien zu sein wie jeden Sonntag. Begrüßen. Lachen. Umarmen. Plaudern. Winken. Wie immer? Keineswegs! Sylvia kam sich vor wie betäubt. Nichts war mehr so, wie es sein sollte. Aber bisher wusste es noch niemand.

Zara setzte sich zu ihr. „Was ist los mit dir, Sylvia, hast du Bauchschmerzen? Du machst so ein finsteres Gesicht!", feixte sie. Sylvia war erleichtert, dass in diesem Moment der Gottesdienst begann. Was hätte sie auch antworten können?

Ganz kurzfristig war ein Gastprediger eingesprungen. Doch Sylvia war nicht bei der Sache; die Predigt rauschte an ihr vorüber. Ob wohl einige Gemeindebesucher wahrgenommen hatten, dass Ralf und Bettina fehlten und auch Heike und ihre Kinder nicht da waren?

Am Schluss des Gottesdienstes stand Heinrich auf und ging mit schweren Schritten nach vorne. „Ich muss die Gemeinde über eine weitreichende Sünde informieren", begann er und erklärte mit knappen Worten den Sachverhalt und die Gesprächsversuche. „Wir haben Gespräche geführt mit allen Beteiligten. Wir haben die beiden Schuldigen mehrfach zur Umkehr ermahnt. Trotz unserer dringenden Bitten haben sie sich entschieden geweigert, vor der Gemeinde zu erscheinen. Wir müssen deshalb Ralf und Bettina aus unserer Gemeinschaft ausschließen", beendete er die Bekanntmachung. Heinrichs bisher beherrschter Gesichtsausdruck geriet zunehmend außer Kontrolle.

Die erste Reaktion der Gemeinde war Entsetzen – sprachloses, ungläubiges Entsetzen. Im anschließenden Gebet der Gemeinde spiegelte sich deutlich die starke seelische Erschütterung der Geschwister. Etliche standen sichtlich unter Schock. Zara war völlig fassungslos. „Aber ... das sind doch meine Freunde!", rief sie. „Ralf ist mein geistlicher Vater. Mein Seelsorger. Mein Vorbild." Zara warf sich über die Stühle und weinte haltlos, trostlos.

*

Heike lebte nicht mehr, sie funktionierte nur noch. Sie fühlte sich innerlich wundgerieben; ihre tiefen seelischen Verletzungen schmerzten wie Brandwunden. Seit Tagen konnte sie nicht essen und nicht schlafen. Ihr Körper reagierte mit heftigen Migräneanfällen und Herzrhythmusstörungen, und in ihrem gequälten Kopf stiegen Selbstmordgedanken auf.

Woher sollte sie die Kraft nehmen, ihre Bibel aufzuschlagen? Sie konnte nur zu Gott schreien: „Herr, mein Gott, steh mir bei! Hilf mir, Herr – hilf mir, nicht zu hassen!"

Aussortiert und weggeworfen – Vom Umgang mit seelischen Verletzungen

Mein Herz bebte in meinem Innern, und Todesschrecken haben mich befallen. Furcht und Zittern kamen mich an, und Schauder bedeckte mich. Und ich sprach: Hätte ich doch Flügel wie die Taube, ich wollte hinfliegen und ruhen. Siehe, weithin entflöhe ich, würde nächtigen in der Wüste. Ich wollte eilen, dass ich Zuflucht hätte vor dem heftigen Wind, vor dem Sturm.
(Psalm 55,5-9)

∾ Ganz einfach ausrangiert

Vom Beginn der Menschheitsgeschichte an bis heute gibt es unzählige menschliche Tragödien. Manchmal werden spektakuläre Familiendramen in die Öffentlichkeit der Medien gezerrt. Viel häufiger aber sind die stillen Katastrophen, wenn Menschen unter dem gedankenlosen,

egoistischen oder sogar bösartigen Verhalten ihrer engs-
ten Angehörigen leiden. Die demütigende Erfahrung,
vom eigenen Ehepartner betrogen und verlassen zu werden, reißt besonders schmerzhafte Wunden; doch auch
jeder andere Vertrauensbruch hinterlässt tiefe seelische
Narben.

Die Bibel berichtet – manchmal fast zwischen den Zeilen –
von etlichen zwischenmenschlichen Problemen und zeigt
auf, auf welche Weise ganz unterschiedliche Menschen mit
ihren seelischen Qualen umgehen. Viele Vorbilder zeigen,
wie man Trost und Zuflucht bei Gott finden kann. Andere
wiederum führen dem Bibelleser plastisch vor Augen, dass
sich auch ein „unschuldiges Opfer" in der Reaktion auf erlittenes Unrecht in Sünde verstricken kann – eine ernste
Warnung vor falschen „Reflexen".

Da ist zum Beispiel Michal. Als junges Mädchen verliebt
sich die Königstochter in einen strahlenden Helden: den
zukünftigen König David. Ihr Bruder Jonathan ist zwar eng
mit ihm befreundet, David scheint Michal hingegen nicht
in besonderem Maß wahrgenommen zu haben.

❧ Ein verliebtes Mädchen als Spielball der Politik (1. Samuel 18,17-28)

König Saul beabsichtigt, den jungen Krieger David endlich
loszuwerden, denn er fürchtet – nicht zu Unrecht – um
seinen Thron und seine eigene Macht. Doch er will sich
als Monarch nicht selbst die Hände schmutzig machen;
diese Aufgabe möchte König Saul lieber von den bekannten Erzfeinden Israels, den Philistern, ganz unauffällig im

Kampfgetümmel erledigen lassen. Er verspricht David also seine älteste Tochter Merab als Ehefrau, wenn David als Heerführer für Saul in den Kampf zieht. (Dieses hinterlistige Vorgehen hat bei dem jungen David anscheinend einen nachhaltigen Eindruck hinterlassen; er selbst wendet viele Jahre später ein ähnlich schäbiges Verfahren an, um sich eines unliebsamen Mannes zu entledigen und seine eigene Schuld zu vertuschen.)

David wittert wohl eine Falle bei Sauls großzügigem Angebot, denn er reagiert zunächst ziemlich zurückhaltend, und Merab wird anderweitig verheiratet. Doch sie hat noch eine jüngere Schwester: Michal.

Aber Michal, die Tochter Sauls, liebte David. Das berichtete man Saul, und es war ihm recht. Und Saul sagte: Ich will sie ihm geben, damit sie ihm zur Falle wird und die Hand der Philister gegen ihn ist.
(1. Samuel 18,20-21a)

David ist auch bei König Sauls zweitem Vorschlag unentschlossen. Schließlich ist eine solche königliche Verbindung nicht zuletzt eine Kostenfrage … Saul ist in dieser Hinsicht recht entgegenkommend, und so werden sich die beiden Männer handelseinig.

Da sagte Saul: So sollt ihr zu David sagen: Der König fordert keine andere Heiratsgabe als hundert Vorhäute der Philister, um an den Feinden des Königs Vergeltung zu üben. Saul aber gedachte, David durch die Hand der Philister zu Fall zu bringen. Und seine Knechte berichteten David diese Worte,

und es war in den Augen Davids recht, des Königs
Schwiegersohn zu werden.
(1. Samuel 18,25-26)

König Saul hat Pech: Seine Rechnung geht nicht auf. David überlebt nicht nur, sondern bringt sogar das Doppelte des geforderten Brautpreises.

Da machte sich David auf und zog hin, er und seine
Männer, und erschlug zweihundert Mann unter den
Philistern. Und David brachte ihre Vorhäute, und
man lieferte sie dem König vollzählig ab, damit er des
Königs Schwiegersohn werde. Da gab Saul ihm seine
Tochter Michal zur Frau. Und Saul sah und erkannte,
dass der HERR mit David war, dass Michal, die Toch-
ter Sauls, ihn liebte.
(1. Samuel 18,27-28)

Bei diesem hinterhältigen Spiel scheint es zunächst nur eine einzige Gewinnerin zu geben: Michal. Die Königstochter, ein junges Mädchen, schwärmt für David. Sie ist offensichtlich verliebt in einen jungen Helden, und nun steht ihrem Liebesglück scheinbar nichts mehr im Wege: Die ältere Schwester ist bereits vergeben, David hat die Bedingungen, die Saul als Brautvater gestellt hat, mehr als erfüllt – Michal schwebt im siebten Himmel.

Allerdings gibt es da ein Problem: Davids Gefühle werden nicht erwähnt. Die ganze Angelegenheit scheint für den jungen Mann eine eher nüchterne geschäftliche Transaktion zu sein. Wenn die gesellschaftliche Konvention vorsieht zu heiraten, dann scheint die Person selbst nebensächlich zu sein. Immerhin – David geht auf die Heiratspläne ein, doch er gibt sich unbeeindruckt von seiner Braut. König Saul ist das Seelenleben seiner Tochter ebenfalls gleichgültig, er verheiratet sie aus politischen Gründen.

Noch hat Michal gegen den Handel der beiden nichts einzuwenden. Es scheint auch für sie alles nach Plan zu laufen. Michal als Objekt ist trotz alledem noch ganz positiv eingestellt gegenüber den beiden „großen Männern" in ihrem Leben: ihrem Vater Saul und ihrem zukünftigen Ehemann David.

∾ Eine junge Ehefrau rettet ihrem Mann das Leben

Da sandte Saul Boten in das Haus Davids, um ihn zu bewachen und ihn dann am Morgen zu töten. Aber seine Frau Michal teilte es David mit: Wenn du nicht in dieser Nacht dein Leben rettest, dann wirst du morgen umgebracht werden. Und Michal ließ David durchs Fenster hinab. Und er eilte fort, floh und entrann. Und Michal nahm den Teraphim und legte ihn aufs Bett und legte ein Geflecht von Ziegenhaar an sein Kopfende und bedeckte ihn mit einem Tuch. Und Saul sandte Boten, um David zu holen. Und sie sagte: Er ist krank. Da sandte Saul noch einmal Boten, nach David zu sehen, und sagte: Bringt ihn im Bett zu mir herauf, damit ich ihn töte! Und die Boten kamen, und siehe, der Teraphim lag im Bett, und das Geflecht von Ziegenhaar an seinem Kopfende. Da sagte Saul zu Michal: Warum hast du mich so betrogen und meinen Feind entfliehen lassen, dass er

entrinnen konnte? Und Michal antwortete Saul: Er
sagte zu mir: Lass mich gehen, sonst töte ich dich!
(1. Samuel 19,11-17)

Inzwischen ist Michal mit ihrem Traumprinzen verheiratet, und offensichtlich teilen sie ein Schlafzimmer in ihrem Haus in der Nähe der königlichen Residenz von Vater Saul. Der amtierende König will seinen designierten Nachfolger – den geliebten Ehemann seiner eigenen Tochter – allerdings immer noch um jeden Preis ausschalten.

Michal aber hält zu David; sie will ihm das Leben retten und stellt sich damit ausdrücklich gegen Saul, ihren scheinbar übermächtigen Vater. Sie verhilft David zur Flucht. Dabei macht die Liebe zu ihrem Mann sie ziemlich skrupellos: Mit List, Betrug und Lüge bewahrt Michal David vor der hinterlistigen Ermordung und schützt sich selbst vor einer Bestrafung durch Saul. In der Beziehung zu David ist Michal vielleicht inzwischen desillusioniert. Hat sie erkannt, dass er sie nicht liebt? Vielleicht hofft sie, durch ihre Hilfe in Davids Notsituation doch letztlich seine Liebe zu gewinnen?

∾ Behandelt wie eine Ware

Saul aber hatte seine Tochter Michal, die Frau Davids,
Palti, dem Sohne des Lajisch, aus Gallim gegeben.
(1. Samuel 25,44)

David hat keine Zeit für ein geregeltes Ehe- und Familienleben. Unentwegt zieht er durch das Land – immer noch auf der Flucht vor seinem Schwiegervater. König Saul will währenddessen seine Tochter Michal loswerden und verheiratet sie kurzerhand an einen anderen Mann. David scheint sie nicht im Geringsten zu vermissen – und im Übrigen hat er inzwischen zwei andere Frauen!

Über Michals Meinung dazu ist nichts bekannt. Wie mag sich eine Frau fühlen, über deren Kopf hinweg man einfach verfügt? Sie ist den Geschehnissen machtlos ausgeliefert.

Und David sagte: Gut, ich will einen Bund mit dir schließen. Nur eine Sache fordere ich von dir, nämlich: Du sollst mein Angesicht nicht sehen, es sei denn, du bringst mir vorher Michal, die Tochter Sauls, wenn du kommst, um mein Angesicht zu sehen. Und David sandte Boten zu Isch-Boschet, dem Sohn Sauls, und ließ ihm sagen: Gib mir Michal, meine Frau, die ich mir verlobt habe für hundert Vorhäute der Philister! Da sandte Isch-Boschet hin und ließ sie von ihrem Mann wegholen, von Paltiel, dem Sohn des Lajisch. Und ihr Mann ging mit ihr, und laut weinend ging er hinter ihr her bis Bahurim. Da sagte Abner zu ihm: Geh, kehre um! Und er kehrte um.
(2. Samuel 3,13-16)

Aus politischen Gründen verfügt David zehn Jahre später über seine erste Frau Michal und will sie zurückhaben. Sie selbst ist ihm offenbar überhaupt nicht wichtig, das Ganze ist nicht mehr als ein berechnender Schachzug.

Der Bibeltext schweigt in Bezug auf Michals Gefühle – doch kann man daraus wohl kaum schließen, dass diese als Objekt missbrauchte Frau keine natürlichen emotionalen

Regungen kannte. Die Reaktion ihres zweiten Mannes nach zehn Ehejahren – offensichtliche Trauer – macht zudem deutlich, dass diese Ehe eher glücklich war.

Spätestens an diesem Punkt ist Michal dementsprechend sicherlich verbittert und aufgebracht gegen die beiden übermächtigen Männer in ihrem Leben: ihren Vater Saul und ihren einstigen Schwarm David. Kann man es einem Menschen verdenken? David als erster Ehemann verhält sich Michal gegenüber genau wie vorher Saul als Vater. Die Menschen, die sie eigentlich lieben und schützen sollten, fügen ihr fortwährend seelische Verletzungen zu.

❧ Verbitterung

> *Und es geschah, als die Lade des HERRN in die Stadt*
> *Davids kam, schaute Michal, die Tochter Sauls, aus*
> *dem Fenster. Als sie nun den König David vor dem*
> *HERRN hüpfen und tanzen sah, da verachtete sie ihn*
> *in ihrem Herzen. (…) Und als David zurückkehrte,*
> *um seinem Haus den Segensgruß zu bringen, ging*
> *Michal, die Tochter Sauls, hinaus, David entgegen,*
> *und sagte: Wie ehrenwert hat sich heute der König*
> *von Israel gezeigt, als er sich heute vor den Augen der*
> *Mägde seiner Knechte entblößt hat, wie sich sonst nur*
> *einer der ehrlosen Leute entblößt!*
> **(2. Samuel 6,16.20)**

Michals persönliche Kränkung ist im Laufe der Jahre zu einer gewaltigen Bürde in ihrem Herzen angewachsen. Nun hat sie nur noch Verachtung für David übrig, als er seiner überschwänglichen Freude vor Gott durch Tanzen Ausdruck verleiht – beißender Spott und Ironie im Angesicht des Heiligtums sind ihre Waffen geworden gegen ihren Mann, der den Segen Gottes bringen will. Michal kann nicht mehr differenzieren: David Verhalten ihr gegenüber hat sie zu tief verletzt, und jetzt hat sie ihr Herz verhärtet. Zweifellos kann man Michals Entwicklung auf psychologischer Ebene erklären und nachvollziehen – das macht ihre Reaktionen zwar menschlich verständlich; richtig im Sinne von Gottes Wort sind sie allerdings nicht!

Wenn man sich die traurige Lebensgeschichte dieser Frau vor Augen führt, empfindet man spontan Mitgefühl: Michal wird ohne Zweifel über Jahre hinweg seelisch misshandelt, sowohl von ihrem Vater als auch von ihrem ersten Mann. Welche Auswege hätte es für sie gegeben? Welchen seelsorgerlichen Rat, welche praktische Hilfe kann man einem Menschen in dieser Situation anbieten? Rein sachlich gab es vermutlich keinerlei Möglichkeit zum Widerstand. Auf geistlicher Ebene hätte aber auch Michal Hilfe finden können: Zuflucht beim Herrn! Doch anscheinend will sie ohne göttlichen Beistand allein mit ihrem Leben klarkommen.

Die Bibel gibt kaum Anhaltspunkte über ihre Beziehung zu Gott. Ein geistlicher Fortschritt Michals ist nicht erkennbar – ganz im Gegenteil. Welche Rolle spielt Gott im Leben von Michal? Wie ist ihre persönliche Stellung zu Gott? Darüber kann man nur Vermutungen anstellen. Fest steht lediglich: Michal kann Davids Freude im Angesicht Gottes nicht nachvollziehen, dementsprechend hat sie möglicherweise keine eigene Beziehung zu Gott.

Michal ist vordergründig ein Opfer des Fehlverhaltens anderer Menschen. Daran trifft sie keine Schuld. Doch ihre eigene Reaktion auf das ihr zugefügte Unrecht – ihren zur Schau gestellten Hass und ihre Verachtung, die selbst vor dem Heiligtum Gottes nicht haltmachen – muss sie selbst vor Gott verantworten. In dieser Hinsicht ist sie ein warnendes Beispiel über die Jahrtausende hinweg bis in unsere Zeit. Erlittenes Unrecht ist kein Freibrief, keine Entschuldigung für falsche und sündige Reaktionen.

∾ Die bessere Wahl

Zahlreiche biblische Vorbilder leidender Frauen und Männer zeigen in aller Deutlichkeit auf: Der Zugang zur Hilfe und zum liebevollen Beistand des barmherzigen Gottes steht jedem Menschen offen.

Das Wort Gottes berichtet beispielsweise von Hanna, der späteren Mutter des Propheten Samuel. Sie ist zunächst kinderlos und leidet sehr unter diesem Zustand, und sie wird zusätzlich noch ständig auf niederträchtige Weise deswegen verspottet. Trotz ihres verständnisvollen und einfühlsamen Ehemannes ist sich Hanna darüber im Klaren, dass sie echten Trost nicht bei Menschen finden kann. Sie sucht deshalb Hilfe und Beistand bei Gott persönlich und schüttet ihm ihr Herz aus. Ihr Vertrauen wird nicht enttäuscht: Diese traurige, mutlose und gekränkte Frau erfährt Erleichterung und erlebt eine wunderbare Gebetserhörung (1. Samuel 1,6-18).

Hanna lebte nur zwei Generationen vor Michal in deren direktem Umfeld. Mit großer Wahrscheinlichkeit kannte Michal als die Tochter Sauls den Propheten Samuel, der zuerst ihren Vater und später ihren Ehemann im Auftrag

Gottes zum König über das auserwählte Volk Israel gesalbt hatte. Gewiss hatte Michal auch von Samuels Mutter Hanna und den Umständen seiner Geburt gehört. Sie hätte sich Hanna zum Vorbild nehmen und mit ihrer seelischen Last im Gebet zu Gott fliehen können. Es war Michal durchaus nicht unbekannt, dass jeder Mensch Zuflucht bei Gott finden kann. Warum nur ignorierte sie die offenen Arme Gottes?

Michals Lebensweg ohne Gott illustriert, wie ein Mensch ohne Trost in Verbitterung und Schwermut endet. Hannas Beispiel hingegen zeigt, was eine lebendige Beziehung zu Gott bewirkt: Die verzweifelte Frau wendet sich an Gott, legt ihre Situation vertrauensvoll in seine Hände und erfährt Trost und Hilfe.

Schwere seelische Qualen und Misshandlungen sind auch heute nicht selten. Nicht zuletzt bei einem Ehebruch bleibt der betrogene Ehepartner verletzt zurück. Wie kann man damit umgehen?

Man muss sich entscheiden, welchen Weg man einschlagen will: Der Weg der Verbitterung, die eigenmächtig die Realität Gottes ausklammern will, führt zwangsläufig weg von Gott. Doch ein Gebet – selbst ein bitteres, voller Vorwürfe und Fragen – führt in Gottes Nähe!

∽ Ruhe im Sturm

Wenn das Innerste aufgewühlt ist, wenn der Schmerz so unerträglich ist, dass man sich verkriecht wie ein verwundetes Tier – dann braucht man Hilfe für die verletzte Seele.

Beistand, Trost und Zuspruch durch liebevolle Seelsorge von verständnisvollen Glaubensgeschwistern können enorm hilfreich sein. Darüber hinaus ist es von erheblicher Bedeutung, die Liebe und Hilfe des Herrn in seinem lebendigen Wort zu erfahren. Auch das ist Seelsorge – Jesus selbst sorgt für die Seele.

Die Einladung des Herrn Jesus Christus gilt heute noch genauso wie vor 2000 Jahren:

> *Kommt her zu mir, alle ihr Mühseligen und Beladenen!*
> *Und ich werde euch Ruhe geben.*
> **(Matthäus 11,28)**

Kommt zu mir … man sieht sie geradezu vor sich, die offenen Arme des Herrn Jesus. In traditionellen Übersetzungen ruft Jesus *Mühselige* und *Beladene* – diese Bezeichnungen gehören nicht mehr zu unserer Alltagssprache. Wer ist hier wirklich gemeint? Das altgriechische Wort *kopiaō* („mühselig") bedeutet: „Mühe haben, angestrengt, abgearbeitet und erschöpft sein". Der Begriff *phortizō* („beladen") bezeichnet jemanden, dem eine Last auferlegt wird, der von einem schweren Gewicht niedergedrückt wird. Beide Wörter malen das Bild eines gequälten Geschöpfes, das sich nach Erleichterung sehnt. Die NGÜ übersetzt die Einladung des Herrn Jesus sehr anschaulich: *„Kommt zu mir, ihr alle, die ihr euch plagt und von eurer Last fast erdrückt werdet."*[27]

Jesus verspricht allen Menschen, die unter den Lasten ihres Lebens beinahe zusammenbrechen, die göttliche Ruhe –

---

27 Dieser göttliche Aufruf gilt im Textzusammenhang nicht in erster Linie traumatisierten Gläubigen, sondern allen Menschen, die ohne Gott leben und versuchen, mit den Sorgen des Lebens und der Last der Sünde allein zurechtzukommen. Dennoch finden auch gläubige Menschen in schweren Lebenskrisen immer Hilfe in diesen Worten.

selbst mitten im Sturm. *Ich werde euch Ruhe geben* – dieses göttliche Angebot, in der Luther-Übersetzung mit dem Ausdruck „erquicken" wiedergegeben, ist wie kühlender Balsam auf einem geschundenen Körper. Behutsam lenkt Jesus den Blick weg von meinen eigenen Wunden und Schmerzen und bietet eine neue Perspektive an: zur Ruhe kommen in der unmittelbaren Nähe des Herrn.

∾ Aus Psalm 55 (NGÜ)

Viele Psalmen zeigen, wie ein Mensch ganz praktisch seine belastenden Lebensumstände in die barmherzige Hand Gottes legen kann. Diese überlieferten Lieder und Gebete sind oft voll von Klagen. Eine große Anzahl von Psalmen stammt von König David. Zweifellos: Er hat viele Fehler gemacht, er hat immer wieder gesündigt (nicht zuletzt gegen Michal!), aber in gleichem Maß hat er auch immer wieder Gottes Vergebung und Gottes Nähe gesucht. Er war kein idealer Ehemann, aber dennoch ein „Mann nach Gottes Herzen" – weil er letztlich Gott immer in sein Leben mit einbezog.

Höre mein Gebet, o Gott, und verschließe dich meinem Flehen nicht! Schenk mir ein offenes Ohr und antworte mir.

Vor Kummer finde ich keine Ruhe, stöhnend irre ich umher. (…) Mein Herz bebt, Todesangst überfällt mich. Furcht und Zittern setzt mir zu, das Grauen droht mich zu ersticken.

Darum rufe ich: Ach hätte ich doch Flügel wie eine
Taube! Ich würde davonfliegen und mich in Sicherheit
bringen. Ja, weit weg würde ich fliehen und in der Wüste
einen Ort zum Ausruhen suchen. Schnellstens würde ich
Zuflucht finden vor heftigem Wind und vor Sturm. (...)

Es ist ja nicht mein Feind, der mich verhöhnt – das
könnte ich noch ertragen! Nicht jemand, der mich schon
immer gehasst hat, spielt sich gegen mich auf – vor ei-
nem solchen könnte ich mich noch verbergen.
Aber nein, du bist es, ein Mann, der mir nahestand,
mein Freund und Vertrauter! Wie schön war es, als wir
noch zusammen waren und unsere Gedanken austau-
schen konnten! Gemeinsam gingen wir den Weg hinauf
zum Haus Gottes, inmitten einer fröhlichen Menge. (...)

Ich aber, ich rufe zu Gott, und der Herr wird mir
Rettung schenken. Am Abend, am Morgen und am
Mittag klage und stöhne ich – so lange, bis Gott mei-
ne Stimme hört.

Er befreit mich und lässt meine Seele Frieden finden.
Darum können mir die nichts anhaben, die jetzt
scharenweise gegen mich stehen. Ja, Gott wird mich
hören und meinen Feinden die Antwort geben, die sie
verdienen – er sitzt schließlich immer noch auf dem
Thron und regiert. (...)

Der früher mein Vertrauter war, hat seine Hand erho-
ben gegen seine Gefährten, den Bund der Freundschaft
hat er gebrochen. Seine Worte sind butterweich, sein

Herz jedoch sinnt auf Krieg! Seine Reden sind glatter
als Öl, doch sie verwunden wie gezückte Schwerter!

Wirf all deine Last auf den Herrn! Er wird dich sicher
halten. Niemals lässt er den zu Fall kommen, der nach
Gottes Willen lebt. (…) Ich aber vertraue auf dich!

11

Schiff im Orkan

Anstelle der üblichen Bibelstunde fand eine außerplanmäßige Gemeindeversammlung statt. Die Gemeinde musste ausführlich über den Ablauf informiert werden, der für Ralf und Bettina zum Ausschluss aus der Gemeinschaft geführt hatte – und außerdem musste jedes Gemeindemitglied für sich den Schock verarbeiten. Die Verunsicherung und Ratlosigkeit der Geschwister waren beinahe mit Händen zu greifen; Heinrich und Thomas bemühten sich um einen Hauch Normalität im Ausnahmezustand. Sie alle kämpften mit Vorwürfen und Groll gegenüber Ralf und Bettina. Vor allem Heinrich konnte die Situation kaum verkraften. Seine persönliche Enttäuschung war übergroß. Niemand ahnte, von welchen Erinnerungen er zusätzlich gequält wurde. Die Enthüllungen der vergangenen Woche hatten einen längst vergessenen Albtraum wieder an die Oberfläche gespült.

Die Versammlung hatte alle notwendigen Informationen bekommen. Doch eine ungelöste Frage stand drängend im Raum: *Wie kann es weitergehen? Wir können doch nicht einfach ungerührt zur Tagesordnung übergehen?!* In das besorgte Flüstern hinein kam laut ein unerwarteter Vorschlag von Sylvia: „Sollten nicht auch *wir* Buße tun – so wie der Prophet Daniel? Haben wir als Gemeinde nicht vielleicht etwas versäumt?" Die spontane Reaktion einiger Geschwister war heftig: „*Wir* haben doch nichts falsch gemacht! Die beiden Sünder sind ganz allein selbst vor Gott verantwortlich!" Bei manchen Gemeindemitgliedern schlug die Empörung hohe Wellen; sie empfanden Sylvias Anregung als Unterstellung.

Sie bemühte sich um eine rasche Erläuterung ihrer Gedanken. „Ich stelle mir fortwährend die Frage: Was haben wir versäumt? Haben wir in emotionaler Blindheit vielleicht zu wenig auf unsere Geschwister geachtet? Haben wir möglicherweise leise Warnsignale einfach aus unserer Wahrnehmung ausgeblendet? Im Nachhinein ist mir zum Beispiel klargeworden, dass Ralf überlastet war. Wir haben sein gewaltiges Arbeitspensum nie hinterfragt. Die Seelsorge für den Seelsorger ist vermutlich dabei zu kurz gekommen. Und auch um Bettina hätten wir uns als Geschwister mehr kümmern können. Jetzt erst ist mir bewusst geworden, dass sie stark unter Einsamkeit litt. Bettina strahlte manchmal eine unterschwellige Traurigkeit aus … Damit jetzt keine Missverständnisse aufkommen: Wir sind trotz alledem nicht schuld an Ralfs und Bettinas Entscheidung zur Sünde! Aber vielleicht können wir aus dieser Katastrophe für die Zukunft lernen, dass wir noch aufmerksamer als bisher Sorge tragen füreinander. Ich will ganz ausdrücklich weder die Sünde noch die Sünder in Schutz nehmen – doch leider lebt niemand von uns auf Dauer ohne falsche Entscheidungen zur Sünde und ohne Versuchung. Allerdings sind das ja meist geheime Gedanken im Verborgenen … Deshalb schlage ich vor, um Vergebung zu bitten wie Daniel. Er hatte zwar keine eigene Schuld an der Treulosigkeit des Volkes Gottes 70 Jahre zuvor; aber er spricht trotzdem ein Schuldbekenntnis, denn er sieht sich selbst als Teil einer Gemeinschaft, die kollektiv, nicht individuell, schuldig geworden ist. Eine ähnliche Haltung ist auch für uns möglich."

Sylvias Anregung löste nachdenkliches Schweigen, aber keinen weiteren Widerspruch aus. Schließlich stand einer der Brüder auf und las den entsprechenden Abschnitt aus dem Buch Daniel vor.

Bei dir, o Herr, ist die Gerechtigkeit, bei uns aber ist die Beschämung des Angesichts, wie es an diesem Tag ist. (…) Bei dem Herrn, unserem Gott, ist das Erbarmen und die Vergebung. Denn wir haben uns gegen ihn aufgelehnt, und wir haben nicht auf die Stimme des HERRN, unseres Gottes, gehört, der uns gebot, in seinen Gesetzen zu leben. (…) Und nun, unser Gott, höre auf das Gebet deines Knechtes und auf sein Flehen! Und lass dein Angesicht leuchten über dein verwüstetes Heiligtum um des Herrn willen. Neige, mein Gott, dein Ohr und höre! Tu deine Augen auf und sieh unsere Verwüstungen und die Stadt, über der dein Name ausgerufen ist! Denn nicht aufgrund unserer Gerechtigkeiten legen wir unser Flehen vor dich hin, sondern aufgrund deiner vielen Erbarmungen.[28]

Doch nicht alle kamen mit dieser Entwicklung zurecht. In einer Ecke entstand eine diffuse Unruhe. Jemand murmelte:

---

28 Daniel 9,7a.9-10.17-18

„Also ehrlich gesagt – ich weiß gar nicht, was die ganze Aufregung soll. Liebe ist doch kein Kapitalverbrechen und kein Hochverrat. Die beiden lieben sich wohl offensichtlich wirklich. Ist das tatsächlich so schlimm? Klar, es ist traumatisch für Heike, sie und natürlich auch die Kinder sind direkt betroffen … aber die Gemeinde? Solche Sachen passieren doch heutzutage überall, da muss man doch keine so große Welle machen!"

Diese Meinung war nur halblaut in der Anonymität der Menge geäußert worden. Zara war hingegen keineswegs zurückhaltend und meldete sich lautstark zu Wort. „Die Gemeinde soll Buße tun? Das sehe ich gar nicht ein! Dieser Ehebruch ist so eine gemeine Sünde. Ralf und Bettina sollen selber Buße tun", rief Zara. „Wie konnten sie bloß so etwas machen? Wie konnten sie uns das antun? Ich bin wahnsinnig enttäuscht, das hätte ich nie von den beiden erwartet. Ehrlich, solche Sünde kann und darf einfach bei echten Christen nicht vorkommen!"

Zur allgemeinen Verblüffung stand Lydia auf. Sie kämpfte mit den Tränen, als sie zu reden begann. „Doch, es kommt vor. Ich weiß, wie das ist. Mitte der 1960er-Jahre war ich Ende 20; Heinrich und ich waren schon ein paar Jahre verheiratet. Aus heiterem Himmel verliebte ich mich in einen anderen. Da gibt es viele Erklärungsversuche: Ich war ein Kriegskind, hatte zu unreif und ganz überstürzt geheiratet … aber ich habe dennoch genau gewusst, dass Ehebruch die falsche Entscheidung war. Ich bin inzwischen 66 Jahre alt, die Sünde ist längst vergeben und trotzdem – ich bereue meinen Fehler immer noch zutiefst." Lydia hielt einen Moment inne. Dann fügte sie hinzu: „So ist es mir ergangen – jeder kann seine eigenen Schlüsse daraus ziehen."

Während Lydia sprach, hatte Heinrich das Gesicht in den Händen vergraben. Die Geschwister reagierten sichtlich betroffen.

Schließlich ergriff Thomas das Wort und lud zu einer Gebetsgemeinschaft ein. „Lasst uns wie Daniel – voller Vertrauen auf Gottes Gnade und Barmherzigkeit – Buße tun und um Gottes Beistand in dieser Krisensituation bitten." Niedergeschlagen musste er zur Kenntnis nehmen, dass die offenbar gewordene Sünde die Gemeinde gespalten hatte; mitunter ging der Riss durch die Familien. Zwei Fragen wurden insbesondere kontrovers erörtert: *Müssten tatsächlich auch wir Buße tun? Und sollen oder müssen wir wirklich für die beiden starrköpfigen Sünder Fürbitte tun oder nicht?*

Erst nach einer längeren, leidenschaftlich geführten Diskussion konnte die Gebetsgemeinschaft beginnen, an der sich jedoch bei weitem nicht alle beteiligten. Dennoch – etliche bekannten sich demütig dazu, dass die Bereitschaft zur Sünde immer auf der Lauer liegt. Viele beteten für Ralf und Bettina, dass sie zur Buße kommen und Vergebung erfahren könnten. Jeder Beter richtete an den allmächtigen himmlischen Vater die inständige Bitte um Kraft und Trost für Heike und die mitbetroffenen Kinder.

Bevor die Gemeinde sich auf den Heimweg machte, ging Oliver nach vorne. „Liebe Geschwister", begann er, „vielleicht kennen manche von euch das Lied *Ein Schiff, das sich Gemeinde nennt*. Ich denke, unser Gemeindeschiff befindet sich zurzeit mitten in einem Orkan. Aber wir sind nicht allein! Ich möchte euch das Kalenderblatt vom letzten Sonntag vorlesen. Als wir nach der Schreckensmeldung völlig durch den Wind waren, hat der Herr uns mit diesen Worten himmlischen Trost geschenkt:

Und nun seid stark, alles Volk des Landes, spricht der
HERR, und arbeitet! Denn ich bin mit euch, spricht der
HERR der Heerscharen. Das Wort (…) und mein Geist
bleiben in eurer Mitte bestehen: Fürchtet euch nicht![29]

✿ Gott will, dass wir guten Mutes sind

Als Gott sein irdisches Volk durch den Propheten Haggai
ermunterte, war es ein angefochtenes, geringes Häuflein in
Jerusalem. Aber Gott war auf ihrer Seite und stand zu sei-
nen Verheißungen. Er ermunterte sie mit dem Zuspruch:
„Ich bin mit euch", spricht der Herr der Heerscharen. „Das
Wort, das ich mit euch vereinbart habe, als ihr aus Ägyp-
ten zogt, und mein Geist bleiben in eurer Mitte bestehen.
Fürchtet euch nicht!"

Auch uns, dem neutestamentlichen Volk Gottes, der
Gemeinde Jesu, stehen die drei genannten Hilfsquellen
gegen alle Verzagtheit und Entmutigung zur Verfügung.
Viele zahlenmäßig kleine Gemeinden sowie einsam lebende Gläubige, die an Orten leben, in denen sie gar keine
Gemeinschaft mit Gotteskindern haben, stehen in der Gefahr, vom Feind mutlos gemacht zu werden. Aber der Herr
zeigte durch Haggai, dass erstens Gott selbst zugesagt hat:
„Ich bin bei euch und ich gehe mit euch." Den Segen seiner Nähe kann man einzeln und kollektiv erfahren. Er hat
zugesagt: „Wo zwei oder drei versammelt sind in meinem
Namen, da bin ich in ihrer Mitte." Das gilt auch in kleinen
Versammlungen! Die zweite Kraftquelle ist sein Wort. Es

---

29 Haggai 4b-5

gibt uns Licht für unseren Weg und vertreibt die Dunkelheit. Und drittens weist Gott auf den Geist hin, der in unseren Herzen ist und auch in unseren Zusammenkünften wirkt. Er ist uns vom Herrn Jesus als Tröster gegeben. Er will auch heute unsere Herzen ermuntern und unsere Blicke auf den Herrn Jesus richten. – Darum sei getrost![30]

---

30 Quelle: Dillenburger Kalender vom 17. Juni 2001

Ausgeschlossen?!
Biblische Gemeindezucht

.... ⌒ ....

*Wenn du jeden Tadel in den Wind schlägst, schadest
du dir selbst. Wenn du dir etwas sagen lässt, dann
gewinnst du Einsicht.*
(Sprüche 15,32; HfA)

.... ⌒ ....

∾ Sünde geht uns alle an

In jeder Gemeinde gibt es Sünde, denn jede Gemeinde besteht aus Sündern – wenn auch aus begnadigten Sündern.
Der Apostel Johannes gibt zu bedenken:

*Wenn wir sagen, dass wir keine Sünde haben, betrü-
gen wir uns selbst, und die Wahrheit ist nicht in uns.*
(1. Johannes 1,8)

Dennoch versetzt das Bekanntwerden einer gravierenden
Sünde innerhalb der eigenen Gemeinde die Geschwister
häufig in einen Schockzustand. Wie soll man reagieren?

Welche Schritte sind angemessen? Welches Verhalten erwartet der Herr als Haupt der Gemeinde von uns, seinen Kindern?

Schnell fällt in diesem Zusammenhang der Begriff „Gemeindezucht". Doch was genau ist eigentlich damit gemeint?

∞ Ringen um eine angemessene Reaktion

Der altertümlich „fromme" Ausdruck *Gemeindezucht* taucht in der Bibel als Begriff gar nicht auf. Für die meisten Zeitgenossen klingt das Wort heutzutage eigenartig: Wer nicht im Umfeld einer bibeltreuen Gemeinde aufgewachsen ist, empfindet vielleicht eine gewisse Ratlosigkeit, ein latentes Unbehagen. Geht es etwa um körperliche Züchtigung, eine öffentliche Prügelstrafe? Natürlich nicht! Gemeindezucht ist auch keine symbolische „Prügelstrafe", kein virtueller Pranger. Der Begriff „Zucht" hat sprachlich die gleichen mittelhochdeutschen Wurzeln wie das moderne Wort „Erziehung". Es handelt sich also bei der Gemeindezucht in erster Linie um eine biblisch begründete mehrgliedrige pädagogische Maßnahme, die eine Gemeinde ergreifen muss; das Verfahren beinhaltet wesentlich mehr als lediglich einen Gemeindeausschluss.

Vielfach sind Gemeindeleiter und Mitglieder zunächst verunsichert: Können und dürfen wir uns tatsächlich ein Urteil über den Lebensstil unserer Geschwister in der Gemeinde anmaßen? Suchen wir lieber Argumente, um uns nicht einmischen zu müssen? Wer andere kritisiert, macht sich auch selbst verletzlich. Häufig zitiert man die Herausforderung des Herrn Jesus an die Pharisäer: *„Wer von euch ohne Sünde ist, werfe als Erster einen Stein!"*

(Johannes 8,7). Damit scheint die Sache klar zu sein – wir sind alle Sünder, niemand hat das Recht, sich in das Privatleben eines Mitchristen einzumischen … Aber kann das wirklich so gemeint sein? Nein, mit Sicherheit nicht! Jesus tadelte bei dieser Begebenheit Menschen, die ihm eine raffinierte Falle stellen wollten. Die angesprochenen Pharisäer hatten eine Frau, die offenkundig gesündigt hatte, nicht nur moralisch verurteilt; sie waren allem Anschein nach auch bereit, unverzüglich die Todesstrafe zu vollstrecken. Auf jeden Fall wollten sie Jesus zu einer spontanen Reaktion provozieren. Souverän blockt der Herr diesen Versuch ab. *Wer von euch ohne Sünde ist, werfe als Erster einen Stein!*

Selbstverständlich dürfen wir keinesfalls hochmütig „Steine werfen" und unsere Geschwister voller Arroganz auf den ersten Blick verurteilen und bestrafen. Dennoch hat die Gemeinde des Herrn den eindeutigen Auftrag, zu einem offenbar gewordenen sündhaften Lebenswandel Stellung zu beziehen. Der Herr gibt seinen Jüngern selbst unmissverständliche Anweisungen:

Wenn aber dein Bruder (…) gesündigt hat, so geh hin und weise ihn zurecht unter vier Augen. Hört er auf dich, so hast du deinen Bruder gewonnen. Hört er aber nicht, so nimm noch einen oder zwei mit dir, damit jede Sache auf der Aussage von zwei oder drei Zeugen beruht. Hört er aber auf diese nicht, so sage es der Gemeinde. Hört er aber auch auf die Gemeinde nicht, so sei er für dich wie ein Heide und ein Zöllner.
(Matthäus 18,15-17; SLT)

Das Konzept des Herrn Jesus umfasst mehrere Schritte: als erste Möglichkeit ein Gespräch unter vier Augen. (So hat es der Herr Jesus selbst auch gemacht, zum Beispiel bei der Begegnung mit der Ehebrecherin.) Wenn der Betreffende sich uneinsichtig zeigt, sollen danach im zweiten Anlauf noch ein oder zwei Geschwister hinzugezogen werden. Der dritte und letzte Versuch, den in der Sünde verharrenden Mitchristen zu Einsicht und Buße zu verhelfen, umfasst die Konfrontation mit den Vorwürfen angesichts der versammelten Gemeinde. Erst wenn alle diese Maßnahmen ausgereizt sind und der oder die Betreffende nicht bereit ist, sich von dem angesprochenen sündigen Verhalten abzuwenden, ist eine ausdrückliche Distanzierung die angemessene Entscheidung.

Eine solche Vorgehensweise stellt sicher, dass eine Reaktion nicht übereilt und spontan oder im Alleingang erfolgt. Die Gemeindeleitung und alle Geschwister tragen füreinander Verantwortung; Seelsorge aneinander entspringt der tief empfundenen Sorge um die Seele beziehungsweise das Seelenheil des Bruders oder der Schwester, die gestrauchelt sind. Dahinter steht der Wunsch, diesen Bruder oder diese Schwester für eine unbelastete Beziehung zum Herrn zurückzugewinnen. Gleichgültigkeit steht im Gegensatz zur Liebe, zu der wir in Gottes Wort immer wieder aufgefordert werden.

Alle seelsorgerlichen Bemühungen um Einsicht und Umkehr kann man in einem Bild zusammenfassen: Die Gemeinde als Leib Christi drängt auf intensive Behandlungsversuche vor einer schmerzlichen Amputation.

Praktizierte Gemeindezucht birgt immer die Gefahr eines Machtmissbrauchs, deshalb wagen sich viele Gemeinden nur zögerlich oder gar nicht an dieses göttliche Instrument heran. Doch wir haben als Geschwister Verantwortung füreinander. Ein häufiges weiteres Hindernis ist außerdem der ausgeprägte Individualismus unserer Zeit: Wir sind stolz auf unsere Toleranz und übersehen dabei, dass wir nicht voller Selbstzufriedenheit offensichtliche Sünde einfach unter den Teppich kehren dürfen. Gemeindezucht ist wahrlich eine Gratwanderung zwischen Gottes Liebe und Gnade einerseits und Gottes Heiligkeit und Gerechtigkeit andererseits. Doch so lautet Gottes Auftrag an seine Gemeinde, der in seiner Autorität ausgeführt werden soll.

Und wo bleibt die Bestrafung des Sünders? Jesaja 53,5 sagt es überaus deutlich: Die Strafe für unsere Sünden liegt auf Christus! Die Autorität der neutestamentlichen Gemeinde umfasst also ausdrücklich *kein* Gericht über Geschwister, die eine Entscheidung für die Sünde getroffen haben. Es gibt keine Feindschaft und keine Verurteilungen, wohl aber die Verpflichtung, Sünde beim Namen zu nennen – und unter allen Umständen zu versuchen, den Sünder zu Buße und Vergebung zu führen. Gemeindezucht kann also dementsprechend keine Maßnahme zur Bestrafung von Gemeindemitgliedern sein – sie ist und bleibt jedoch eine durchaus unbeliebte und unerfreuliche Bestimmung des Herrn für die Gemeindepraxis.

∽ Heilig für den heiligen Gott

Man darf von der praktisch angewandten Gemeindezucht nach biblischem Verfahren zwei wohltuende Auswirkungen erwarten: die Möglichkeit der weitreichenden Hilfe für den Betreffenden sowie Reinigung und Heiligung der Gemeinde durch die sorgfältig unter Gebet ergriffene Erziehungsmaßnahme.

Wenn offensichtliche Sünde unbeachtet bleibt oder gleichgültig hingenommen wird, dann ist dieses Verhalten eine grobe Beleidigung Gottes, denn Gott ist heilig! *„Ich bin der HERR, euer Gott. So heiligt euch und seid heilig, denn ich bin heilig!"* (3. Mose 11,44; siehe auch 1. Petrus 1,16). Er, der heilige Gott, trägt selbst Sorge für unsere Heiligung: Er gibt sich in unserem Herrn Jesus Christus für die Gemeinde hin,

> *… um sie zu heiligen, sie reinigend durch das Wasserbad im Wort, damit er die Gemeinde sich selbst verherrlicht darstellte, die nicht Flecken oder Runzel oder etwas dergleichen habe, sondern dass sie heilig und tadellos sei.*
> **(Epheser 5,26-27)**

Durch die Erlösung von den Konsequenzen der Sünde werden wir zwar leider keineswegs vollkommen, aber dennoch *heilig* im Sinne der Bibel. Ein Heiliger hat keinen Heiligenschein; allein die Tatsache, dass ein Mensch wiedergeboren ist, macht ihn zum „Heiligen". Das bedeutet nicht, dass er nun völlig sündlos wäre. Ein Heiliger ist im Wortsinn jemand, der „abgesondert" ist: abgesondert von der Welt, abgesondert für den Herrn. Dabei liegt es auf der Hand, dass jeder Heilige in diesem Sinn sich bemüht, ein Leben zur Ehre Gottes zu führen – ein geheiligtes Leben also. Das erwartet Gott von uns.

*... wie er uns in ihm auserwählt hat vor Grundlegung
der Welt, dass wir heilig und tadellos vor ihm seien (...)*
(Epheser 1,4)

Dieser Anspruch Gottes duldet keine Kompromisse. Bedenken wir: Die Gemeinde ist gewissermaßen Gottes Gegenentwurf zum „Reich der Finsternis" (vgl. Kolosser 1,13), wo die Sünde regiert. Durch unseren Herrn Jesus sind wir in das Reich Gottes versetzt, deshalb haben wir den Wunsch und die Verpflichtung, nach seinen Maßstäben zu leben.

*Denn dies ist Gottes Wille: eure Heiligung, dass ihr
euch von der Unzucht fernhaltet.*
(1. Thessalonicher 4,3)

Die Gemeinde als Leib Christi soll Gottes Wesen widerspiegeln. Hier liegen Sinn und Zweck jeglicher Erziehungsmaßnahme der Gemeinde: Die Ehre Gottes darf durch die Sünde nicht in den Schmutz gezogen oder lächerlich gemacht werden! Gemeindezucht ist daher immer dann notwendig, wenn die Lebensführung eines Gemeindemitglieds[31] in drastischem Widerspruch zum Bekenntnis der Kinder Gottes steht. In den Augen der „Welt" wird die Gemeinde ansonsten rasch unglaubwürdig, und sie muss sich sogar den Vorwurf der Heuchelei gefallen lassen. Wie schnell kann auf diese Weise der Name unseres heiligen Gottes leichtfertig der Lächerlichkeit preisgegeben werden.

---

31 Alle Ausführungen in diesem Kapitel betreffen ausdrücklich Gemeindemitglieder; Gäste, die noch keine konkrete und eindeutige Lebensentscheidung für Jesus Christus getroffen haben, sollen allerdings selbstverständlich auch den biblischen Standpunkt erfahren.

Eines muss jedoch von vorneherein klar herausgestellt werden: Die notwendige Einmischung der Geschwister und letztlich der gesamten Gemeinde gilt ausschließlich für den Fall einer eindeutigen Sünde; Gemeindezucht ist kein Instrument, mit dem Meinungsverschiedenheiten innerhalb der Gemeinde gelöst werden dürfen. Nur Tatbestände, die im gesamten Wort Gottes durchgehend als Sünde benannt werden, können im Rahmen der Gemeindezucht zur Sprache gebracht werden. Das gilt selbstverständlich nicht nur für Vergehen im sexuellen Bereich; Sünden wie offen gelebter Ehebruch sind nur meist am einfachsten zu diagnostizieren. Gott zählt in seinem Wort aber noch etliche andere Verfehlungen in allen Lebensbereichen auf – Verhaltensweisen, die der Auflehnung gegen den ausdrücklichen Willen Gottes entspringen. Folgende Sünden werden konkret aufgelistet[32]:

- Mord
- Ehebruch
- Diebstahl
- Neid und Eifersucht
- Betrug
- sexuelle Unmoral, Schamlosigkeit und grundsätzlich alle Formen sexueller Aktivitäten außerhalb (dementsprechend auch vor) einer ehelichen Beziehung („Unzucht")
- Lüge, Falschaussagen und Verleumdung
- okkulte Praktiken

---

32 Diese Liste erhebt keinen Anspruch auf Vollständigkeit! An folgenden Bibelstellen u. a. findet man Aufzählungen konkreter Sünden: 2. Mose 20,1-17; 3. Mose 19,11; Matthäus 15,19; Galater 5,19-21; Epheser 4,29.31; Kolosser 3,5.8-9; 1. Petrus 2,1.

- Alkoholmissbrauch und andere Süchte und Abhängigkeiten
- Jähzorn und Wutausbrüche, Aggressivität
- Habgier (oder Habsucht) ist laut Kolosser 3,5 nichts anderes als Götzendienst
- Heuchelei

Vergehen wie Mord, Betrug, Diebstahl und Falschaussagen sieht die Rechtsprechung auch heute noch als Verbrechen an; Ehebruch und sexuelle Unmoral allerdings sind seit einigen Jahrzehnten in Deutschland kein Straftatbestand mehr. Auch als wiedergeborene Kinder Gottes sind wir – ob wir wollen oder nicht – Kinder unserer Zeit und unserer Kultur. Der widergöttliche „Zeitgeist" beeinflusst auf subtile Weise das Denken und Handeln der einzelnen Geschwister sowie der gesamten Gemeinde. Nennen wir noch alle diese Sünden tatsächlich Sünden? Oder haben wir uns nicht mittlerweile längst daran gewöhnt, „das mit der Sünde alles nicht mehr so eng zu sehen"? Machen wir uns nichts vor: Der „Sauerteig" der Sünde ist hoch infektiös; aus Respekt vor der Heiligkeit Gottes und zu unserem eigenen Schutz muss er entschlossen und rigoros entfernt werden (siehe 1. Korinther 5,6-7). Es liegt jedoch in der Natur der Sache, dass eine Gemeinde nur offenbar gewordene sündige Taten, die oft bereits zu sündigen Gewohnheiten geworden sind, überhaupt bemerken und ansprechen kann. Neid und Habgier, Heuchelei und sexuelle Unmoral (zum Beispiel Pornosucht) sind größtenteils verborgene Sünden.

Hilfe und biblisch begründete Seelsorge für den Sünder erwartet der Herr Jesus von seiner Gemeinde, gleichzeitig duldet er aber keinerlei Toleranz für die Sünde als solche.

Das Ziel unseres gnädigen und barmherzigen Herrn ist immer die Umkehr des Sünders:

> *So wahr ich lebe, spricht der Herr, HERR: Wenn ich*
> *Gefallen habe am Tod des Gottlosen![33] Wenn nicht viel-*
> *mehr daran, dass der Gottlose von seinem Weg umkehrt*
> *und lebt! Kehrt um, kehrt um von euren bösen Wegen!*
> **(Hesekiel 33,11)**

◌ Was sollen wir tun?

Der Herr Jesus selbst bietet im Matthäusevangelium bereits eine praktische Richtschnur an, die als Handlungsbasis für die neutestamentliche Gemeinde dient. Die Vorkommnisse in der Gemeinde in Korinth (siehe 1. Korinther 5) veranlassten Paulus, den Geschwistern weitere spezifische Anweisungen zu übermitteln, in welcher Weise man der Problematik begegnen soll. In anderen neutestamentlichen Briefen sind außerdem zusätzliche Hinweise zu finden, die das Gesamtbild abrunden.

Wie beschreibt das Wort Gottes die Vorgehensweise bei Gemeindezucht? Das Verfahren besteht grundsätzlich aus mehreren Schritten, ähnlich wie in Matthäus 18,15-17 geschildert. Unter keinen Umständen darf die Gemeinde dabei aus den Augen verlieren, dass nach jedem Schritt Buße und Umkehr möglich sind!

---

33 Anmerkung aus der Elberfelder Übersetzung: „Der Satz ist eine hebräische Schwurformel, deren zweite Hälfte nicht ausgesprochen wurde. Der Schwur meint: Niemals habe ich Gefallen am Tod des Gottlosen."

1. Zur Rede stellen („ermahnen")

Wenn ein Gemeindemitglied bemerkt oder erfährt, dass ein Bruder oder eine Schwester eine Entscheidung zur Sünde getroffen hat und darin verharrt, soll zuerst das Gespräch gesucht und der oder die Betreffende behutsam zur Rede gestellt werden. In aller Demut muss geklärt werden, ob der beobachtete oder berichtete Sachverhalt den Tatsachen entspricht, ob möglicherweise ein Irrtum oder Missverständnis vorliegt oder vielleicht sogar Verleumdung im Spiel ist.

Brüder, wenn auch ein Mensch von einem Fehltritt übereilt wird, so bringt ihr, die Geistlichen, einen solchen im Geist der Sanftmut wieder zurecht. Und dabei gib auf dich selbst Acht, dass nicht auch du versucht wirst.
(Galater 6,1)

Wir ermahnen euch aber, Brüder: Weist die Unordentlichen zurecht, tröstet die Kleinmütigen, nehmt euch der Schwachen an, seid langmütig gegen alle.
(1. Thessalonicher 5,14)

In aller Weisheit lehrt und ermahnt euch gegenseitig.
(Kolosser 3,16)

Der sprichwörtliche erhobene Zeigefinger und jegliche Überheblichkeit sind selbstverständlich bei jedem ermahnenden seelsorgerischen Gespräch tabu – davor warnt nicht zuletzt auch das Gleichnis vom Pharisäer, der sich stolz über den Zöllner erhebt (Lukas 18,10-13). Die Gesprächsatmosphäre sollte vielmehr von brüderlicher Liebe geprägt sein:

... und seht ihn nicht als einen Feind an, sondern
weist ihn zurecht als einen Bruder.
(2. Thessalonicher 3,15)

2. Sündiges Verhalten vor der Gemeinde ansprechen ("bezeichnen")

Ist der Sünder nach einem oder mehreren vertraulichen Gesprächen im kleinen Kreis definitiv nicht bereit, Buße zu tun, soll (nach Matthäus 18) das sündige Verhalten vor der Gemeinde angesprochen und bekannt gemacht werden. Der Betreffende wird öffentlich mit den Vorwürfen konfrontiert und steht von diesem Zeitpunkt an mit Kenntnis der Gemeinde unter besonderer Beobachtung.

Wenn aber jemand (...) nicht gehorcht, den bezeichnet ...
(2. Thessalonicher 3,14)

Es handelt sich dabei quasi um einen „Warnschuss", eine im Rahmen der Gemeinde öffentliche Verwarnung; vergleichbar ist diese Situation etwa mit der Zustellung einer Anklageschrift. Ziel dieser Aktion darf keinesfalls sein, Geschwister an den Pranger zu stellen oder sie durch öffentliche Schande bloßzustellen. Es muss jedoch deutlich werden, dass nur die deutliche Abkehr von der Sünde den Ausschluss aus der Gemeinde noch verhindern kann.

3. Distanzieren („meiden") und Gemeindeausschluss

Die dritte und letzte Maßnahme ist der bitterste Schritt: Der Herr weist die Gemeinde an, sich von uneinsichtigen Geschwistern zu distanzieren. Diese göttliche Anordnung soll sicherstellen, dass bei den übrigen Gemeindemitgliedern keine Identifikation mit dem sündigen Verhalten stattfindet. Distanzierung bedeutet: Es ist keine unbefangene Gemeinschaft mehr mit demjenigen möglich, der sich trotz mehrfacher Ermahnung nicht von seiner Sünde abwendet. Die Geschwister haben die Pflicht, sich beispielsweise von gemeinsamen Unternehmungen zurückzuziehen; das gilt natürlich nicht nur für Gemeindeveranstaltungen, sondern gleichermaßen auch privat. Die geforderte Distanzierung zieht dementsprechend auch das „Einfrieren" von persönlichen Freundschaften nach sich.

Wir gebieten euch aber, Brüder, im Namen unseres Herrn Jesus Christus, dass ihr euch zurückzieht von jedem Bruder, der unordentlich und nicht nach der Überlieferung wandelt, die ihr von uns empfangen habt.
(2. Thessalonicher 3,6)

Nun aber habe ich euch geschrieben, keinen Umgang zu haben, wenn jemand, der Bruder genannt wird, ein Unzüchtiger ist oder ein Habsüchtiger oder ein Götzendiener oder ein Lästerer oder ein Trunkenbold oder ein Räuber, mit einem solchen nicht einmal zu essen.
(1. Korinther 5,11)

Wenn aber jemand (…) nicht gehorcht, (…) habt keinen Umgang mit ihm, damit er beschämt werde.
(2. Thessalonicher 3,14)

Distanzierung der Geschwister, Gemeindeausschluss – das sind schreckliche Vorstellungen für einen wiedergeborenen Christen. Selbst wenn diese Maßnahmen nicht zwangsläufig mit einem ausdrücklichen „Hausverbot" bei öffentlichen Gemeindeveranstaltungen gleichzusetzen sind (worauf es in der Praxis allerdings meist hinausläuft), pocht das Wort Gottes aber auf jeden Fall auf den konsequenten Ausschluss vom Abendmahl. Das deutliche Verbot, *„mit einem solchen nicht einmal zu essen"* (1. Korinther 5,11), bezieht sich mit Sicherheit nicht nur auf private Dinnerpartys ... (Vgl. 1. Korinther 11,17-22.)

Geschwister, die es so weit kommen lassen, ohne zur Buße bereit zu sein, verlassen meist von sich aus vorzeitig die „Versammlung der Heiligen" (vgl. Psalm 89,6). Der Ausschluss aus der Gemeinschaft kann bei den Betreffenden aber naturgemäß auch zu starken emotionalen Reaktionen führen: Man fühlt sich möglicherweise verbittert und missverstanden, vielfach windet sich außerdem das geknebelte Gewissen. Und ganz objektiv – ob es so wahrgenommen wird oder nicht – befindet sich der aus der Gemeinde ausgeschlossene Christ auch fremd und ohne den Schutz der Gemeinschaft von wiedergeborenen Gläubigen im Reich der Finsternis wieder[34]. Ohne die Geborgenheit einer Gemeinschaft, die der auferstandene Herr Jesus Christus als seine Brautgemeinde liebt und schützt, ist ein Kind Gottes heimatlos.

Paulus verwendet an zwei Stellen im Neuen Testament eine rätselhafte Redewendung:

... Hymenäus und Alexander, die ich dem Satan
übergeben habe, damit sie zurechtgewiesen werden,
nicht zu lästern.
(1. Timotheus 1,20)

---

34 Damit ist natürlich nicht die Hölle gemeint, sondern gemäß Kolosser 1,13 der Machtbereich Satans auf der Erde.

... einen solchen im Namen unseres Herrn Jesus dem
Satan zu überliefern zum Verderben des Fleisches,
damit der Geist errettet werde am Tage des Herrn.
(1. Korinther 5,5)

Was bedeutet diese eigenartige Formulierung „dem Satan übergeben/überliefern"? Anscheinend ist es genau das, was der selbst verschuldete Ausschluss aus der Gemeinschaft zwangsläufig nach sich zieht: Dem Sünder wird der Schutz- raum entzogen. Eine mögliche Folge davon kann zum Bei- spiel Krankheit oder Tod sein – doch ist das nicht notwen- digerweise der Fall.

Paulus macht in 1. Korinther 5,5 im Übrigen auch deut- lich, dass ein Gemeindeausschluss nicht gleichzusetzen ist mit dem Verlust der ewigen Errettung (siehe Kapitel 14). Die Entscheidung über unsere Erlösung trifft ausschließ- lich unser gnädiger, aber auch gerechter und allwissender Gott. Die Pflicht der örtlichen Gemeinde besteht lediglich darin, keinesfalls offen gelebte Sünde zu dulden.

Gemeindeausschluss ist immer die allerletzte Konse- quenz in einem Prozess, der in Sünde verstrickte Geschwis- ter zur Umkehr führen möchte. Erst wenn alle Appelle zur Buße erfolglos bleiben, darf die Gemeinde die Betreffenden nicht mehr als Geschwister behandeln; man betrachtet sie fortan wie Menschen, die nicht zur Gemeinde gehören. In gewisser Weise ist ein „Mit-Glied" am Leib Christi wie am- putiert.

Welche Konsequenzen hat das für die betroffene Ge- meinde? Wir haben als wiedergeborene Christen den „Dauerauftrag" zum ausdauernden Gebet um Buße für den Sünder – wenn es sein muss, auch jahrelang.

ZWEITER
Teil

Aus Psalm 139

Wohin soll ich gehen vor deinem Geist,
und wohin soll ich fliehen vor deinem Angesicht?
Führe ich gen Himmel, so bist du da;
bettete ich mich bei den Toten,
siehe, so bist du auch da.
Nähme ich Flügel der Morgenröte
und bliebe am äußersten Meer,
so würde auch dort deine Hand mich führen
und deine Rechte mich halten.
Spräche ich: Finsternis möge mich decken
und Nacht statt Licht um mich sein –,
so wäre auch Finsternis nicht finster bei dir,
und die Nacht leuchtete wie der Tag. Finsternis ist wie
das Licht.
Psalm 139,7-12 (LUT)

13

Eine harte Schule

Nachdem ihr Ehebruch und ihre Beziehung aufgedeckt worden waren, hatten Ralf und Bettina nicht nur die Gemeinde fluchtartig verlassen; durch den Umzug in eine gemeinsame Wohnung einige Kilometer vom bisherigen Wohnort entfernt wechselten sie zusätzlich ihr gesamtes Lebensumfeld. Die Arbeitsstellen blieben zwar gleich, doch ansonsten mussten sie sich auf eine völlig neue Lebensgestaltung einstellen.

Vertraute Fixpunkte ihres Lebens waren unvermittelt weggebrochen. Von einem Tag auf den anderen wurde durch ihre Entscheidung zur Sünde der vertraute Alltag vollkommen umgekrempelt. Die Woche schien keine verlässliche und sinnvolle Struktur mehr zu haben. Wie gestaltet man einen Sonntag ohne Gottesdienst, einen Mittwoch ohne Bibelstunde? Erst nach einer geraumen Weile hörte Bettina ab und zu am Sonntagmorgen einen christlichen Radiosender, während sich Ralf mit zwei Männern aus der Nachbarschaft zum Jogging verabredete. Die Kisten mit Ralfs theologischen Büchern blieben vorerst unausgepackt im Keller stehen.

Bettina litt vor allem unter dem Verlust der selbstverständlichen Geborgenheit, die sie seit ihrer Bekehrung erstmals in ihrem Leben in der Gemeinde erfahren hatte. Auch Ralf vermisste die langjährigen Freundschaften zu Glaubensgeschwistern, obwohl er es sich selbst kaum eingestehen wollte. Nein, natürlich waren sie durch ihre verbotene Liebe nicht zu Atheisten geworden, aber als Paar fühlten sie sich gewissermaßen einsam und heimatlos. Zwar fanden sie mit der Zeit einige neue Bekanntschaften in der Nachbarschaft, echte Freundschaften entwickelten sich daraus jedoch nicht. Die Leute waren nett und freundlich – aber sie konnten die geistlichen Kämpfe eines unverheirateten und in Ehebruch lebenden Paares nicht im Geringsten nachvollziehen. Wo ist denn das Problem? Das ist doch heutzutage ganz normal.

Ralf und Bettina waren durchaus unbestreitbar glücklich miteinander; doch beide spürten ab und zu die innere Leere. Wenn die Beziehung zum Herrn bröckelt, entsteht ein geistliches Vakuum. Die Lücke, die Jesus hinterlässt, wenn man ihn aus seinem Leben drängt – diese Lücke kann nur durch Jesus gefüllt werden.

Annika zeigte sich durch die neue Situation zutiefst verunsichert. Anfangs zog sie sich völlig zurück und verkroch sich in ihrem Zimmer. Wenn Bettina sie ansprach, reagierte ihre Tochter aggressiv oder zynisch; den Kontakt zu Ralf versuchte sie nach Möglichkeit zu vermeiden. Sogar scheinbar unbedeutende Kleinigkeiten entwickelten sich im Zusammenleben mit Annika unversehens zu Stolperfallen: Bei gemeinsamen Mahlzeiten, die Annika nicht immer umgehen konnte, entpuppte sich zum Beispiel das Tischgebet als Dynamit. „Wie könnt ihr jetzt noch so harmlos tun und dieses Ritual aufrechterhalten? Ist das nicht Heuchelei?", schrie Annika aufgebracht und stürmte aus dem Zimmer.

Irgendwann im Laufe der Zeit schien sich Annika mit den neuen Lebensverhältnissen abgefunden zu haben. Was tatsächlich in ihr vorging, blieb jedoch Annikas Geheimnis. Nach außen hin konzentrierte sich die 15-Jährige bald voller Elan und Ehrgeiz auf die Schule, und vor Beendigung der Schulzeit bewarb sie sich schon frühzeitig mit Erfolg um die attraktivsten Ausbildungsstellen. Nach dem Schulabschluss war sie volljährig, und daher konnte Annika dank einer großzügigen Ausbildungsvergütung unmittelbar in eine eigene Wohnung ziehen. Ralf bewertete es als Zeichen der beginnenden Normalisierung, dass er Annika beim Umzug helfen durfte.

Die Beziehungen zu Ralfs Kindern gestalteten sich sehr unterschiedlich. Matthias, der Älteste, hatte die dramatische Entwicklung in der Ehe seiner Eltern nicht hautnah miterlebt – er hatte sich frühzeitig nicht nur innerlich, sondern auch äußerlich von Familie und Gemeinde abgewandt und studierte mehr als 500 Kilometer von seiner Heimatstadt entfernt. Fünf Monate nach dem Eklat in der Gemeinde kam Matthias zu einer ersten Stippvisite. Neugierig musterte er die neue Lebensgefährtin seines Vaters, und ungeniert lachte der junge Mann über das in seinen Augen „komische Paar". Bettina war peinlich berührt von seinem Verhalten, doch Matthias erklärte: „Ach Papa, das ist echt krass. All die Jahre warst du immer der heilige Moralapostel. Da kann ich dir nur danken für deine spontane Demonstration, dass das mit dem Christentum langfristig offensichtlich doch nicht funktioniert. Mama hat's wohl noch nicht kapiert. Sie hat zwar Depressionen, aber sie betet immer noch." Der verletzende Spott seines Sohnes tat weh, aber Ralf wusste nicht, was er ihm hätte entgegensetzen können.

Im Gegensatz zu ihrem großen Bruder lehnte Sonja jeglichen persönlichen Kontakt rigoros ab. Zum Jahreswechsel, wenige Wochen nachdem ihr Vater Hals über Kopf sein gesamtes bisheriges Leben über Bord geworfen hatte, schrieb das Mädchen einen zornigen und traurigen Brief. „Papa", hieß es darin ohne weitere Anrede, „du hast Mama unheimlich wehgetan. Joel ist total verstört. Du hast mein Vertrauen kaputt gemacht. Du hast unsere Familie und meine Freundschaft zu Annika zerstört." Sonja zählte noch einige Dinge auf: Sie leide unter Konzentrationsstörungen, habe dadurch Schulprobleme, fühle sich in der Gemeinde wie stigmatisiert. Doch zum Schluss zeigte sie sich doch noch etwas kämpferisch: „Egal, was noch passiert – ich bete weiter. Ich klammere mich an Jesus. Ich ertrinke sonst." In einem PS stand ein wenig verwischt: „Wir beten für euch."

Joel ließ sich kurz vor seinem 13. Geburtstag zu einem Treffen überreden und von seinem Vater abholen. Ralf hatte Karten für ein Fußballspiel besorgt. Früher wäre Joel begeistert gewesen, doch diesmal ließ er das Spiel einsilbig und wie eine Pflichtveranstaltung über sich ergehen. Selbst als Ralf seinen Sohn anschließend noch in sein Lieblings-Schnellrestaurant einlud, kamen sie nicht ins Gespräch miteinander. Nachdem er aufgegessen hatte, fragte Joel nur: „Kann ich jetzt nach Hause?" Es war ihre letzte Begegnung.

In den ersten zwei, drei Jahren kamen per Post immer wieder in unregelmäßigen Abständen besorgte, mahnende und auch bittere Worte von einigen Christen aus der Gemeinde. „Böse Briefe und kitschige Karten" nannte Bettina sie erbost. Sie fühlte sich durch die persönlich gestalteten

Schriftstücke verletzt und empfand sie als Drohungen. Die meisten warf sie einfach weg. „Wir halten uns nicht an ihre Regeln, deshalb werden wir ausgestoßen wie Schwerverbrecher!", beklagte sich Bettina. „Aber wir lieben uns doch." Zweifellos war ihr Zusammenleben von ernsthafter Liebe geprägt: Sie liebten einander von ganzem Herzen. Ihre Beziehung war kein Strohfeuer der Leidenschaft, sondern sie waren bereit, Verantwortung füreinander zu tragen. Die ernste Sorge der Gemeinde und die Aufforderung zur Umkehr ließen sie nicht an sich heran. Sie blendeten solche Gedanken aus, so gut es ging, und lebten ihr eigenes Leben.

Ende März 2004 konnten sie endlich heiraten. Das Scheidungsverfahren hatte sich über drei Jahre hingezogen; es war allein deshalb so langwierig, weil Heike ihre Zustimmung zur einvernehmlichen Trennung hartnäckig verweigert hatte. „Ich kann einer Scheidung nicht zustimmen. Was Gott zusammengefügt hat, das soll der Mensch nicht scheiden", war Heikes Argumentation. „Wenn die geltenden Gesetze unseres Landes eine automatische Scheidung nach einer gewissen Frist vorsehen, kann ich das nicht verhindern, das weiß ich. Aber ich werde nicht selbst aktiv mein Eheversprechen brechen. Vor Gott ist unsere Ehe unauflöslich."

Nachdem Ralf und Bettina schließlich in aller Stille geheiratet hatten, normalisierte sich ihr Leben irgendwann immer mehr. Sie führten einfach das ruhige Leben eines nicht mehr ganz jungen, berufstätigen Paares ohne Kinder und ohne sonstige familiäre Verpflichtungen.

Ihren Glauben hatten sie nicht aufgegeben. Gott war in ihrer Ehe immer mal wieder Gesprächsthema – doch kaum Gesprächspartner.

Der himmlische Vater ist unvorstellbar geduldig. Erst nach mehr als elf Jahren griff er ein – mit überaus bitteren Lektionen. Drei Wochen vor ihrem achten Hochzeitstag stellte der Herr sie an einen Punkt, der ihnen die Trostlosigkeit ihres Lebens ohne eine intensive Beziehung zu Gott drastisch vor Augen führte.

Zuerst hatte Bettina einen verheerenden Verkehrsunfall. Mehrere Wochen lag sie auf der Intensivstation. In dieser Zeit lernten sie ganz neu beten, verzweifelt und demütig flehten sie Gott um Hilfe an. Dass sie die schlimmen Verletzungen überlebt hatte – noch darüber hinaus ohne schwerwiegende bleibende Beeinträchtigungen – bezeichneten die Ärzte als ein Wunder.

Kurz nachdem Bettina aus dem langwierigen Aufenthalt in der Reha-Klinik endlich wieder zu Hause war, bekam Ralf einen lebensbedrohenden Herzinfarkt. „Hier hilft nur noch beten!", war die spontane Aussage des Notarztes, als er in hektischer Eile seine Apparaturen einsatzbereit machte.

Und Bettina betete in höchster Not, so wie Ralf nach dem Unfall um ihr Leben gebetet hatte. Als sie im Krankenhaus an seinem Bett saß, entdeckte Bettina einen Buchkalender mit Losungen, den wohl jemand auf der Fensterbank liegen gelassen hatte. Sie blätterte darin, und Erinnerungen stiegen in ihr auf … ein Bibelwort für jeden Tag – früher einmal hatte das völlig selbstverständlich zu ihrem Alltag gehört.

Doch seit sie sich bewusst gegen Gottes Gebot gestellt hatten, waren ihre gelegentlichen Annäherungsversuche immer gescheitert. Es schien Ralf und Bettina fast so, als habe der allmächtige Herr des Universums einen unsichtbaren Zaun um sich herum gezogen, der jede direkte und enge Beziehung verhinderte. „Das ist ganz folgerichtig", hatte Ralf seinerzeit niedergeschlagen erklärt und einen Bibelvers zitiert: „Eure Vergehen sind es, die eine Scheidung gemacht haben zwischen euch und eurem Gott.[35] Wir sind ja selbst schuld an diesem Zustand, und jetzt können wir nicht mehr zurück."

Doch Bettinas verzweifelte Hilferufe an Ralfs Krankenbett drangen durch den „Zaun" an Gottes Ohr.

Sie las hier und da ein paar Losungen und schlug dann zielstrebig das aktuelle Datum auf. Was da stand, verschlug ihr den Atem und jagte ihr kalte Schauer über den Rücken.

Der HERR Zebaoth hat's beschlossen – wer will's wehren?
Und seine Hand ist ausgereckt – wer will sie wenden?
(Jesaja 14,27; LUT 84)

Ralf wird sterben! Das ist nun die Strafe Gottes. Bettina hielt Ralfs Hand. Er hatte die Augen geschlossen und war nicht ansprechbar. Bettina fühlte sich hilflos. Sie konnte nur unaufhörlich beten, bitten, betteln, flehen. Bereits bei ihrem schweren Unfall ein halbes Jahr zuvor hatten sie die bedrückende Erfahrung der Zerbrechlichkeit des Lebens gemacht. Ganz ohne Zweifel: Das Leben liegt in Gottes Hand – doch diese Hand ist nicht für jeden Menschen immer ein Zufluchtsort. *Es ist furchtbar, in die Hände des*

---

35 Jesaja 59,2

lebendigen Gottes zu fallen.[36] Bettina stöhnte gequält. Sie betete weiter, so wie Ralf damals auf der Intensivstation für sie gebetet hatte. Langsam wurde sie ruhiger.

Auch am nächsten Tag war Ralfs Zustand noch kritisch. Die Losung des Tages überrollte Bettina mit einer neuen Woge der Ratlosigkeit.

> *Jesus sprach zu dem Übeltäter: Wahrlich, ich sage dir:*
> *Heute wirst du mit mir im Paradies sein.*
> **(Lukas 23,43; LUT 84)**

Bettina überfiel wieder die panische Angst, dass Ralf nun doch sterben müsse. Ist er dann wirklich im Paradies? In dieser Todesnähe stand ihnen ihre unbereinigte Schuld stets vor Augen. Waren Bettinas Unfall und Ralfs Herzinfarkt eine Strafe Gottes – oder aber ein letztes Stoppschild? Wenn Ralf jetzt sterben würde, wäre er jedenfalls unmittelbar dem unbestechlichen Gericht Gottes überstellt und müsste sich vor dem Herrn verantworten.

Bettina hatte in den letzten zwei Tagen den Mut fast verloren – aber Gott war bereit, helfend einzugreifen: Die dritte Tageslosung erfüllte sie mit neuer Hoffnung.

> *Wir haben einen Gott, der da hilft, und den HERRN,*
> *der vom Tode errettet.*
> **(Psalm 68,21; LUT 84)**

Die ärztliche Visite am Nachmittag bestätigte Bettinas zaghafte Zuversicht. Gott hatte ihr Gebet erhört; Ralf erholte

---

36 Hebräer 10,31

sich langsam, und nach menschlichem Ermessen würde er bald wieder gesund sein.

Bettina jubelte, und sobald Ralf kräftig genug war, berichtete sie ihm von den Ereignissen während der kritischen Phase seiner Krankheit: von den Losungen auf der Fensterbank, von ihren Gebeten und der wunderbaren Erhörung. Ralf war sehr beeindruckt von Bettinas Schilderung. Er war nachdenklich geworden wie schon lange nicht mehr.

Die Erfahrungen hinterließen bleibende Spuren bei den beiden. Noch im Krankenhaus begannen sie, regelmäßig gemeinsam Gottes Wort zu lesen. Sie benutzten dazu die Losungen, genau wie Bettina es früher getan hatte, vor ihrem Ehebruch, als die Beziehung zum Herrn noch ungetrübt gewesen war. Das Bibelwort am Tag der Entlassung aus dem Krankenhaus lautete:

Lobe den HERRN, der dir alle deine Sünde vergibt
und heilet alle deine Gebrechen.
(Psalm 103,2.3; LUT 84)

Ralf und Bettina erzählten den Ärzten und dem Pflegepersonal beim Abschied begeistert von der doppelten Gebetserhörung, die sie beide innerhalb weniger Monate erlebt hatten – die göttliche Bewahrung vor dem scheinbar unausweichlichen Sterben. Sie versuchten, Gespräche über den Glauben zu führen, doch sie stießen beim Klinikpersonal auf wenig Interesse.

Bei ihrer ersten gemeinsamen Andacht zu Hause erhielten Ralf und Bettina am nächsten Tag einen weiteren deutlichen Dämpfer. Sie lasen:

Was hast du von meinen Geboten zu reden und nimmst meinen Bund in deinen Mund, da du doch Zucht hassest und wirfst meine Worte hinter dich?
(Psalm 50,16-17; LUT 84)

Betroffen sahen sie einander an. Schlagartig hatte Gott ihnen durch sein Wort klargemacht, dass ihre Beziehung zum Herrn trotz der wunderbaren Gebetserhörungen noch längst nicht wiederhergestellt war. Gott erwartet Buße. Echte, demütige Buße.

Sie schreckten zurück. Sie fürchteten sich. Sie schämten sich.

Gott kennt seine Kinder, er lässt ihnen Zeit. Doch wenn die Zeit gekommen ist, dann handelt er – oftmals auf unvorhergesehene und originelle Weise. Die Buße von Ralf und Bettina wurde schließlich ausgelöst durch einen Artikel im Sportteil der Zeitung.

Montag, 15. Oktober 2012

∾ **Falsch abgebogen**

Der Sieg, der Ruhm ist zum Greifen nahe. Auf den letzten 200 Metern hat der junge Äthiopier Limenih Getachew seinen ärgsten Konkurrenten deutlich abgehängt. Alles sieht sogar nach einem Streckenrekord aus für den 21-Jährigen, der am Sonntag in Köln seinen ersten internationalen Marathon läuft.

Und dann passiert das Unfassbare: Statt hinter der Brücke geradeaus ins Ziel zu rennen, folgt der Äthiopier einem der Kamera-Motorräder, als dessen Fahrer links abbiegt und die Marathon-Strecke wie geplant verlässt.

Um seinen Abbiegevorgang anzuzeigen, hatte der Motorradfahrer nicht nur geblinkt, sondern auch den linken Arm ausgestreckt. Und nicht nur das: „Es standen noch mehrere Einweiser auf der Straße, die uns alle nach links reingewinkt haben", berichtet der Motorradfahrer. Der Renndirektor vermutet: „Das hat Limenih Getachew so aufgefasst, dass er hinterher laufen sollte. Dass der Führende von der Strecke abkommt, ist sehr bedauerlich, aber wir haben bei der Besprechung mit den Topläufern am Samstag eindringlich darauf hingewiesen, dass das Führungsmotorrad kurz vor dem Ziel nach links abbiegen wird."[37]

Ralf ließ die Zeitung sinken. Überdeutlich stand ihm die Erkenntnis nach all den Jahren vor Augen: Wir sind auch trotz aller Warnungen falsch abgebogen. Wir haben das Ziel aus den Augen verloren. Aber wir könnten von nun an auf dem richtigen Weg weiterleben. Wir müssen nur endlich, endlich umkehren und den allmächtigen und gnädigen Gott um Vergebung bitten. Wir müssen es tun. Wir müssen es jetzt tun.

„Die Katastrophen unseres Lebens in den letzten paar Monaten waren wohl eindeutig notwendige Erziehungsmaßnahmen Gottes", erklärte Ralf kurze Zeit später, als

37 Quelle: Kölner Stadtanzeiger online vom 14.10.2012

Bettina in die Küche kam. Er fasste den Zeitungsbericht zusammen und freute sich zu sehen, dass Bettina ganz ähnlich darauf reagierte wie er selbst.

Sie brauchten keine ausführlichen Gespräche mehr darüber, was jetzt zu tun sei. *Heute, wenn ihr seine Stimme hört, verhärtet eure Herzen nicht!*[38] Ralf und Bettina konnten sich endlich – nach zwölf Jahren! – wieder demütig an Gott wenden und um Vergebung ihrer Schuld bitten. Sie knieten nieder und taten gemeinsam Buße.

Tränen der Erleichterung spiegelten das himmelsbewegende Ereignis wider: Ihre Beziehung zum Herrn war wirklich und wahrhaftig wiederhergestellt. Anschließend überkam beide ein ganz neuer Hunger nach Gottes Wort. Sie schlugen das aktuelle Kalenderblatt auf. War das möglich? Staunend lasen sie:

Der Sohn sprach: Vater, ich habe gesündigt gegen den Himmel und vor dir; ich bin hinfort nicht mehr wert, dass ich dein Sohn heiße. Aber der Vater sprach zu seinen Knechten: Bringt schnell das beste Gewand her und zieht es ihm an.
(Lukas 15,21-22, LUT 84)

Auch die Losung am folgenden Tag empfanden sie wie eine göttliche Bestätigung:

Der HERR sprach:
Ich habe vergeben, wie du es erbeten hast.
(4. Mose 14,20; LUT 84)

---

38 Hebräer 4,7

Ein paar Tage später sprach das Ehepaar erneut über die schlimmen Erlebnisse, die doch letztlich zu einem beglückenden Ergebnis geführt hatten. Gott macht keine Fehler, davon waren sie beide überzeugt. Das Eingreifen war für Ralf und Bettina sehr schmerzhaft gewesen – doch anscheinend absolut notwendig. „In einer der christlichen Zeitschriften, die ich im Krankenhaus gefunden habe, war auch ein Artikel über Züchtigung." Ralf ging ins Wohnzimmer und durchsuchte den Zeitschriftenständer. Kurz darauf las er Bettina die entsprechenden Passagen vor.

❧ Gottes Züchtigung

Wo die Sünde mächtig geworden ist, da ist doch die
Gnade noch viel mächtiger geworden.
(Römer 5,20; LUT)

Glücklich der Mann, den du züchtigst.
(Psalm 94,12)

Die Züchtigung Gottes hat das Ziel, dass der Mensch nach dem Willen Gottes fragt und die Vorgaben Gottes in seinem Leben umsetzt. Wenn Gott einen Menschen züchtigt, dann legt er ihm zum Beispiel Hindernisse auf einen falschen Lebensweg, der in die Irre führt – weg von Gott –, damit der Mensch umdenkt und sich wieder auf Gott hin ausrichtet. Die Züchtigung Gottes zeigt die Liebe des himmlischen Vaters: Es ist ihm nicht gleichgültig, was aus mir wird! So ist auch der Vers zu verstehen:

Wen der Herr liebt, den züchtigt er.
(Sprüche 3,12)

Der Hebräerbrief erklärt diesen Gedanken noch einmal:

Was ihr erduldet, ist zur Züchtigung: Gott behandelt
euch als Söhne. Denn ist der ein Sohn, den der Vater
nicht züchtigt?
(Hebräer 12,7)

Aus dieser Perspektive kann man nachvollziehen, dass der Psalmist die „Züchtigung" – modern ausgedrückt: die Erziehung – Gottes für einen Baustein des Glücks hält.[39]

Ralf nahm seine Frau in den Arm. „Ja", nickte er. „Ich bin wirklich froh, heilfroh, dass der Herr uns gezüchtigt hat!"

Für Ralf und Bettina begann nun ein völlig neues, gemeinsames geistliches Leben nach all den Jahren der geistlichen Funkstille. Sie beteten regelmäßig zusammen. Die Kisten mit den theologischen Büchern wurden endlich ausgeräumt. Sie hörten Predigten und christliche Lieder im Internet. Sie besorgten sich auf diesem Weg außerdem neue Bücher und Zeitschriften.

Nur eines war für Ralf auch nach ihrer Buße tabu: der Anschluss an eine Gemeinde. „Wir können nichts ungeschehen machen, und ich will die alten Geschichten auch nicht wieder aufwärmen", sagte er kategorisch. Bettina respektierte diese Haltung ihres Mannes schweren Herzens.

---

39 In abgewandelter Form entnommen aus: Irmgard Grunwald, *Auf der Suche nach dem Sinn im Leid.* Christliche Verlagsgesellschaft mbH, Dillenburg, 2014.

Die Sehnsucht nach Gemeinschaft mit anderen Christen machte ihr zu schaffen. Eine Gemeinde besuchten sie nur im Urlaub, weit weg, wo niemand sie kannte.

14

Ungehorsam als Lebensstil – und trotzdem errettet?

Also gibt es jetzt keine Verdammnis für die, die in Christus Jesus sind. Denn das Gesetz des Geistes des Lebens in Christus Jesus hat dich freigemacht von dem Gesetz der Sünde und des Todes.

(Römer 8,1-2)

Fast jeder Christ stellt sich irgendwann im Laufe seines Glaubenslebens die bange Frage: *Schon wieder gescheitert – bin ich überhaupt wirklich errettet? Kann der Herr mir diese Sünde tatsächlich noch einmal vergeben? Oder ist die Gnade Gottes nicht doch irgendwann zu Ende? Wo hört die Geduld Gottes auf?*

Diese Fragestellung bricht auch regelmäßig auf, wenn ein Mitchrist wie aus heiterem Himmel alle seine bisherigen Lebensprinzipien hinter sich lässt und dauerhaft in ein Leben des offenen Ungehorsams abdriftet – kann ein solcher Bruder, eine solche Schwester überhaupt errettet sein?

Es ist in der Tat eine ganz zentrale Frage des biblischen Glaubens: Ist meine ewige Errettung unumstößlich sicher oder ist es möglich, durch eigenes Verschulden das Heil wieder zu verlieren?

Man muss bei diesem Thema zwei Aspekte deutlich unterscheiden: Heilssicherheit und Heilsgewissheit.

- Die *Heilssicherheit* ist objektiv; sie beruht auf klaren und eindeutigen Aussagen der Bibel. Das Zeugnis von Gottes Wort ist unabhängig von menschlichem Wissen, menschlichen Ansichten und menschlichen Gefühlen. Hier geht es um nachvollziehbare biblische Tatsachen.

- Die sogenannte *Heilsgewissheit* hingegen ist subjektiv; man kann Gewissheit empfinden, ohne einen realistischen Grund dazu zu haben: Man hat zwar niemals ernsthaft Buße getan, fühlt sich aber dennoch errettet – ein gefährlicher Irrtum. Ebenso kann ein Christ auch an seinem ewigen Heil zweifeln, ohne dass es einen Anhaltspunkt dafür gibt.

Beide Punkte kann man mithilfe biblischer Argumente untersuchen.

∾ Biblische Anhaltspunkte für die Sicherheit der ewigen Errettung

Was sagt Gottes Wort über die Heilssicherheit? Der Herr Jesus Christus selbst garantiert die (objektive) Sicherheit der ewigen Errettung jedes wiedergeborenen Christen. Zahlreiche Bibelstellen zeigen, dass das Heil der Gläubigen nicht gefährdet ist. Eine Auswahl davon kann diese Behauptung untermauern.

1. Aus Liebe erlöst

Denn so hat Gott die Welt geliebt, dass er seinen ein-
geborenen Sohn gab, damit jeder, der an ihn glaubt,
nicht verloren gehe, sondern ewiges Leben habe.
(Johannes 3,16)

Dieser Vers ist ein Versprechen Gottes! Der Herr verspricht *jedem, der an ihn glaubt,* die ewige Errettung, ewiges Leben in seiner Herrlichkeit; und sein Motiv ist: Liebe – obwohl er die Sünde der Welt kennt. Es gibt keine Einschränkung. Jeder – das ist buchstäblich jeder Wiedergeborene. Ewig – das ist eine unbegrenzte Zeit; sie endet nicht, wenn ein Christ sündigt. Wenn Gott sagt, dass *jeder, der an ihn glaubt, nicht verloren geht,* dann kann man sich ohne Wenn und Aber darauf verlassen.

2. Allein aus Gnade

Denn alle haben gesündigt, und in ihrem Leben
kommt Gottes Herrlichkeit nicht mehr zum Aus-
druck, und dass sie für gerecht erklärt werden, beruht
auf seiner Gnade. Es ist sein freies Geschenk aufgrund
der Erlösung durch Jesus Christus.
(Römer 3,23-24; NGÜ)

Die Errettung hängt niemals von eigenen Werken ab. Man wird nur dann Christ, wenn man das Gnadengeschenk Gottes annimmt und sein Vertrauen ohne Einschränkung und einzig und allein auf den Herrn Jesus Christus setzt. Das Heil hängt von Gott und seiner Gnade ab, nicht von uns. Und da wir zwar unzuverlässig sind, aber Gott absolute Sicherheit geben kann, sich nicht wandelt und niemals irrt, können wir in Bezug auf das Heil sicher sein. Wenn Gott zusagt, dass er uns rettet, dann tut er es auch.

3. Ein Opfer für immer

> *Ihn hat Gott vor den Augen aller Welt zum Sühneopfer für unsere Schuld gemacht. Durch sein Blut, das er vergossen hat, ist die Sühne geschehen, und durch den Glauben kommt sie uns zugute.*
> **(Römer 3,25a; NGÜ)**

Das Werk der Errettung ist so schwer, dass niemand es ausführen konnte – außer Gott selbst durch seinen Sohn. Er, der ewige Sohn Gottes, musste für die Sünde jedes einzelnen Menschen am Kreuz sterben. Wer diese Tatsache im Glauben anerkennt, bekommt Vergebung und ewiges Leben.

> *Denn mit einem Opfer hat er die, die geheiligt werden, für immer vollkommen gemacht.*
> **(Hebräer 10,14)**

Der Opfertod Jesu hat eine immense Kraft: „*Für immer vollkommen gemacht*" bedeutet zwangsläufig auch „für immer (= ewig) gerettet", denn ein *geheiligter* und *vollkommener* Mensch kann unmöglich verloren gehen!

Aber was heißt „*geheiligt* und *vollkommen*"? Es bedeutet, dass *Gott selbst* diese Menschen heilig macht. Dieser Vers behauptet nicht, dass alle Christen unbeirrbar in konstanter Heiligung leben – ansonsten bestünde ja keine

Heilssicherheit für diejenigen, die eine Sünde begehen. Dass Gott alle wiedergeborenen Menschen bereits „vollkommen gemacht" hat, bedeutet (leider!) nicht, dass sie nicht mehr sündigen können.

4. In seiner Hand geborgen

> *Meine Schafe hören meine Stimme, und ich kenne sie,*
> *und sie folgen mir; und ich gebe ihnen ewiges Leben,*
> *und sie gehen nicht verloren in Ewigkeit, und nie-*
> *mand wird sie aus meiner Hand rauben. Mein Vater,*
> *der sie mir gegeben hat, ist größer als alle, und nie-*
> *mand kann sie aus der Hand meines Vaters rauben.*
> *Ich und der Vater sind eins.*
> **(Johannes 10,27-30)**

Weder die Erlösung selbst noch das Bewahren der Erlösung liegen in der Hand des Menschen. Beides ist pure Gnade, die Gott uns zusichert. Wir liegen auf ewig geborgen in der Hand des Herrn. Nichts und niemand ist in der Lage, einen wiedergeborenen Christen aus der Sicherheit des ewigen Lebens bei Gott herauszureißen.

5. Gott bereut nichts

> *Denn die Gnadengaben[40] und die Berufung Gottes*
> *sind unbereubar.*
> **(Römer 11,29)**

---

40 Der griechische Begriff *charisma* bedeutet „Gabe" oder „Geschenk".

In einer sprachlich modernen Übersetzung lautet dieser Vers: *„Wenn Gott in seiner Gnade Gaben gibt oder jemand beruft, macht er das nicht rückgängig"* (NGÜ).

Gott ist allwissend. Der Herr kann und muss nie eine Entscheidung bereuen, denn er weiß zu jedem Zeitpunkt jedes Detail in jedem menschlichen Leben – auch das, was für die betreffende Person noch in der Zukunft liegt; darum täuscht Gott sich nie. Wenn er das ewige Leben als Gnadengabe schenkt, weiß er bereits alles, was der jeweilige Mensch je tun, sagen und denken wird – deshalb wird er dieses Geschenk nie zurückziehen müssen.

Aber gehört denn das ewige Leben überhaupt zu den „Gnadengaben" Gottes? Auch diese Frage beantwortet die Bibel eindeutig:

> *Denn der Lohn der Sünde ist der Tod, die Gnadengabe Gottes aber ewiges Leben in Christus Jesus, unserem Herrn.*
> *(Römer 6,23)*

Durch das stellvertretende Opfer des Herrn Jesus schenkt Gott jedem, der diese Gnade im Glauben akzeptiert, das ewige Leben – und er fordert dieses Geschenk niemals zurück.

6. Ein zuverlässiger Bürge

> *(…) so ist Jesus auch eines besseren Bundes Bürge geworden. (…); dieser aber, weil er in Ewigkeit bleibt, hat ein unveränderliches Priestertum. Daher kann er die auch völlig erretten, die sich durch ihn Gott nahen, weil er immer lebt, um sich für sie zu verwenden. Denn*

ein solcher Hoherpriester geziemte sich auch für uns:
heilig, sündlos, unbefleckt, abgesondert von den Sün-
dern und höher als die Himmel geworden, der nicht
Tag für Tag nötig hat, wie die Hohenpriester, zuerst für
die eigenen Sünden Schlachtopfer darzubringen, dann
für die des Volkes; denn dies hat er ein für alle Mal
getan, als er sich selbst dargebracht hat.
(Hebräer 7,22.24-27)

Kann man sich einen besseren Bürgen vorstellen, eine zu-
verlässigere Garantie für die ewige Errettung? Jesus ist der
Sohn Gottes und durch seine göttliche Natur ewig, ohne
Anfang und Ende. Durch sein Blut hat er den Neuen Bund
besiegelt, der die Erlösung von Sündern ermöglicht.

❧ Wie bekommt man Heilsgewissheit?

Im Gegensatz zur Heilssicherheit, die sich auf nüchterne
biblische Tatsachen beruft, ist die Heilsgewissheit abhängig vom subjektiven Empfinden – das sich allerdings auch
auf Bibelstellen stützen darf. Und Gott gibt seinen Kindern
durch biblische Lehre gern die frohe Gewissheit, dass wir
als wiedergeborene Christen durch den Herrn Jesus für immer gerettet sind.

Niemand muss sich davor fürchten, letztlich doch noch
verloren zu gehen, weil er sich als zu lieblos oder zu nachlässig empfindet und meint, die Erlösung nicht zu verdienen. Mit dieser Selbsteinschätzung hat zwar jeder Christ
absolut Recht – niemand ist jemals „gut genug" – doch die
Schlussfolgerung missachtet die Gnade Gottes:

Denn aus Gnade seid ihr errettet durch Glauben, und
das nicht aus euch, Gottes Gabe ist es; nicht aus Wer-
ken, damit niemand sich rühme.
(Epheser 2,8-9)

Gott schenkt uns das ewige Heil nicht aufgrund unserer frommen „Leistungen". Unserem Herrn ist aber offenbar viel daran gelegen ist, dass wir die Gewissheit haben, trotz unserer Fehler und Schwächen errettet zu sein.

Wenn wir schon das Zeugnis der Menschen anneh-
men, das Zeugnis Gottes ist größer; denn dies ist das
Zeugnis Gottes, dass er über seinen Sohn Zeugnis
abgelegt hat. Wer an den Sohn Gottes glaubt, hat
das Zeugnis in sich; wer Gott nicht glaubt, hat ihn
zum Lügner gemacht, weil er nicht an das Zeugnis
geglaubt hat, das Gott über seinen Sohn bezeugt
hat. Und dies ist das Zeugnis: dass Gott uns ewiges
Leben gegeben hat, und dieses Leben ist in seinem
Sohn. Wer den Sohn hat, hat das Leben; wer den
Sohn Gottes nicht hat, hat das Leben nicht. Dies
habe ich euch geschrieben, damit ihr wisst, dass ihr
ewiges Leben habt, die ihr an den Namen des Sohnes
Gottes glaubt.
(1. Johannes 5,9-13)

Wenn sich die Heilsgewissheit auf die Zusage des Wortes Gottes stützen kann, dann steht diese Überzeugung auf dem sichersten Fundament der Welt.

∽ Was spricht dagegen?

Viele Bibelstellen zeigen, dass das ewige Leben eines Gläubigen sicher ist und jeder Christ sich seiner Errettung gewiss sein darf.

Und dennoch ... gibt es nicht immer wieder Beispiele von Christen, die nach einer Phase des kompromisslosen Dienstes für den Herrn und seine Gemeinde plötzlich ihrem „frommen" Leben den Rücken kehren und Gottes Liebe und seine Gebote mit Füßen treten?

Der folgende verstörende, aber authentische Bericht eines „Nicht-mehr-Christen", wie er sich selbst bezeichnet, stammt aus einem Internetforum; er ist schockierend und macht unendlich traurig:

> „Acht Jahre lang führte ich ein Leben als sogenannter wiedergeborener Christ. So nennen sich die konservativen Christen – diejenigen, die die Bibel als Gottes unfehlbares Wort betrachten und ihr Leben danach ausrichten. Zwei Jahre lang war ich auf einer Bibelschule, weil ich sogar Pastor werden wollte. Doch dann geschah es: Je tiefer ich in die Bibel einstieg, desto mehr kam ich ins Grübeln. Je länger ich mir die Bibel ansah, desto mehr bekam ich Zweifel, ob dieses Buch wirklich den Anspruch erheben kann, unfehlbar zu sein.
>
> Ich entschied mich schließlich für ein Leben, das ich jetzt als Leben in Wahrheit bezeichnen würde. Ohne Gott, ohne Bibel, ohne Gemeinde. Manchmal würde ich mir wünschen, dass es diese andere Welt gäbe, diese christliche Welt mit dem Gott, den ich so viele Jahre geliebt und verehrt habe. Aber es gibt sie

nicht und daraus habe ich für mich die Konsequenzen gezogen.

Der christliche Glaube ist nicht „einfach". Der
christliche Glaube fordert eine christliche Lebensweise. Und die Eckpunkte dieser Lebensweise werden
durch die Bibel definiert. Das war meine Glaubens-
basis und eine bessere habe ich damals nie gefunden.

Während meiner Zeit als aktiver Christ hätte mich niemand wirklich mit Argumenten davon
überzeugen können, dass der christliche Gott nicht
existiert. Ich hatte eine zu tiefe emotionale Bindung
zu meinem Glauben und meinem Gott.

Ich bin heute davon überzeugt, dass Jesus nicht mehr
lebt. Im Gegensatz zu damals, als ich noch gläubig war,
halte ich ihn heute nicht mehr für erwähnenswert."

Es ist herzzerreißend, diese harten Worte zu lesen – doch
hatte nicht auch Paulus einen solchen „desillusionierten"
Mitarbeiter? Was ist mit diesem Mann namens Demas geschehen? Zunächst gehört er zusammen mit dem Evange-
listen Lukas und anderen Christen zum Team des Missio-
nars und lässt die Glaubensgeschwister grüßen:

Es grüßt euch Lukas, der geliebte Arzt, und Demas.
(Kolosser 4,14)

Es grüßt dich (…) Demas, Lukas, meine Mitarbeiter.
(Philemon 23-24)

Kurze Zeit später hat sich Demas offenbar von Paulus abgewandt; der Apostel schreibt:

Denn Demas hat mich verlassen, da er den jetzigen
Zeitlauf liebgewonnen hat, und ist nach Thessalonich
gegangen.
(2. Timotheus 4,10)

Hat der ehemalige Mitarbeiter „nur" Paulus und seinen Dienst verlassen, um fortan ein bequemes Leben zu führen – oder hat er sich gänzlich von Gott und dem erlösenden Glauben an Jesus Christus losgesagt? Diese Frage ist mit einem Abstand von 2000 Jahren kaum noch zu klären.

Wie kann man solche tragischen Ereignisse auf der Grundlage der Bibel einordnen?

✆ Kann ein Christ nicht sündigen?

Jeder, der aus Gott geboren ist, tut nicht Sünde, denn
sein Same bleibt in ihm; und er kann nicht sündigen,
weil er aus Gott geboren ist.
(1. Johannes 3,9)

Wir wissen, dass jeder, der aus Gott geboren ist, nicht
sündigt; sondern der aus Gott Geborene bewahrt ihn,
und der Böse tastet ihn nicht an.
(1. Johannes 5,18)

Johannes schreibt mit überzeugender Bestimmtheit, dass ein wiedergeborener Mensch nicht sündigt. Hat ein Christ dann nicht mehr die Möglichkeit, sich aus eigener freier Entscheidung wieder von Gott abzuwenden? Widerspricht sich der Apostel hier nicht selbst? Kurz zuvor legt er doch dar, wie wir mit unseren Sünden umgehen sollen:

Wenn wir sagen, dass wir keine Sünde haben, betrügen wir uns selbst, und die Wahrheit ist nicht in uns. Wenn wir unsere Sünden bekennen, ist er treu und gerecht, dass er uns die Sünden vergibt und uns reinigt von jeder Ungerechtigkeit. Wenn wir sagen, dass wir nicht gesündigt haben, machen wir ihn zum Lügner, und sein Wort ist nicht in uns.
(1. Johannes 1,8-10)

Die Bibel bestätigt unsere traurige Lebenserfahrung: Ein Leben ganz ohne Sünde ist eine Illusion. Wie kann Johannes dann behaupten zu wissen, *dass jeder, der aus Gott geboren ist, nicht sündigt*?

Johannes bezieht sich mit seiner Aussage auf die überwiegende Lebensrealität. Es ist in der Tat schwer vorstellbar, dass ein wiedergeborener Christ auf Dauer und womöglich hemmungslos gewohnheitsmäßig sündigt. Ein Gotteskind *kann* zwar im Einzelfall sündigen, doch der Normalzustand sollte das auf lange Sicht nicht sein: das gesunde Verhalten eines Christen besteht im Widerstand gegen die Sünde. Jede Sünde ist daher vergleichbar mit einem Betriebsunfall.

Was sollen wir nun sagen? Sollten wir in der Sünde verharren, damit die Gnade zunehme? Auf keinen Fall! Wir, die wir der Sünde gestorben sind, wie werden wir noch in ihr leben?
(Römer 6,1)

In der Sünde verharren, in der Sünde leben – auch Paulus stellt klar, dass ein derartiger Lebensstil mit Sicherheit keine Option für einen Christen ist. Kann jemand, der dauerhaft unbeirrt in Auflehnung gegen Gott verharrt, ein ernsthaft bekehrter Mensch sein?

Dieser Punkt muss ganz klar gesehen werden: Jeder Christ kann in Sünde fallen – aber ein wiedergeborener Christ kann nicht dauerhaft in einem Lebensstil der Sünde leben.

∽ Wenn ein Mensch Gott kennt – und ablehnt

Gott behandelt uns Menschen nicht wie Marionetten; er respektiert vielmehr immer unsere freien Entscheidungen – zeigt allerdings auch deren Konsequenzen auf. Niemand wird zur Bekehrung gezwungen. Der Herr zwingt auch keinem Menschen eine Beziehung zu ihm auf. Wer das Angebot der Erlösung und die Möglichkeit einer persönlichen Beziehung zu Gott aus freien Stücken ablehnt, wird nicht mit Gewalt daran gehindert. Doch gibt es in der Bibel sehr ernsthafte Warnungen vor der Abkehr vom Glauben.

Petrus ist diese Problematik geläufig:

Denn wenn sie den Befleckungen der Welt durch die Erkenntnis unseres Herrn und Heilandes Jesus Christus entflohen sind, aber wieder in diese verwickelt und überwältigt werden, so ist für sie das Letzte schlimmer geworden als das Erste. Denn es wäre ihnen besser, den Weg der Gerechtigkeit nicht erkannt zu haben, als sich, nachdem sie ihn erkannt haben, wieder abzuwenden

von dem ihnen überlieferten heiligen Gebot. Es ist ih-
nen aber nach dem wahren Sprichwort ergangen: Der
Hund kehrt wieder um zu seinem eigenen Gespei, und:
Die gewaschene Sau zum Wälzen im Kot.
(2. Petrus 2,20-22)

Auch der Hebräerbrief berichtet davon:

Denn es ist unmöglich, diejenigen, die einmal erleuch-
tet worden sind und die himmlische Gabe geschmeckt
haben und des Heiligen Geistes teilhaftig geworden sind
und das gute Wort Gottes und die Kräfte des zukünf-
tigen Zeitalters geschmeckt haben und doch abgefallen
sind, wieder zur Buße zu erneuern, da sie für sich den
Sohn Gottes wieder kreuzigen und dem Spott aussetzen.
(Hebräer 6,4-6)

Sind die Menschen, von denen in diesen Versen die Rede
ist, tatsächlich Christen? Sie werden mit folgenden Merk-
malen beschrieben:

- Sie haben die Erkenntnis unseres Herrn und Heilandes
  Jesus Christus.
- Sie haben den Weg der Gerechtigkeit erkannt.
- Sie sind erleuchtet worden.[41]
- Sie haben die himmlische Gabe geschmeckt.
- Sie sind des Heiligen Geistes teilhaftig geworden.
- Sie haben das gute Wort Gottes geschmeckt.

---

41 Das an dieser Stelle verwendete griechische Wort *phôtizô* (übersetzt „erleuchtet") bedeutet: „Licht spenden, Licht werfen, (auf)leuchten lassen,
ans Licht bringen".

- Sie haben die Kräfte des zukünftigen Zeitalters geschmeckt.

Viele kennen das Evangelium nicht und leben bildlich gesprochen in Dunkelheit, sind nicht erleuchtet. Andere haben das Vorrecht, die frohe Botschaft ganz genau zu kennen: Sie sind dadurch dem Licht des Wortes Gottes ausgesetzt. Diese Art der Erleuchtung durch die *Kenntnis* des Evangeliums kann man allerdings nicht zwangsläufig gleichsetzen mit einer positiven *Reaktion* auf das Gnadenangebot Gottes: der Bekehrung.

Es geht in diesen Bibelversen offenbar um Menschen mit vielen „Privilegien". Sie kennen die Bibel und halten ihre Aussagen für wahr; sie kennen und verstehen mit Hilfe der Wirkung des Heiligen Geistes[42] den Anspruch Gottes auf völlige Hingabe – sind aber nicht bereit, Buße zu tun und lehnen es bewusst ab, ihr Leben von Grund auf zu ändern und vorbehaltlos dem Herrn anzuvertrauen. Äußerlich scheinen sie vielleicht sogar Christen zu sein, doch die persönliche Beziehung zu Jesus Christus, dem Erretter, fehlt.

Hier ist die Rede von einer bewussten und willentlichen Loslösung von Gott, nachdem man durch das Wort Gottes erfahren und begriffen hat, was Sünde und Tod, Vergebung

---

42 Der Ausdruck „des Heiligen Geistes teilhaftig geworden" ist an dieser Stelle unter Umständen missverständlich. Der Heilige Geist wohnt dauerhaft in jedem wiedergeborenen Christen, doch schon vor der Bekehrung befähigt er einen Menschen dazu, das Evangelium zu verstehen. Paulus erklärt zum Beispiel in Epheser 2,1.5, dass zunächst jeder Mensch geistlich tot ist, das heißt: völlig unfähig zum Hören auf Gottes Wort. Nur der Geist Gottes kann einen Menschen überhaupt erst befähigen, das Wort wahrzunehmen und zu verstehen. Darum muss der Heilige Geist in einem Menschen wirken, schon bevor er sich bekehrt.

und ewiges Leben bedeuten. Die arrogante Ablehnung der Errettung zieht es nach sich, dass der Betreffende keine Möglichkeit mehr zur Buße hat. Das ist die besondere Tragik dessen, der alle Informationen zur Errettung kennt und dennoch ablehnt – manchmal offen, nicht selten aber auch still und heimlich.

Diese Menschen sind bestenfalls eine fromme Mogelpackung; sie besitzen nicht das ewige Leben. Von diesen Personen sagt Jesus:

> *Nicht jeder, der zu mir sagt: Herr, Herr!, wird in das*
> *Reich der Himmel hineinkommen, sondern wer den*
> *Willen meines Vaters tut, der in den Himmeln ist.*
> *Viele werden an jenem Tage zu mir sagen: Herr, Herr!*
> *Haben wir nicht durch deinen Namen geweissagt und*
> *durch deinen Namen Dämonen ausgetrieben und*
> *durch deinen Namen viele Wunderwerke getan?[43]*
> *Und dann werde ich ihnen bekennen: Ich habe euch*
> *niemals gekannt. Weicht von mir, ihr Übeltäter!*
> **(Matthäus 7,21-23)**

Jesus sagt eindeutig: *„Ich habe euch NIEMALS gekannt";* das bedeutet zwangsläufig, dass diese Leute auch niemals Christen waren. Als Menschen mit naturgemäß begrenztem Wissen können und dürfen wir nie mit letzter Sicherheit die ewige Errettung eines anderen Menschen beurteilen. Doch Gott kennt jeden Einzelnen, der zu ihm gehört, mit Namen!

---

43 In Markus 9,38 und Apostelgeschichte 19,13 ist beispielsweise die Rede von nicht-christlichen Exorzisten, die im Namen Jesu Wunder taten.

∾ Bedingungen der Nachfolge

Wenn jemand zu mir kommt und hasst nicht seinen
Vater und die Mutter und die Frau und die Kinder
und die Brüder und die Schwestern, dazu aber auch
sein eigenes Leben, so kann er nicht mein Jünger sein;
und wer nicht sein Kreuz trägt und mir nachkommt,
kann nicht mein Jünger sein. Denn wer unter euch,
der einen Turm bauen will, setzt sich nicht vorher hin
und berechnet die Kosten, ob er das Nötige zur Aus-
führung habe? Damit nicht etwa, wenn er den Grund
gelegt hat und nicht vollenden kann, alle, die es se-
hen, anfangen, ihn zu verspotten, und sagen: Dieser
Mensch hat angefangen zu bauen und konnte nicht
vollenden. Oder welcher König, der auszieht, um sich
mit einem anderen König in Krieg einzulassen, setzt
sich nicht vorher hin und ratschlagt, ob er imstande
sei, dem mit zehntausend entgegenzutreten, der gegen
ihn mit zwanzigtausend anrückt? Wenn aber nicht,
so sendet er, während er noch fern ist, eine Gesandt-
schaft und bittet um die Friedensbedingungen. So
kann nun keiner von euch, der nicht allem entsagt,
was er hat, mein Jünger sein.
(Lukas 14,26-33)

Das Leben mit Jesus ist kein Spaziergang. Unser Herr hat nie einen Hehl daraus gemacht, dass die Nachfolge etwas kostet – nämlich Selbstverleugnung und Heiligung. Man kann nicht einerseits zu Jesus gehören und das Geschenk der Vergebung und des ewigen Lebens in Anspruch nehmen wollen, während man andererseits einfach so weiterlebt wie zuvor. Die Aufforderung unseres Herrn Jesus ist eindeutig: Christ ist man nur ganz oder gar nicht! Da gibt es kein Schlupfloch für „Normale", die „das mit dem Glauben nicht so eng sehen" wollen …

Denn in Christus ist Gottes Gnade sichtbar geworden – die Gnade, die allen Menschen Rettung bringt. Sie erzieht uns dazu, uns von aller Gottlosigkeit und von den Begierden dieser Welt abzuwenden und, solange wir noch hier auf der Erde sind, verantwortungsbewusst zu handeln, uns nach Gottes Willen zu richten und so zu leben, dass Gott geehrt wird. Seine Gnade führt auch dazu, dass wir voll Sehnsucht auf die Erfüllung der Hoffnung warten, die unser höchstes Glück bedeutet: das Erscheinen unseres großen Gottes und Retters Jesus Christus in seiner ganzen Herrlichkeit. Er ist es ja, der sich selbst für uns hingegeben hat, um uns von einem Leben der Auflehnung gegen Gottes Ordnungen loszukaufen und von aller Schuld zu reinigen und uns auf diese Weise zu seinem Volk zu machen, zu einem Volk, das ihm allein gehört und das sich voll Eifer bemüht, Gutes zu tun.
(Titus 2,11-14; NGÜ)

Ein Leben der Heiligung entspricht als einziges Lebenskonzept dem Willen Gottes für seine Kinder:

Denn dies ist Gottes Wille: eure Heiligung.
(1. Thessalonicher 4,3)

Zweifellos ist jeder wiedergeborene Christ aus Gnade errettet – doch diese Tatsache muss im Leben (in Werken) sichtbar werden. Ein unpassender Lebensstil kann zeigen, dass der „Glaube" nicht mehr als ein Lippenbekenntnis ist. Jakobus legt es ausführlich dar: Ein Glaube ohne Werke ist tot.

> *Was nützt es, meine Brüder, wenn jemand sagt, er habe Glauben, hat aber keine Werke? Kann etwa der Glaube ihn erretten? (…) So ist auch der Glaube, wenn er keine Werke hat, in sich selbst tot. Es wird aber jemand sagen: Du hast Glauben, und ich habe Werke. Zeige mir deinen Glauben ohne Werke, und ich werde dir aus meinen Werken den Glauben zeigen! (…) Willst du aber erkennen, du eitler Mensch, dass der Glaube ohne die Werke nutzlos ist? Ist nicht Abraham, unser Vater, aus Werken gerechtfertigt worden, da er Isaak, seinen Sohn, auf den Opferaltar legte? Du siehst, dass der Glaube mit seinen Werken zusammenwirkte und der Glaube aus den Werken vollendet wurde. Und die Schrift wurde erfüllt, welche sagt: „Abraham aber glaubte Gott, und es wurde ihm zur Gerechtigkeit gerechnet", und er wurde „Freund Gottes" genannt. Ihr seht also, dass ein Mensch aus Werken gerechtfertigt wird und nicht aus Glauben allein. (…) Denn wie der Leib ohne Geist tot ist, so ist auch der Glaube ohne Werke tot.*
> **(Jakobus 2,14.17-18.20-24.26)**

Glauben und Werke – ist das etwa so wie mit der uralten Frage nach der Henne und dem Ei? Nein: Der Apostel Paulus stellt unmissverständlich klar, dass wir aus Glauben und nicht aus Werken errettet sind; doch unmittelbar darauf schreibt er, dass wir errettet sind *zu* guten Werken (Epheser 2,8-10). Gute Werke sind also die natürliche Folge, nicht etwa die Ursache der Errettung.

✍ „Gott ist *für* uns; wer kann uns da noch etwas anhaben?"

Eine große Anzahl von Bibelstellen macht jedem wiedergeborenen Gotteskind die verbindliche Zusage der Sicherheit und Unverlierbarkeit des Heils – obwohl Gott die menschliche Neigung zur Sünde und alle unsere Schwachstellen kennt.

> *Wenn wir untreu sind – er bleibt treu, denn er kann*
> *sich selbst nicht verleugnen.*
> *(2. Timotheus 2,13)*

Gott erwartet Heiligung – doch für ihn zählt nicht nur das (oft zweifelhafte) Ergebnis unserer Bemühungen, sondern der Wunsch und die Motivation, ein geheiligtes Leben zu führen.

Gott erwartet einen entschiedenen Kampf gegen die Sünde – doch er weiß, dass wir die mühsame Schlacht manches Mal verlieren oder frustriert aufgeben. Trotzdem bietet unser gnädiger Herr seinen Kindern wieder und wieder Vergebung an.

Gott erwartet Treue auf dem Lebensweg jedes Christen – doch unser himmlischer Vater hat eine wahrhaft übermenschliche Geduld: Er wartet mitunter Jahre oder sogar Jahrzehnte auf die Rückkehr seines Kindes. Deshalb dürfen und sollen wir ausdauernd beten für Mitchristen, die sich in Sünde verstrickt haben, dass Gottes Geist jedes seiner Kinder zur Umkehr bewegt.

Wenn Gott für uns ist, wer ist gegen uns? Er, der doch seinen eigenen Sohn nicht verschont, sondern ihn für uns alle hingegeben hat – wie wird er uns mit ihm nicht auch alles schenken? Wer wird gegen Gottes Auserwählte Anklage erheben? Gott ist es, der rechtfertigt. Wer ist, der verdamme? Christus Jesus ist es, der gestorben, ja noch mehr, der auferweckt, der auch zur Rechten Gottes ist, der sich auch für uns verwendet. Wer wird uns scheiden von der Liebe Christi? Bedrängnis oder Angst oder Verfolgung oder Hungersnot oder Blöße oder Gefahr oder Schwert? Wie geschrieben steht: „Deinetwegen werden wir getötet den ganzen Tag; wie Schlachtschafe sind wir gerechnet worden." Aber in diesem allen sind wir mehr als Überwinder durch den, der uns geliebt hat. Denn ich bin überzeugt, dass weder Tod noch Leben, weder Engel noch Gewalten, weder Gegenwärtiges noch Zukünftiges, noch Mächte, weder Höhe noch Tiefe, noch irgendein anderes Geschöpf uns wird scheiden können von der Liebe Gottes, die in Christus Jesus ist, unserem Herrn
(Römer 8,31-39)

15

Nach so langer Zeit ...

Samstag, 2. Mai 2015

Ralf war zum Baumarkt gefahren, und Bettina sah oberfläch-
lich die Zeitung durch. Gute Nachrichten waren – wie immer – rar. Bettina überflog die Schlagzeilen. Anklagen gegen
sechs Polizisten wegen der Tötung eines Afroamerikaners in
Baltimore. Warnstreik bei der Post. Nigerianische Streitkräf-
te haben fast 700 Geiseln aus der Gewalt der Islamistenmiliz
Boko Haram gerettet. Der Kensington-Palast hat die bevorstehende Geburt des Kindes von Prinz William und seiner
Frau Kate mitgeteilt. Die Terrormiliz Islamischer Staat hat
im Irak mehr als 300 Jesiden umgebracht. Eine Woche nach
dem Erdbeben in Nepal sind Touristen ausgeflogen worden.
Ein französisches Marineschiff hat im Mittelmeer mehr als
200 in Seenot geratene Flüchtlinge gerettet.

Bettina blätterte weiter zu den Meldungen aus der Regi-
on. Unverhofft fiel ihr Blick auf ein Foto. Sie stutzte. Der Artikel zum Bild hatte die Überschrift: Der christliche Buchladen „Kompass" lädt zum Feiern ein. Wie eine Flutwelle
rollten die Erinnerungen über sie hinweg. Bettina holte tief
Luft und begann den Zeitungsbericht zu lesen.

Der christliche Buchladen „Kompass"
lädt zum Feiern ein

Seit 15 Jahren bietet der christliche Buchladen „Kompass" ein breit gefächertes Angebot rund um die Themen Glauben – Bibel – Leben als Christ. Das Team von ehrenamtlichen Mitarbeitern der örtlichen christlichen Gemeinde unter Leitung der Buchhändlerin Sylvia Liefen möchte dieses Jubiläum mit allen Kunden und Interessierten feiern und lädt daher am Freitag und Samstag, 8. und 9. Mai, zur Jubiläumsveranstaltung ein.

Neben einem Quiz mit tollen Preisen können sich die Besucher an diesen Tagen auf besondere Aktionen und Sonderangebote freuen. Die Aktionen finden am Freitag und am Samstag von 11 bis 18 Uhr statt.

Egal, ob es um die Auswahl der richtigen Bibelübersetzung oder Sachbücher zu aktuellen Themen geht, oder ob Romane, Kinderbücher oder christliche Musik aller Stilrichtungen im Vordergrund stehen, die Geschäftsleiterin und ihre geschulten Mitarbeiter stehen wie üblich allen Interessierten für Fragen zur Verfügung. Selbstverständlich ist an diesen Tagen für kleine Snacks und Getränke gesorgt. Für Kinder gibt es außerdem Spiel und Spaß bei einem speziellen Kinderprogramm.

Unterhaltsam und vielseitig sind zudem die besonderen Aktionen, die im Veranstaltungszelt neben dem Buchladen stattfinden. Die Jugendgruppe der Gemeinde zeigt eine Pantomime mit dem Titel „Herz" (jeweils 11 und 15 Uhr) sowie das Kurzdrama „6000 Punkte" (jeweils 13 und 17 Uhr). Der bekannte Autor Norbert Meyer wird spannende Einblicke in sein neues Buch „Grenzgänger" geben (jeweils 14 Uhr). An beiden Tagen jeweils um 12 und 16 Uhr präsentiert der Chor der Gemeinde, das Vokalensemble „Praise!", Stücke aus seinem vielfältigen Repertoire.

Besucher sollten an diesen beiden Tagen der offenen Tür besonders aufmerksam durch den rund 140 Quadratmeter großen Laden gehen, denn in den verschiedenen Regalen und Vitrinen verstecken sich zahlreiche Hinweise für das Bibel-Quiz. Wer alle Hinweise sammelt, kann tolle Gewinne mit nach Hause nehmen. Der erste Preis ist ein Büchergutschein im Wert von 50 Euro, der zweite Preis eine CD nach Wahl. Über ein hochwertiges Poster aus dem umfangreichen Sortiment darf sich der Gewinner des dritten Preises freuen.

Als Ralf nach Hause kam, saß Bettina bedrückt am Tisch. Wortlos schob sie ihm die aufgeschlagene Zeitung hin. Ralf las den Artikel äußerlich unberührt. Dann drehte er sich zu Bettina um und legte ihr sanft die Hand auf die Schulter. „Die Zeiten sind vorbei. Unwiderruflich. Wir können nicht wieder zurück, das weißt du doch", sagte er. Seine Stimme klang in Bettinas Ohren nicht ganz so bestimmt wie seine Worte. „Gott hat uns doch vergeben", wandte Bettina kraftlos ein. „Ja", erwiderte Ralf. „Aber das heißt noch lange nicht, dass damit wieder alles in Ordnung wäre. Wir müssen uns mit der Vergebung Gottes zufrieden geben – die Gemeinschaft einer Gemeinde haben wir uns endgültig verscherzt. Wo sollten wir denn hingehen? Überall in der

Umgebung kennt man unsere Geschichte. Niemand legt Wert auf uns, die schwarzen Schafe."

Ralf hat vermutlich recht, dachte Bettina widerstrebend. Sie waren immerhin nun schon seit elf Jahren verheiratet, das konnte niemand ungeschehen machen. Das Rad ließ sich nicht wieder zurückdrehen. Sie konnten nichts wiedergutmachen. Und dennoch … sollte die erfahrene Vergebung Gottes denn gar nichts bewirken?

Samstag, 9. Mai 2015

Am liebsten wäre Bettina tatsächlich inkognito zur Jubiläumsfeier gegangen, doch sie traute sich nicht. Seit sie in der Woche zuvor den Bericht über das 15-jährige Jubiläum des Buchladens und Sylvias Foto in der Zeitung gesehen hatte, kreisten Bettinas Gedanken unablässig um alles, was sie und Ralf vor 15 Jahren so leichtfertig hinter sich gelassen hatten. Bettina hatte auf einmal eine unbändige Sehnsucht nach der Gemeinde, nach den Menschen, die damals ein so wichtiger und prägender Teil ihres Lebens gewesen waren. Noch größer allerdings war die Sehnsucht nach „geklärten Verhältnissen". Sollten Vergebung und Versöhnung mit den Glaubensgeschwistern wirklich keine Möglichkeit sein, wie Ralf meinte?

Ralf war in dieser Angelegenheit unerbittlich – er wollte definitiv keine Diskussion darüber mit seiner Frau. Ralf hatte mit dem Thema Gemeinde scheinbar abgeschlossen. Ihre unterschiedlichen Sichtweisen zu diesem Punkt waren offensichtlich: Er wolle keine alten Wunden aufreißen, das tue nur unnötig weh.

Doch die Gedanken an die Gemeinde ließen Bettina einfach nicht mehr los. Heimlich informierte sie sich auf der Homepage des Buchladens über die Öffnungszeiten. *Irgendwann*, dachte sie, *irgendwann traue ich mich und gehe einfach hin.*

Dienstag, 12. Mai 2015

Seit ihrer Buße vor drei Jahren las Bettina täglich die Losungen. Heute war einer dieser seltenen, ganz besonderen Tage: Die Worte aus der Bibel sprangen sie regelrecht an.

Tröstet, tröstet mein Volk!, spricht euer Gott. Redet mit Jerusalem freundlich und predigt ihr, dass ihre Knechtschaft ein Ende hat, dass ihre Schuld vergeben ist.
(Jesaja 40,1-2; LUT)

Gott spricht: „Ich habe dich zur Zeit der Gnade erhört und habe dir am Tage des Heils geholfen." Siehe, jetzt ist die Zeit der Gnade, siehe, jetzt ist der Tag des Heils!
(2. Korinther 6,2)

Bettina empfand die Verse als göttliche Aufforderung: *Geh! Geh jetzt!* Kurzentschlossen machte sie sich auf den Weg.

Unterwegs überkamen Bettina plötzlich doch Ängste – eine unvermittelte Kontaktaufnahme nach 15 Jahren … wie würde Sylvia wohl reagieren? Immerhin hatte sie nie vorwurfsvolle und böse Briefe geschrieben, sondern sich nur ab und zu mit netten Karten erkundigt, wie es ihnen gehe. Bettina hatte allerdings nicht ein einziges Mal geantwortet.

Durfte sie nun wirklich von einem Besuch im Buchladen ein klärendes Gespräch erwarten? Bettina und Ralf hatten ja durch ihre Heirat nun mal Fakten geschaffen – nichts war mehr ungeschehen zu machen.

Bettina spähte vorsichtig durch das Schaufenster. Sie konnte keinen Kunden im Laden entdecken. Eine junge Frau stand bei der Kasse und sortierte Postkarten in einen Verkaufsständer. Sie kam Bettina vage bekannt vor. Wo mochte Sylvia wohl sein? Bettina betrachtete unauffällig die Auslage im Fenster. Ein Poster stach ihr sofort ins Auge: „Christen können enttäuschen – Christus nie!", las sie. In diesem Moment trat eine ältere Frau zwischen zwei Bücherregalen hervor. 15 Jahre waren nicht spurlos an ihr vorübergegangen, doch Bettina erkannte sie augenblicklich: Sylvia.

Bettina fasste sich ein Herz und betrat den Laden. Sofort wurde sie von beiden Frauen freundlich begrüßt. Sylvia kam auf sie zu und stockte kurz. Sie hatte Bettina offenbar auch erkannt; jetzt lächelte sie einladend und streckte ihr die Hand entgegen. „Bettina", rief sie, „wie schön, dich zu sehen!" Bettina begrüßte die frühere Freundin nervös. „Sylvia, kann ich mal mit dir sprechen?" Sylvia nickte lebhaft. „Selbstverständlich! Miriam, kommst du einen Moment allein klar?"

Sylvia ging voraus in einen kleinen Nebenraum. Auf einer Küchenzeile brummte eine Kaffeemaschine leise vor sich hin. Ein runder Tisch stand am Fenster, auf der schlichten Tischdecke ein Blumenstrauß und eine Schüssel mit Keksen. Der ganze Raum wirkte wie eine Einladung zum Gespräch. „Die sind noch vom Jubiläum übriggeblieben", lachte Sylvia und deutete auf Blumen und Gebäck. „Bitte setz dich. Möchtest du eine Tasse Kaffee?" Bettina nickte. „Trinkst du den Kaffee immer noch wie früher, mit drei Stücken Zucker?", erkundigte sich Sylvia, als sie die Tassen auf den Tisch stellte. Bettina war verblüfft. „Das weißt du noch?" Bettina spürte, wie ihre Anspannung langsam wich. Sie war erleichtert über den freundlichen Empfang; trotzdem fühlte sie sich weiterhin verunsichert. Die beiden Frauen saßen einander gegenüber, und Bettina war dankbar, dass Sylvia wie selbstverständlich einen Anfang machte.

„Erzähl mal: Wie geht es dir? Wir haben immer weiter für euch gebetet über die Jahre; wir haben euch nicht vergessen. Wie gut, dass du heute gekommen bist. Wie ist es euch in all den Jahren ergangen?" Bettina atmete tief durch und begann zu sprechen. Bisher hatte sie noch mit niemandem darüber reden können. Sie berichtete ausführlich und von Anfang an. Der Umzug, die Heirat, der normale Alltag. Sylvia hörte aufmerksam zu und hakte gelegentlich nach.

„Du musst nicht meinen, dass Gott in unserem Leben keine Rolle mehr gespielt hat", bemerkte Bettina zwischendurch. „Das kann ich mir vorstellen", entgegnete Sylvia, „aber er war anscheinend auch nicht der Regisseur, oder?" – „Da hast du wohl leider recht", seufzte Bettina. „Aber glücklicherweise hat sich das vor drei Jahren wieder grundlegend geändert!" Sylvia schaute sie fragend an, und Bettina schilderte sorgfältig die Ereignisse im Verlauf der dramatischen Rettungsaktion Gottes: ihren Unfall, Ralfs Herzinfarkt, ihre verzweifelten Gebete, die wunderbaren Gebetserhörungen. Sie sprach von den Bibelversen aus dem Buch mit den täglichen Losungen und wie der Herr sie vor nunmehr zweieinhalb Jahren damit zur Buße geführt hatte. Außerdem berichtete Bettina noch, dass sie und Ralf seitdem endlich ein gemeinsames geistliches Leben führen konnten.

Sylvia hatte gespannt zugehört. Als Bettina ihren Bericht beendet hatte, rief sie begeistert: „Dem Herrn sei Lob und Dank! Ihr habt tatsächlich Buße getan, wie wunderbar!" Dann stutzte sie und fragte gedankenvoll: „Wann genau hat diese ganze Entwicklung begonnen?" Bettina antwortete, ohne überlegen zu müssen. „Mein Unfall war vor etwas über drei Jahren, am 3. März 2012. Am 10. September hatte Ralf den Herzinfarkt, und am 15. Oktober haben wir Buße getan." Sylvia lächelte und erklärte: „Gottes Timing ist wirklich immer phänomenal! Weißt du, mit der Zeit waren wir etwas nachlässig geworden mit unseren Gebeten für euch. Aber Ende Februar vor drei Jahren hatten wir Bibeltage in der Gemeinde – das war gerade die Woche vor Jonas' 18. Geburtstag, deshalb erinnere ich mich so genau daran. Das Thema der Bibeltage war ‚Gebet', und als Referent hatten wir zufällig den Gastprediger eingeladen, der damals so kurzfristig für Ralf eingesprungen war, als wir euch aus der Gemeinde ausschließen mussten. Da war es natürlich naheliegend, dass wir als ganze Gemeinde besonders an diesen Tagen wieder intensiv für euch gebetet haben." Bettina war sprachlos. Dann sagte sie leise: „Gott hat eure Fürbitte zweifellos erhört."

„Was hältst du davon", schlug Sylvia vor, „wenn ich übermorgen bei unserem Himmelfahrts-Gemeindeausflug der Gemeinde von deinem Besuch berichte?" In ängstlicher Abwehr schüttelte Bettina den Kopf. „Nein", sagte sie. „Ralf würde das auf keinen Fall wollen. Er weiß im Übrigen auch gar nicht, dass ich hier bin." Sylvia nahm noch einen Schluck Kaffee. „Habt ihr denn eigentlich überhaupt Kontakt zu einer Gemeinde?", erkundigte sie sich. Bettina schüttelte traurig den Kopf. „Nein, leider haben wir keine

Gemeinde. Ralf sagt, das geht nicht mehr. Er will auf gar keinen Fall die alten Geschichten wieder aufwärmen." – „Das ist zwar verständlich", meinte Sylvia, „aber trotzdem ist es sehr schade und auch unnötig und falsch, denke ich."

Unterdessen hatten die beiden Frauen ihren Kaffee ausgetrunken. Vorsichtig klopfte es und die junge Frau steckte den Kopf zur Tür herein. „Mama, ich muss jetzt gehen; ist das okay?" – „Ja, alles in Ordnung, Miriam", rief die Buchhändlerin und winkte. Bettina schaute Sylvia an. „Das ist deine Tochter Miriam? Eine deiner Zwillinge?" – „Ja, sie hilft gelegentlich im Laden aus." – „Wie alt ist sie denn jetzt? Ich habe sie als nettes kleines Mädchen im Gedächtnis …" Sylvia grinste. „Die Zwillinge sind inzwischen 26. Na ja, und wir sind auch alt geworden, nicht wahr? Übrigens: Wie geht es denn deiner Annika?" Mit großem Interesse tauschten sie sich über die Kinder aus, die natürlich mittlerweile alle längst erwachsen waren.

Sylvia sprang auf, als die Glocke an der Ladentür einen Kunden ankündigte. „Bitte entschuldige mich, Bettina. Ich hoffe, wir bleiben in Kontakt. Bitte melde dich, wann immer du willst." Hastig kritzelte Sylvia ihre private E-Mail-Adresse auf einen Zettel. Bevor sie im Verkaufsraum verschwand, umarmte sie Bettina zum Abschied.

Auf der Heimfahrt tanzten die Gedanken in Bettinas Kopf. Sie wusste nicht genau warum, doch sie erzählte Ralf zunächst einmal nichts von ihrem Besuch bei Sylvia. Aber bereits am nächsten Morgen schrieb sie eine E-Mail an Sylvia.

Ungeduldig wartete Bettina auf Antwort.

16

Sünde kommt ans Licht

Kein Geschöpf ist vor ihm unsichtbar, sondern es ist alles bloß und aufgedeckt vor den Augen dessen, mit dem wir es zu tun haben.

(Hebräer 4,13)

∾ Ein skandalöses Unrecht

Gott ist allwissend. Ein Mensch kann andere Menschen und sogar sich selbst betrügen, nicht aber den allmächtigen Schöpfer. Das musste auch der biblische König David erfahren – eine Warnung für uns.

Und der HERR sandte Nathan zu David. Und er kam zu ihm und sagte zu ihm: Zwei Männer waren in einer Stadt, der eine reich und der andere arm. Der Reiche hatte Schafe und Rinder in großer Menge. Der Arme hatte aber nichts als nur ein einziges kleines Lamm, das er gekauft hatte. Und er ernährte es, und es wurde groß bei ihm, zugleich mit seinen Kindern. Von seinem Bissen aß es, aus seinem Becher trank es,

und in seinem Schoß schlief es. Es war ihm wie eine
Tochter. Da kam ein Besucher zu dem reichen Mann;
dem aber tat es leid, ein Tier von seinen Schafen und
von seinen Rindern zu nehmen, um es für den Wan-
derer zuzurichten, der zu ihm gekommen war. Da
nahm er das Lamm des armen Mannes und richtete
es für den Mann zu, der zu ihm gekommen war.
(2. Samuel 12,1-4)

Der Prophet Nathan bekommt von Gott einen heiklen Auftrag: Er soll David nach dem Ehebruch mit Batseba und dem Mord an Uria das Urteil Gottes verkünden. Die beiden Männer kennen einander. Eine Weile zuvor hatte Nathan dem König die Offenbarung Gottes mitgeteilt, dass der von David geplante Bau des Tempels nicht von ihm in die Tat umgesetzt werden sollte (vgl. 2. Samuel 7; 1. Chronik 17). Auch bei seinem aktuellen Besuch soll der Prophet dem König David eine unerfreuliche Botschaft Gottes übermitteln.

Nathan geht diese Aufgabe mit viel Weisheit an: Er erzählt dem König zunächst die Geschichte eines offensichtlichen himmelschreienden Unrechts. Vordergründig geht es in dieser Beispielgeschichte überhaupt nicht um Ehebruch, sondern um den mitleidlosen und dreisten Diebstahl eines Lammes. Die besondere Schwere der Schuld ergibt sich aus der Tatsache, dass „der Arme" nur dieses einzige Tier besitzt und eine tiefe emotionale Bindung zu ihm hat.

Da entbrannte der Zorn Davids sehr gegen den
Mann, und er sagte zu Nathan: So wahr der HERR
lebt, der Mann, der das getan hat, ist ein Sohn des

Todes. Das Lamm aber soll er vierfach erstatten, dafür dass er diese Sache getan hat, und weil es ihm um den Armen nicht leid getan hat.
(2. Samuel 12,5-6)

David ahnt nicht, dass es sich lediglich um ein Gleichnis handelt. Sein „heiliger" Zorn richtet sich unverzüglich auf den augenscheinlichen Missetäter, den er – natürlich – für real halten muss; als König sollte er sich schließlich auch gelegentlich mit juristischen Fragestellungen befassen. König David demonstriert in seiner spontanen Reaktion, dass er mit beiden Beinen auf dem Boden des mosaischen Gesetzes steht: Er fordert die gesetzlich vorgesehene Wiedergutmachung, einen erweiterten Schadenersatz (2. Mose 21,37). Doch darüber hinaus verhängt er aus moralischer Empörung unverzüglich ein Todesurteil – diese Einschätzung übersteigt bei weitem die Forderung des Gesetzes.

Wie überheblich und hart bewertet David die vermeintliche Schuld eines Anderen, während er die eigene stillschweigend unter den Teppich kehren will. Rund tausend Jahre später findet der Apostel Paulus im Römerbrief deutliche Worte für ein solches Fehlverhalten: *„Deshalb darfst du allerdings nicht meinen, du seist entschuldigt, wenn du das alles verurteilst. Denn wer du auch bist: Indem du über einen anderen zu Gericht sitzt, sprichst du dir selbst das Urteil, weil du genau dasselbe tust wie der, zu dessen Richter du dich machst"* (Römer 2,1; NGÜ).

Da sagte Nathan zu David: Du bist der Mann! So
spricht der HERR, der Gott Israels: Ich habe dich
zum König über Israel gesalbt, und ich habe dich aus
der Hand Sauls errettet, und ich habe dir das Haus
deines Herrn gegeben und die Frauen deines Herrn in
deinen Schoß und habe dir das Haus Israel und Juda
gegeben. Und wenn es zu wenig war, so hätte ich dir
noch dies und das hinzugefügt. Warum hast du das
Wort des HERRN verachtet, indem du tatest, was
böse ist in seinen Augen? Uria, den Hetiter, hast du
mit dem Schwert erschlagen, und seine Frau hast du
dir zur Frau genommen. Ihn selbst hast du ja umge-
bracht durch das Schwert der Söhne Ammon.
(2. Samuel 12,7-9)

Welch ein Schock für den König! David wird plötzlich bewusst, dass Nathan (als Sprachrohr Gottes) ihm die göttliche Beurteilung seiner eigenen Sünde übermitteln soll,
dass die geschilderte Situation nur ein Beispiel war. Hat der
König nun unwissend sein eigenes Urteil gesprochen? *So*
wahr der HERR lebt, der Mann, der das getan hat, ist ein
Sohn des Todes. David weiß es sehr wohl: Das Vergehen des
reichen Mannes im Gleichnis zieht juristisch üblicherweise
nicht die Todesstrafe nach sich – im Gegensatz zu seinen
eigenen Verfehlungen: Ehebruch und Mord (3. Mose 20,10;
4. Mose 35,31)!

David hört aus dem Mund des Propheten, was er eigentlich genau weiß: Sein ganzes Leben ist ein unbestreit-
barer Beweis für die Liebe und Güte Gottes. Die rhetorische

Frage seines Herrn trifft David ins Herz; Trauer und Enttäuschung schwingen darin mit. *Warum hast du das Wort
des HERRN verachtet, indem du tatest, was böse ist in seinen
Augen?* Warum – der allmächtige Gott erwartet von David
gewiss keine sachliche Antwort oder gar Erklärung, er richtet selbstverständlich in absolut genauer Kenntnis der Sachlage. Er möchte vielmehr den Sünder zu Sündenerkenntnis,
demütigem Bekenntnis und aufrichtiger Buße führen.

„*Selbsterkenntnis ist der erste Weg zur Besserung*", sagt
der Volksmund. Das Gleichnis, das Nathan dem König erzählt, zielt genau darauf ab: David soll seine Schuld selbst
erkennen. Erst die ernsthafte innere Erkenntnis seiner Sünde ermöglicht dem Schuldigen Bekenntnis und Vergebung.
Viele Menschen kennen aus eigener Erfahrung einen tü-
ckischen Reflex: Wird jemandem ein Fehlverhalten schonungslos auf den Kopf zugesagt, reagiert man unwillkürlich
mit Trotz und versucht sich zu rechtfertigen – notfalls mit
dem Rücken zur Wand. Selbstverständlich ist eine solche
Reaktion nicht richtig, doch wie leicht rutscht man hinein
– und wie schwer findet man aus dem Trotz wieder heraus!
Der Prophet hilft David durch seine diplomatische Erzählung, zur Selbsterkenntnis zu gelangen.

∾ Bekenntnis und Vergebung

*Da sagte David zu Nathan: Ich habe gegen den
HERRN gesündigt. Und Nathan sagte zu David: So
hat auch der HERR deine Sünde hinweggetan, du
wirst nicht sterben.*
(2. Samuel 12,13)

David ist überführt. Ohne Umschweife bekennt er sich zu seiner Schuld. Einige Folgen seiner falschen Entscheidungen hat man ihm bereits mitgeteilt – daran ist nicht mehr zu rütteln. Doch wird Gott ihm vergeben? Wer kann die Mauer aus Schuld, die David mutwillig zwischen sich und seinem Herrn aufgerichtet hat, wieder niederreißen? Dazu ist ausschließlich der allmächtige und gnädige Gott in der Lage. Nathan darf dem zerknirschten König die Vergebung Gottes zusprechen.

Gott ist gnädig und barmherzig; er vergibt jedem Sünder, der Buße tut. Die jubelnde Freude darüber fasst David als Psalmdichter voller Staunen in Worte:

Glücklich der, dem Übertretung vergeben, dem Sünde
zugedeckt ist! Glücklich der Mensch, dem der HERR
die Schuld nicht zurechnet!
(Psalm 32,1-2a)

Vergebung ist zu jeder Zeit und ausnahmslos ein Gnadengeschenk. Kein Mensch hat ein Recht auf die bedingungslose Tilgung seiner Schuld – das Prinzip der Gerechtigkeit fordert im Gegenteil sogar, dass jede Sünde gesühnt werden muss.

Im Alten Bund gab es für die Vergebung durch Sühne ganz bestimmte, von Gott festgeschriebene „Spielregeln". Vergebung – also die Versöhnung des Sünders mit Gott – geschah in der Zeit des Alten Testaments formal durch den stellvertretenden Tod eines Opfertieres; das Blut des Opfers bedeckte die Schuld des Sünders in den Augen Gottes. Eine andere Möglichkeit der Vergebung sehen die Schriften des Alten Bundes nicht vor. Gottes Gerechtigkeit und

Heiligkeit fordern unausweichlich Bestrafung für die Sünde. Es ist (auch bereits im Alten Testament!) Gnade, wenn Gott trotzdem das stellvertretende Darbringen des Blutes eines Opfertieres als Genugtuung gelten lässt. In diesem Sinne geschieht nach Hebräer 9,22 *ohne Blutvergießen keine Vergebung.*

Dieses aus dem Alten Testament bekannte Opfer vollendete Jesus durch sein stellvertretendes Sterben ein für alle Mal. Das Blut, sein Leben, ist der Preis, durch den Jesus den Menschen von der Sünde losgekauft hat (siehe zum Beispiel 1. Petrus 1,18-19). So wie der Alte Bund auf das Blut von Opfertieren gegründet war, so begründet das Blut des Herrn Jesus den Neuen Bund. Deshalb wird durch das Blutvergießen Jesu am Kreuz die durch die Sünde verlorene Gemeinschaft zwischen Gott und dem Menschen wiederhergestellt. Als Christen des Neuen Bundes haben wir auf diese Weise die unumstößliche Gewissheit, dass Gottes Gnadenangebot der Vergebung auch heute noch für jeden gilt, der seine Sünden aufrichtig vor den Herrn bringt.

Das Blut Jesu, seines Sohnes, reinigt uns von jeder Sünde. Wenn wir unsere Sünden bekennen, ist er treu und gerecht, dass er uns die Sünden vergibt und uns reinigt von jeder Ungerechtigkeit.
(1. Johannes 1,7b+9)

17

Trümmer, Schutt und neue Hoffnung

Zwei Tage nach ihrer Mail und drei Tage nach ihrem Besuch im Buchladen kam endlich die ersehnte Antwort. Mit bebenden Fingern klickte Bettina auf die E-Mail von Sylvia.

Liebe Bettina,

auch bei mir hat Dein Besuch viele, viele Gedanken ausgelöst – vor allem aber Freude! Aufgrund Deiner ausdrücklichen Bitte habe ich bisher mit keinem darüber gesprochen außer mit Thomas.

Ich habe viel darüber nachgedacht, was damals, vor 15 Jahren, alles geschehen ist. Ich kann verstehen, dass Ralf sagt, er möchte die alten Dinge nicht wieder aufwärmen. In einem Punkt hat er völlig recht: Es ist nichts mehr rückgängig zu machen, wir müssen die Situation so akzeptieren, wie sie jetzt ist. Ich möchte Dir aber einfach erzählen, wie wir diese

Zeit damals erlebt haben. (Wenn ich „wir" sage, meine ich Thomas und mich. Ich spreche nicht für alle Geschwister in der Gemeinde.)

Zunächst standen wir beide vollkommen unter Schock, und es war gar nicht „bloß" der Ehebruch, der uns so schockierte. Das war nicht einfach nur eine Sünde – so etwas passiert –, uns brach buchstäblich der Boden unter den Füßen weg. Um Dich als Betroffene haben wir geweint, wir haben für Dich gebetet und um Dich getrauert, denn Du hast Dich so plötzlich aus unserer Gemeinschaft gerissen; wir haben Dich vermisst. Ich habe mich gefragt, was ich versäumt habe, womit ich schuldig geworden bin an Dir.

In Bezug auf Ralf sah die ganze Sache noch etwas anders aus. Auch um ihn als unseren Bruder haben wir getrauert, auch bei ihm sahen wir, dass wir Dinge versäumt hatten – aber da war noch viel mehr. Er war gewissermaßen von Anfang an unser geistlicher Vater gewesen, wie viele andere sind wir durch ihn zum Glauben gekommen. Alle Glaubensgrundlagen hatten wir von ihm gelernt, er war unser Vorbild – sowohl im Glauben als auch persönlich. (Und Ralf weiß sicher, dass wir ihn auch als Menschen immer sehr schätzten und gern mochten – daran hat sich im Übrigen bis heute nichts geändert.) Deshalb war der Schock für uns so groß: Wir wussten einfach nicht mehr, was wir glauben sollten. Ralfs Verhalten war plötzlich für uns überhaupt nicht nachvollziehbar. Es schien so, als ob alles, was seinem Leben und Reden bisher Wert und Bestand gegeben hatte, ganz unvermittelt ersatzlos zerbröselt wurde. In dem Bestreben,

Dich zu schützen, stritt er zunächst sogar im Gespräch mit Thomas und Heinrich einige offensichtliche Tatsachen ab – das erschütterte unser Vertrauen noch mehr.

Thomas fühlte sich außerdem auf einmal mit einer Verantwortung allein gelassen, die ihn völlig überforderte – zumal wir fast zeitgleich mit der plötzlichen Pflegebedürftigkeit meiner Schwiegermutter zu kämpfen hatten und ich schon bald neben ihrer Pflege die Arbeit in der Familie, im Buchladen und in der Gemeinde kaum noch bewältigen konnte. Zu allem Überfluss ereignete sich auch gerade in dieser Phase (drei Monate nach Eurem Gemeindeausschluss) Heinrichs Schlaganfall: Er war von einem Tag auf den anderen halbseitig gelähmt und konnte nicht mehr sprechen. Thomas war deshalb in der Gemeindearbeit unvermittelt faktisch auf sich gestellt. Es dauerte eine ganze Weile, bis er in den verschiedenen Gemeindeangelegenheiten mit Rat, Hilfe und Unterstützung anderer Gemeindemitglieder rechnen konnte. Du weißt ja: Wir waren damals noch eine kleine Gemeinde mit vielen Neubekehrten, niemand von uns hatte eine Familien-Gemeindetradition – außer Heinrich und Lydia. Wir haben beten gelernt wie noch niemals zuvor in unserem Leben – mit leeren Händen, die alles nur von Gott erwarten. *Alle eure Sorge werft auf ihn; denn er sorgt für euch.*[44]

So war also unsere Situation: Nächtelang, monatelang wälzten wir im Gebet unsere Gedanken und

---

44 1. Petrus 5,7; LUT

Empfindungen hin und her und konnten es einfach nicht fassen. Ralfs Umgang mit der Situation stürzte uns in tiefe Unsicherheit – und manche der Geschwister in der Gemeinde sind daran zerbrochen. Etliche blieben weg. Es brachen so viele Fragen auf: War all das, was Ralf bisher gesagt und getan hatte, nur Täuschung gewesen? War das, was er gelehrt hatte, nicht aufrichtig gewesen? Er selbst hatte immer in Predigten betont, dass es wichtig ist, Sünde zu bekennen. Wenn jemand in der Sünde verharrt, kann man daran ablesen, dass er vielleicht gar nicht wiedergeboren ist. Das war immer Ralfs biblische Lehre gewesen, und es war auch unsere Überzeugung.

Verstehst Du, um welche Dinge unsere Gedanken kreisten? Wir konnten keine Verbindung mehr zu Euch beiden aufnehmen – es gab keine Antwort. Unser Kenntnisstand war: Zwei geliebte Geschwister sind in Sünde gefallen, und es gab keinerlei Anzeichen für Buße. Wir wussten nicht, ob Ihr vor Gott Buße getan hattet. Wir wussten letztlich nicht, ob Ihr Euch vielleicht völlig von Gott losgesagt hattet. Wir hörten Gerüchte, dass Ihr Euch keiner Gemeinde angeschlossen hattet. Im Laufe der Jahre zogen wir unsere Schlussfolgerungen: keine Kontaktaufnahme, keine Gemeinde, anscheinend keine Buße?! Was sollten wir denken? Was hättest Du gedacht?

Jetzt kannst Du Dir vielleicht vorstellen, welche Freude Dein Besuch bei mir ausgelöst hat: Endlich, nach all diesen Jahren, weiß ich, dass Ihr doch Buße getan habt und dass Ihr den Herrn weiterhin liebt! Ich weiß jetzt, dass wir nach wie vor Geschwister sind, und dass uns die Liebe Gottes immer noch verbindet!

Das Problem ist allerdings: Ich persönlich weiß das jetzt. Aber die Geschwister in der Gemeinde und auch viele andere Glaubensgeschwister, die mit uns in dieser Situation gelitten haben, wissen das nicht – und können es auch nicht wissen, weil Ihr über die erfolgte Umkehr und Buße Schweigen bewahrt habt. Niemand wusste davon, und deshalb blieben bei uns und allen Geschwister die Verunsicherung und der Zweifel bestehen.

Das ist es, was ich bei unserem Gespräch neulich meinte: Es fehlt noch ein Schritt – ein Schritt auf die Geschwister zu. Die Vergebung, die Ihr von Gott bekommen habt, war der erste und wichtigste Schritt, zweifellos. Doch ich denke, es fehlt noch die Versöhnung auf der menschlichen Ebene. Weißt Du, was ich meine? Ich finde, die Geschwister sollten, nein: müssen von Euch erfahren – entweder persönlich oder vielleicht durch einen persönlichen Brief – dass Ihr Buße getan habt, dass ihr Vergebung vom Herrn erfahren habt, sodass wir als Geschwister wieder Gemeinschaft haben können. Wenn das zweifelsfrei geklärt ist, darf der Versöhnung nichts mehr im Wege stehen – und ich denke, das gilt für alle Glaubensgeschwister, nicht nur für unsere Gemeinde. Natürlich kann es sein, dass manche Geschwister damit Probleme haben, weil sie sich zutiefst verletzt fühlen – doch mangelnde menschliche Vergebungsbereitschaft, obwohl Gott bereits vergeben hat, ist ganz gewiss unbiblisch.

Es ist mir bewusst, dass es für Euch – vor allem für Ralf – unendlich schwer sein muss, diesen Schritt der Versöhnung nach all diesen Jahren zu gehen. Doch ich möchte Euch eindringlich Mut machen, das gestörte Verhältnis zu den Geschwistern ein für alle Mal in Ordnung zu bringen; zumindest den Versuch zu wagen. Ich kann mir gut vorstellen, dass niemand die alten Wunden wieder aufreißen möchte, denn es wird noch einmal wehtun. In gewisser Weise wird vor allem Ralf es vermutlich auch als Demütigung empfinden. Trotzdem: Bitte denkt über diese Möglichkeit nach. Ich persönlich möchte alles tun, was ich kann, um Euch dabei zur Seite zu stehen.

So, nun ist das eine ganz lange E-Mail geworden ... und ich freue mich schon darauf, Dich bald noch einmal wiederzusehen!

Ich schicke Dir und auch Ralf ganz viele herzliche Grüße – ich nehme an, er weiß, dass wir auch ihn sehr gerne noch einmal sehen würden!

Verbunden in der Liebe unseres wunderbaren Herrn Jesus Christus,

Deine Sylvia

Bettina war betroffen, aber auch überwältigt von Dankbarkeit. Sylvia hatte eindeutig recht. Es war zweifellos notwendig, sich mit den Glaubensgeschwistern zu versöhnen. Bettina sah es glasklar: Sie musste unbedingt mit Ralf darüber sprechen.

Ralf reagierte anfangs ungehalten. Er fühlte sich von seiner Frau bevormundet und in seiner Ehre gekränkt, hatte Bettina doch heimlich und gegen seinen ausdrücklichen

Willen gehandelt und Kontakt zur Gemeinde aufgenommen. Sie kannte ihn gut; darum hatte sie mit einer schroffen ersten Reaktion gerechnet. Bettina drängte Ralf nicht weiter und wartete ab. Nicht sie selbst, sondern der Geist Gottes würde ihren Mann überzeugen können.

Samstag, 16. Mai 2015

Ralf hatte schlecht geschlafen. Während der Nacht war sein Ärger verflogen und einer zögerlichen Nachdenklichkeit gewichen. Beim Frühstück waren sie beide schweigsam. Anschließend setzte Ralf sich mit seiner Bibel ans Fenster. Doch das abgenutzte Buch glitt ihm aus der Hand und landete umgedreht und aufgeklappt auf dem Fußboden. Ralf bückte sich, hob es auf und strich die verknickten Ecken glatt. Dabei fiel sein Blick auf einen Satz ganz oben rechts: *„Bis wann willst du dich noch weigern, dich vor mir zu demütigen?"*[45] Ralf hielt überhaupt nichts von magischen Ritualen, die eine angebliche Antwort Gottes versprachen, wenn man die Bibel blindlings an einer beliebigen Stelle öffnet und den Finger wahllos auf einen Vers legt. Dennoch … er fühlte sich plötzlich auf subtile Weise ertappt.

Er atmete tief durch, schlug den ersten Korintherbrief auf und suchte die Stelle im elften Kapitel, an der er bei seiner persönlichen täglichen Bibellese stehen geblieben war: Vers 17. Er begann zu lesen, und eine scheinbar nebensächliche Formulierung brannte sich unversehens in sein Herz. Wenn ihr in der Gemeinde zusammenkommt, las er, wenn

---

45 2. Mose 10,3

ihr nun zusammenkommt – mehrfach in diesem kurzen Abschnitt schreibt der Apostel Paulus ganz selbstverständlich von der Gemeinschaft der wiedergeborenen Christen. Ralf erinnerte sich plötzlich und mit unverhoffter Wucht an das regelmäßige Abendmahl. Wie oft hatte er selbst diese Worte gelesen und früher in der Gemeinde weitergegeben ... Dies tut zu meinem Gedächtnis. Verkündigt den Tod des Herrn, bis er kommt. Unleugbar stand es Ralf vor Augen: Es war der ausdrückliche Wunsch des Herrn Jesus Christus, dass sich alle wiedergeborenen Gotteskinder gemeinschaftlich im Abendmahl an das Erlösungswerk des Herrn erinnern sollen. Darüber hinaus sollte es eine Selbstverständlichkeit sein, dass Christen miteinander beten, aus Gottes Wort lernen und einander als Glaubensgeschwister in jeder Hinsicht unterstützen. Ein Christsein in selbstgewählter Isolation ist in den biblischen Lebensentwürfen einfach nicht vorgesehen. Wie verblendet ich all die Zeit war, dachte Ralf voller Schrecken. Herr, bitte vergib mir auch diesen Eigensinn.

Sofort suchte er das Gespräch mit Bettina, und erleichtert zeigte sie ihm die ausführliche E-Mail von Sylvia. Ralf war erschüttert von ihrem schonungslos offenen Bericht über die Folgen seiner fatalen Entscheidung zur Sünde. „Es ist wahrscheinlich der schwerste Entschluss meines Lebens", sagte er schließlich, „aber es ist wahr und unumgänglich: Wir müssen alle, die wir verletzt haben, um Vergebung bitten und uns mit der Gemeinde versöhnen."

Einige Tage später machten sich Ralf und Bettina auf den Weg. Es hatte Ralf viel Überwindung gekostet, Thomas um ein Gespräch zu bitten. Das Telefonat war knapp und sachlich verlaufen – beide Männer waren kurz angebunden und hatten verunsichert gewirkt. Ralf sah dem Besuch bei Sylvia und Thomas angespannt und nervös entgegen, und Thomas wunderte sich über seine eigenen Gefühle: Vorbehalte lagen ihm im Allgemeinen fern, aber Ralf gegenüber war er seltsam misstrauisch und kühl. Natürlich hatte er inzwischen von der Buße erfahren, und er war sich darüber im Klaren, dass es in geistlicher Hinsicht keinen Grund gab, an Ralfs Aufrichtigkeit zu zweifeln. Und dennoch … Thomas' Empfindungen gegenüber dem einstigen Mitbruder und Weggefährten waren ambivalent. Erst jetzt kam es Thomas zu Bewusstsein, wie tief Ralfs Verhalten auch ihn selbst verletzt hatte, wie heftig seine Untreue auch ihn damals vor den Kopf gestoßen hatte.

Sylvia hatte die Gäste lächelnd begrüßt und nun saßen sie zu viert zusammen. Wie oft war Ralf damals, vor mehr als 20 Jahren, bei uns gewesen – allerdings immer mit Heike und nicht mit Bettina, dachte Thomas. Seinerzeit haben wir die Grundlagen des Glaubens von ihnen gelernt, Tipps zur Ehe und Kindererziehung bekommen. Und jetzt? Der Anblick von Ralf und Bettina als Paar irritierte Thomas. Doch er bemühte sich ausdrücklich, seinen Groll und seine Enttäuschung zu überwinden, so wie er es zuvor dem Herrn im Gebet versprochen hatte. Er wollte bewusst offen sein für einen Neubeginn. In den vergangenen 15 Jahren war er im Glauben gewachsen und gereift.

Thomas blickte Ralf in die Augen und forderte ihn zu einem vollständigen Bericht über die Umstände seiner Buße und über die genaue Motivation zur Umkehr auf, und Ralf begann zu erzählen. Der Reihe nach listete er alle Ereignisse auf. Er sprach ruhig und gefasst, und Thomas erkannte in ihm und seiner sorgfältig gewählten Ausdrucksweise immer mehr den Mann wieder, der vor langer Zeit sein Mentor, sein Freund, sein Bruder gewesen war. Schließlich hatte Ralf alle Fakten auf den Tisch gelegt. Nach einer kurzen Pause fügte er hinzu: „Ich habe viele und gravierende falsche, bewusst sündige Entscheidungen getroffen, und einzig und allein durch Gottes Gnade durfte ich zum Herrn zurückkommen und ihn um Vergebung bitten. Ich muss euch gestehen, dass mein falscher Stolz mir seitdem vorgegaukelt hat, damit sei alles erledigt. Das war eine teuflische Verblendung, und ich schäme mich dafür, dass ich die Augen vor der Realität verschlossen hatte. Ja, ich war wirklich regelrecht verblendet. Zwar hatten wir vor dem Herrn Buße getan, aber trotzdem habe ich starrköpfig versucht, meinen Glauben an meine Lebensrealität anzupassen, statt mein Leben endlich wieder konsequent an Gottes Geboten auszurichten. Deshalb habe ich das Thema Gemeinde für mich komplett ausgeklammert. Meine Sünde auch vor den Menschen zu bekennen und um Vergebung zu bitten – das war mir zu peinlich. Doch jetzt bin ich dazu bereit. Ich bin Bettina inzwischen so dankbar, dass sie diesen Besuch bei euch in die Wege geleitet hat. Heute habe ich die Hoffnung, dass Versöhnung möglich ist."

Thomas war erleichtert zu sehen, dass Ralf mit Wahrhaftigkeit und Demut um eine ernsthafte Wiederherstellung der zerstörten Beziehungen bemüht war. Erstmals in all den Jahren vertraute er zuversichtlich darauf, dass die Heilung alter Wunden in Angriff genommen werden könnte. Doch ob die Wunden auch bei Heike je heilen würden?

Thomas hatte vor Augen, wie Heike mit der Situation gekämpft hatte – und wie sie auch nach so langer Zeit noch darunter litt. Spontan beschloss er, Ralf und Bettina davon zu berichten. Er sprach von Heikes Depressionen durch den schlimmen Vertrauensbruch; er verschwieg nicht, dass Heike zeitweise suizidgefährdet gewesen war und jahrelang unter psychosomatischen Herzbeschwerden gelitten hatte. Unzählige Gespräche hatten sie mit Heike geführt, und sie hatte außerdem auch andere, besonders geschulte Christen um Seelsorge und geistliche Hilfe gebeten. Alles in allem hatte Heike durch viel Gebet von Freunden und Glaubensgeschwistern enorme Unterstützung erfahren. Der Beistand der Gemeinde galt selbstverständlich auch Sonja und Joel; nach der Scheidung wagten sie zögernd einen neuen Blick nach vorn. Für Heike bedeutete dieser Einschnitt jedoch eine weitere Einschränkung: Anders als eine Witwe musste sie nun weiterhin auf Dauer ohne Lebenspartner bleiben und letztlich mit dieser quälenden Situation allein fertig werden.

Ralf und Bettina waren tief beschämt. Einige unbehagliche Augenblicke lang überflutete ihr Schuldbewusstsein alle Gedanken. „Es tut mir so leid", murmelte Ralf erschüttert. „Was haben wir nur angerichtet?"

Thomas nahm seine Bibel zur Hand. „Wir können die Vergangenheit nicht mehr ändern, aber unser barmherziger Herr fordert uns auf, die Zukunft nicht aus den Augen zu verlieren. Ich vergesse, was dahinten, strecke mich aber aus nach dem, was vorn ist, und jage auf das Ziel zu, hin zu dem Kampfpreis der Berufung Gottes nach oben in Christus Jesus.[46] Tut das, was jetzt zu tun ist, und unser Herr Jesus wird durch seine Kraft Trost und Heilung schenken."

Ralf sah Thomas dankbar an und nickte. „Ich habe nur eine ausdrückliche Bitte: Ich möchte zuerst die Möglichkeit zur Versöhnung mit Heike und mit meiner Familie suchen – erst danach kann ich der Gemeinde Rede und Antwort stehen." Thomas und Sylvia zeigten viel Verständnis für diesen Wunsch. „Wir bieten euch an, das Treffen zu einem Gespräch mit der Bitte um Vergebung bei uns stattfinden zu lassen; hier ist sozusagen neutraler Boden", schlug Thomas vor. Ralf ging bereitwillig und freudig darauf ein.

Bevor Ralf und Bettina sich verabschiedeten, lud Thomas die beiden zu einem abschließenden gemeinsamen Gebet ein. Seine anfänglichen Vorbehalte und seine vorsichtige Zurückhaltung waren verflogen. Thomas war zuversichtlich, dass mit Gottes Hilfe ein Miteinander der Geschwister in der Gemeinde wieder möglich sein müsste. Alle vier dankten dem gnädigen und barmherzigen Herrn von ganzem Herzen für die Möglichkeit der Vergebung.

Freitag, 22. Mai 2015

Bisher hatte Sylvia Stillschweigen bewahrt zu den jüngsten Ereignissen und ausschließlich mit Thomas darüber beraten und gebetet. Doch nach dem Mut machenden Austausch mit Ralf und Bettina war die Zeit für ein Gespräch mit Heike gekommen.

---

46 Philipper 3,13b-14

„Es ist … irgendwie irritierend, das kann ich nicht leugnen", war Heikes erster Kommentar. „Zuerst eine so lange Funkstille – und jetzt plötzlich die Nachricht von einer Buße vor Gott, die schon fast drei Jahre zurückliegt. Und darüber hinaus auf einmal der Wunsch nach Versöhnung. Für mich ist das, ehrlich gesagt, ziemlich verwirrend. Wieso gerade jetzt?" Sylvia konnte Heikes Bedenken nachvollziehen, doch sie war nach der Begegnung am letzten Abend auch überzeugt von Ralfs neu erwachter Aufrichtigkeit und seinem Verlangen nach Vergebung und Aussöhnung mit den Menschen, denen er so wehgetan hatte. „Ich denke, die Beiden meinen es ernst. Ich habe den Eindruck, Ralf liegt wirklich viel daran, insbesondere dich um Vergebung zu bitten. Lass dich darauf ein, Heike. Wenn du vergeben kannst."

Heike hatte Tränen in den Augen, als sie antwortete. „Ja, mit Gottes Hilfe kann ich vergeben – selbst wenn sich mein Ego dagegen zur Wehr setzt. Aber eine Bedingung möchte ich stellen: Bei einem Treffen mit Ralf will ich bloß unsere Familie dabeihaben, das Gespräch soll ohne Bettina stattfinden. Nur dich und Thomas wünsche ich mir zusätzlich als Unterstützung. Ich fürchte, ich könnte es auch nach all den Jahren nicht ertragen, Bettina und Ralf zusammen zu sehen. Und ich möchte Bettina auch ohne ihn nicht persönlich treffen. Ist das nicht eigenartig? Schon der Gedanke allein verursacht schlagartig Herzrhythmusstörungen. Aber trotz dieser Vorbehalte: Ja, ich bin bereit zu vergeben. Natürlich muss ich noch mit unseren Kindern sprechen; wir werden dann einen Termin vorschlagen."

18

Sei mir gnädig, o Gott

·· ∿ ··

Sei mir gnädig, o Gott – du bist doch reich an Gnade!
In deiner großen Barmherzigkeit lösche meine Verge-
hen aus!
Denn ich erkenne meine Vergehen, und meine Sünde
ist mir ständig vor Augen.
Gegen dich allein habe ich gesündigt, ja, ich habe
getan, was in deinen Augen böse ist.
Wasche meine Schuld von mir ab, dann werde ich
weißer sein als Schnee.
Erschaffe in mir ein reines Herz, o Gott, und gib mir
einen neuen, gefestigten Geist.
Schick mich nicht weg aus deiner Nähe, und nimm
deinen heiligen Geist nicht von mir.
Herr, öffne du meine Lippen, damit mein Mund dei-
nen Ruhm verkündet!
Ein Opfer, das Gott gefällt, ist tiefe Reue;
ein zerbrochenes und verzweifeltes Herz wirst du, o
Gott, nicht zurückweisen.
aus Psalm 51 (NGÜ)

·· ∿ ··

❧ Ein Lied für Gott

Dem Chorleiter. Ein Psalm. Von David.
Als der Prophet Nathan zu ihm kam, nachdem er zu
Batseba eingegangen war.
(Psalm 51,1-2)

Das Buch der Psalmen begleitet seit mehr als 3000 Jahren Menschen bei der Anbetung Gottes. Es besteht aus einer Sammlung von 150 Liedern beziehungsweise Gebeten aus verschiedenen Zeiten; die meisten davon sind kunstvolle poetische Texte. Der Psalter[47] wurde schon in den Tempelgottesdiensten als Liederbuch verwendet, wobei sich Vorsänger und Chor beziehungsweise Gemeinde beim Vortrag abwechselten – deshalb sind viele Psalmen an „den Chorleiter" adressiert. Zahlreiche Psalmen stammen aus der Zeit Davids (um 1000 v. Chr.), und bei etlichen wird ausdrücklich erwähnt, dass sie von König David gedichtet wurden.

David wird als junger Mann ins Königshaus seines Vorgängers Saul geladen. Der von Gott ausgewählte zukünftige König hat viele Talente, doch für Saul ist vor allem eines wichtig: Davids musikalische Begabung. König Saul leidet an schweren Depressionen, die durch Davids Musik gelindert werden (1. Samuel 16,14-21). Im Rahmen dieser ersten „Karriere" als Musiker und später auch als Dichter hat David zum Beispiel die Totenklage für Saul und Jonathan gesungen. Überliefert sind manche ausgesprochen persönlich gehaltene Psalmen, die sein ganzes Leben begleiten; ein beeindruckendes Beispiel dafür findet man in Psalm 51.

---

47 Eine weitere Bezeichnung für das Buch der Psalmen

David ist vom Besuch des Propheten Nathan aufgewühlt. Er schreibt sein anschließendes Gespräch mit Gott, seine verzweifelte Bitte um Vergebung, auf. Unzählige Menschen haben seither mit diesen oder ähnlichen Worten Gott um Vergebung ihrer Schuld angefleht.

∾ Gnade vor Recht

Sei mir gnädig, o Gott, nach deiner Gnade; tilge meine Vergehen nach der Größe deiner Barmherzigkeit!
Wasche mich völlig von meiner Schuld, und reinige mich von meiner Sünde!
Entsündige mich mit Ysop, und ich werde rein sein; wasche mich, und ich werde weißer sein als Schnee.
Verbirg dein Angesicht vor meinen Sünden, und tilge alle meine Schuld!
(Psalm 51,3-4.9.11)

In Psalm 51 bittet David inständig um die Gnade und Barmherzigkeit Gottes. Er wünscht sich, dass seine Sünde ausgelöscht wird. Er hofft, von seiner Schuld reingewaschen zu werden. Aber wäre das gerecht? David hat so viel Unheil angerichtet!

∾ Weshalb ist Gnade „ungerecht"?

Gnade ist grundsätzlich eigentlich zutiefst „ungerecht". Zu unserem Glück lässt Gott jedoch Gnade vor Recht gelten.

Jedes Rechtssystem basiert auf zwei Grundsätzen: Erstens wird unterschieden zwischen richtigem und falschem

Verhalten, und zweitens wird eine Strafe für das Fehlverhalten festgelegt. Schuld und Sühne[48] sind die Eckpfeiler jeder (menschlichen) Gerechtigkeit. Wer als Geschädigter einer strafbaren Handlung sein Recht auf Vergeltung einfordert, der erwartet, dass der Beschuldigte seine gerechte Strafe erhält.

Auch in der Bibel, vornehmlich in den Schriften des Alten Testaments, ist das erkennbar. Ein prominentes Beispiel dafür ist das viel zitierte und oft missbrauchte „Auge um Auge, Zahn um Zahn" (2. Mose 21,23-25). Dieser Grundsatz regelt die Folgen der Schuld auf der zwischenmenschlichen Ebene.

Doch Schuld ist immer auch Schuld vor Gott. Die gerechte Konsequenz einer Sünde ist die Bestrafung. Der Gott der Bibel ist ein gerechter Gott – deshalb kann er Schuld nicht einfach „unter den Tisch fallen" lassen: Das wäre ungerecht. Und in Gottes Augen ist die angemessene Strafe ausschließlich der Tod des Sünders:

Der Lohn der Sünde ist der Tod.
(Römer 6,23a, siehe auch Hesekiel 18,4)

In vielen Ländern gibt es die juristische Möglichkeit, ein Gnadengesuch einzureichen. Wenn der Richter oder der Ankläger daraufhin Gnade walten lässt, wird dem Beschuldigten vergeben; das bedeutet, die Strafe wird erlassen: Der Täter bleibt straffrei – aber die Schuld bleibt ungesühnt.

Das Konzept der Gnade Gottes führt scheinbar in eine Zwickmühle: Jede Sünde ist per Definition eine Auflehnung

---

48 *Schuld und Sühne* lautet auch der Titel eines 1866 erschienenen Romans von Fjodor Dostojewski.

gegen seine Souveränität, und diese Revolte kann der gerechte und heilige Gott nicht einfach übersehen; der Mensch muss die Konsequenzen seiner Schuld, die Strafe für seine Sünde, tragen.

Aber Gott ist nicht grausam und hat keine Freude daran, dass die Menschen dem Tod ausgeliefert sind. Darum bietet er jedem Sünder ein Gnadengeschenk an:

> *Die Gnadengabe Gottes aber (ist) ewiges Leben in*
> *Christus Jesus, unserem Herrn.*
> *(Römer 6,23b)*

∾ Was ist die Grundlage der Vergebung?

Vergebung ist keineswegs allein eine neutestamentliche Errungenschaft; von Anbeginn der Menschheit ist sie die ständige Sehnsucht des Sünders und das zentrale Ziel Gottes mit den Menschen.

Im Alten Testament gibt Gott seinem Volk detaillierte Anweisungen, die der Sünder befolgen muss, um Vergebung zu erwirken. König David hatte genaue Vorgaben:

> *Wenn ein Fürst sündigt und tut aus Versehen irgend-*
> *etwas von alledem, was der HERR, sein Gott, zu tun*
> *verboten hat, und wird schuldig, und seine Sünde,*
> *mit der er gesündigt hat, wird ihm zu Bewusstsein*
> *gebracht, dann soll er seine Opfergabe bringen, einen*
> *Ziegenbock, ein Männchen ohne Fehler. Und er soll*
> *seine Hand auf den Kopf des Ziegenbockes legen und*
> *ihn schlachten an dem Ort, wo man das Brandopfer*

vor dem HERRN schlachtet: ein Sündopfer ist es. Und
der Priester nehme mit seinen Fingern etwas von dem
Blut des Sündopfers und tue es an die Hörner des
Brandopferaltars; und sein Blut soll er an den Fuß
des Brandopferaltars gießen. (…) Und so erwirke der
Priester Sühnung für ihn wegen seiner Sünde, und es
wird ihm vergeben werden.
(3. Mose 4,22-26, analog dazu 3. Mose 4,27-31)

Der Prozess der Vergebung umfasst dementsprechend mehrere Schritte:

- **Sündenerkenntnis** („*… seine Sünde, mit der er gesündigt hat, wird ihm zu Bewusstsein gebracht …*"): Das bedeutet, der Schuldige muss begreifen und einsehen, dass seine Sünde zwischen ihm und dem heiligen Gott steht.

- **Bekenntnis** der Schuld *(„… dann soll er seine Opfergabe bringen …*"): Das heißt, der Sünder ist bereit, (öffentlich) zu seiner Schuld zu stehen – wer ein Opfertier mitbringt, macht damit deutlich: Ich habe gesündigt.

- Übertragung der Schuld auf einen **Stellvertreter** *(„… er soll seine Hand auf den Kopf des Ziegenbockes legen …*"): Durch die Handauflegung wird die Sünde symbolisch übertragen.

- **Tod** des Stellvertreters *(„… und ihn schlachten …*"): Der selbst schuldlose, aber mit der Schuld des Sünders beladene Stellvertreter erleidet die geforderte, gerechte Todesstrafe.

- **Blut** als Zeichen („*... und sein Blut soll er an den Fuß des Brandopferaltars gießen ...*"): Das vergossene Blut zeigt, dass die Schuld des Sünders durch den Tod gesühnt ist; der Gerechtigkeit ist Genüge getan und die Sünde ist vergeben.

Diese fünf Schritte sind auch heutzutage für uns, die Gläubigen des Neuen Bundes, wegweisend. Als Christen dürfen wir uns auf das Opfer des „Lammes Gottes" berufen.

Auf der Basis der Opfervorschriften konnten die Gläubigen des Alten Bundes – wie David – auf Vergebung hoffen. Doch die Lehraussagen des Neuen Testaments zeigen, dass der alttestamentliche Opferdienst nur eine „Zwischenlösung" war, bis Jesus Christus um das Jahr 33 unserer Zeitrechnung für die Sünde der Welt starb.

✎ Wie kann Sünde ein für alle Mal vergeben werden?

Jesus Christus hat als vollkommen Sündloser die Schuld bezahlt und stellvertretend für die Menschen die Todesstrafe auf sich genommen. Durch dieses Opfer ist die Gerechtigkeit wiederhergestellt. Deshalb gibt es für jeden Menschen, der an Jesus Christus glaubt, die Gnade der Vergebung der Sünden.

Die Bibel macht an unzähligen Stellen deutlich, dass es keinen selbst gewählten Weg zu Gott gibt; es gibt nur den Weg, den Jesus durch sein stellvertretendes Sterben eröffnet hat. Auf der Grundlage dieses Opfers betrachtet Gott jeden Menschen als „nicht schuldig", der auf die Vergebung durch das Blut des Herrn Jesus Christus vertraut. Diese göttliche Gnade ist nur möglich,

... weil euch die Sünden vergeben sind
um seines Namens willen.
(1. Johannes 2,12)

✂ Wie kann das Opfer des Herrn Jesus bereits in der Zeit des Alten Testaments angerechnet werden?

Jedes der Opfergesetze im Alten Testament ist letztlich eine symbolische Darstellung des (kommenden) großen Opfers des Herrn Jesus. Im alttestamentlichen Opferdienst ist das Opfer des Herrn Jesus „vorgeschattet" – er ist wie ein Schatten des vollkommenen Opfers des Sohnes Gottes. Deshalb kann Johannes der Täufer bezeugen:

Siehe, das Lamm Gottes,
das die Sünde der Welt wegnimmt!
(Johannes 1,29)

Für alle Zeiten gilt: Der Opfertod des Herrn Jesus ist die Grundlage der Gnade; denn nur, wenn die Schuld bezahlt ist, kann Gott Gnade erweisen und Sünde vergeben, ohne ungerecht zu sein.

Unser allmächtiger Gott ist nicht an Raum und Zeit gebunden; das gilt selbstverständlich für alle Personen der Dreieinheit Gottes – den Vater, den Sohn und den Heiligen Geist. Nur in menschlicher Gestalt lebte Gottes Sohn, Jesus, in einer konkreten historischen Zeit an einem konkreten geografischen Ort. Für den ewigen (vgl. 2. Mose 3,14), unseren allgegenwärtigen Gott, ist der Aspekt Zeit allerdings absolut gegenstandslos.

Jesus starb demnach ein für alle Mal für die Sünden der Vergangenheit, der Gegenwart und der Zukunft; dementsprechend auch für die Sünden, die durch ein alttestamentliches Schlachtopfer nicht vollständig getilgt werden konnten. Der Schreiber des Hebräerbriefs erklärt:

Die Gaben und Opfer, die nach den Vorschriften des Gesetzes dargebracht werden, sind nicht imstande, den Opfernden wirklich von seiner Schuld zu befreien und sein Gewissen zur Ruhe zu bringen.(…) Nun reinigt zwar auch das Blut von Böcken und Stieren, aber dabei handelt es sich nur um eine äußerliche Reinheit. (…) Das Blut Christi jedoch hat eine unvergleichlich größere Wirkung. Denn als Christus sich selbst, von Gottes ewigem Geist geleitet, Gott dargebracht hat, war das ein Opfer, dem kein Makel anhaftete. Deshalb reinigt uns sein Blut bis in unser Innerstes; es befreit unser Gewissen von der Belastung durch Taten, die letztlich zum Tod führen, sodass es uns jetzt möglich ist, dem lebendigen Gott zu dienen. Christus ist also der Vermittler eines neuen Bundes. Mit seinem Tod hat er für die unter dem ersten Bund begangenen Übertretungen bezahlt, sodass jetzt alle, die Gott berufen hat, losgekauft sind und das ihnen zugesagte unvergängliche Erbe in Besitz nehmen können.
(Hebräer 9,9b.13a.14-15; NGÜ)

Das alles konnte König David rund 1000 Jahre vor dem Opfertod des Herrn noch nicht wissen. Doch in seinem bedingungslosen Vertrauen zu Gott hatte er die Gewissheit, barmherzig und gnädig behandelt zu werden und

Vergebung für seine Vergehen zu erlangen. Aufgrund dieser Überzeugung konnte er schreiben:

Barmherzig und gnädig ist der HERR, langsam zum Zorn und groß an Gnade. Er wird nicht immer rechten, nicht ewig zürnen. Er hat uns nicht getan nach unseren Vergehen, nach unseren Sünden uns nicht vergolten. Denn so hoch der Himmel über der Erde ist, so übermächtig ist seine Gnade über denen, die ihn fürchten. So fern der Osten ist vom Westen, hat er von uns entfernt unsere Vergehen. Wie sich ein Vater über Kinder erbarmt, so erbarmt sich der HERR über die, die ihn fürchten.
(Psalm 103,8-13)

∾ Ich bin ein Sünder

Denn ich erkenne meine Vergehen, und meine Sünde ist stets vor mir. Gegen dich, gegen dich allein habe ich gesündigt und getan, was böse ist in deinen Augen; damit du im Recht bist mit deinem Reden, rein erfunden in deinem Richten. Siehe, in Schuld bin ich geboren, und in Sünde hat mich meine Mutter empfangen.
(Psalm 51,5-7)

Eine unabdingbare Voraussetzung für die Vergebung ist, dass der Schuldige seine Sünde erkennt und bereut. Wer keine Erkenntnis seiner eigenen Schuld hat oder sie sogar leugnet, dem kann auch nicht vergeben werden. Er bleibt weiterhin in seine Schuld verstrickt.

Wer seine Verbrechen zudeckt, wird keinen Erfolg haben;
wer sie aber bekennt und lässt, wird Erbarmen finden.
(Sprüche 28,13)

Deshalb erwartet Gott die Bereitschaft zum Eingeständnis der Schuld, und zwar sowohl vor Gott als gegebenenfalls auch vor den Menschen, an denen man schuldig geworden ist. Doch bei allem schändlichen Unrecht, das ein Mensch einem anderen Menschen antun kann – in Davids Fall ging es immerhin um Ehebruch und Anstiftung zur vorsätzlichen Tötung –, ist jeder Sünder zuallererst schuldig vor Gott. *Gegen dich, gegen dich allein habe ich gesündigt und getan, was böse ist in deinen Augen.* Es ist Gott nicht gleichgültig, wie wir als Menschen miteinander umgehen. Er stellt sich an die Seite des Opfers meiner Sünde. Jedes Unrecht gegen einen Mitmenschen ist wie ein Schlag ins Gesicht Gottes.

David bringt noch zwei weitere Gesichtspunkte ins Spiel: Das Sündenbekenntnis stellt die unbedingte und absolute Gerechtigkeit Gottes sowie die grundsätzliche Sündhaftigkeit jedes Menschen heraus. Er erkennt damit die Maßstäbe Gottes als alleinige Richtschnur für alles menschliche Handeln an und bekennt zugleich, dass er als Mensch ohne Gottes Hilfe nicht imstande ist, fehlerlos nach diesen Vorgaben zu leben. Alle Aspekte eines Menschenlebens sind abhängig von der Gnade und Barmherzigkeit Gottes.

Übrigens: Wer sich dieser Gnade gewiss ist und von der Vergebung seiner Schuld weiß, der möchte sich in der Regel zusätzlich mit den Menschen versöhnen, denen er Unrecht getan hat.

∞ Göttlicher Beistand

Erschaffe mir, Gott, ein reines Herz, und erneuere in
mir einen festen Geist! Verwirf mich nicht von dei-
nem Angesicht, und den Geist deiner Heiligkeit nimm
nicht von mir! Lass mir wiederkehren die Freude dei-
nes Heils, und stütze mich mit einem willigen Geist!
(Psalm 51,12-14)

Der Geist Gottes gehörte zum Leben Davids seit seiner Sal-
bung zum König in jungen Jahren (1. Samuel 16,13). Offenbar
hat er die wohltuende Kraft des Heiligen Geistes in seinem
Leben erfahren, denn David ist dessen Wirken sehr wichtig.

∞ Was ist mit dem Begriff „Geist" gemeint?

Der Begriff, der in der Bibel mit dem deutschen Wort
„Geist" übersetzt wird, ist das hebräische Wort *ruach* (AT)
beziehungsweise das griechische Wort *pneuma* (NT). Die
ursprüngliche Grundbedeutung beider Wörter ist: „Atem,
Wind, Hauch"; davon abgeleitet stehen sie in erster Linie
für den Geist Gottes und bisweilen für den Geist des Menschen. Beide Ausdrücke werden außerdem für die Engel als
Geister und für die bösen Geister (Dämonen) benutzt. In
einigen Bibelstellen ist es schwierig, begrifflich zwischen
dem Geist Gottes und dem Geist des Menschen zu unterscheiden.

Der Geist des Menschen kann im jeweiligen Zusammenhang der Bibel meist am besten mit dem menschlichen Verstand, dem bewussten Denken, den Motiven und

Entscheidungen einer Person gleichgesetzt werden. Zudem ist der Geist des Menschen – der vom Geist Gottes „inspiriert" wird – das „Instrument", mit dem ein Mensch in Beziehung zu Gott treten kann.

In den Ursprachen der Bibel zeigt die doppelte Bedeutung des Wortes (*Wind* beziehungsweise *Geist*) ganz plastisch eine der Grundeigenschaften des Geistes: Ebenso wie der Wind ist er unsichtbar und nicht materiell – doch man kann seine Wirkung beobachten.[49]

∾ Wie wirkt der Heilige Geist im Alten Testament?

Die Bibel berichtet in unzähligen Beispielen vom Wirken des Geistes Gottes. Der Heilige Geist ist die Gotteskraft, die sich im menschlichen Leben auswirkt und verschiedene Tätigkeiten ausführt: Er ermöglicht dem Menschen, den Willen Gottes zu begreifen (Hiob 32,8; Nehemia 9,20), und der Mensch kann sich seiner Führung anvertrauen (Psalm 143,10). Einzelne speziell berufene Menschen rüstet er zeitweilig mit außerordentlichen Gaben und Kräften aus, z. B. Künstler (2. Mose 31,1), Richter (Richter 3,10), Propheten (Jesaja 59,21), den gesalbten König Israels (1. Samuel 10,6.10; 1. Samuel 16,13).

Es ist typisch für die Zeit des Alten Testaments, dass der Geist Gottes zur Erfüllung bestimmter Aufgaben auf einzelne Menschen kam. Der Heilige Geist konnte allerdings

---

[49] Auf diese sichtbare Eigenschaft des Windes / des Geistes spielt auch Jesus in seinem Gespräch mit Nikodemus an: „Der Wind weht, wo er will, und du hörst sein Sausen, aber du weißt nicht, woher er kommt und wohin er geht; so ist jeder, der aus dem Geist geboren ist" (Johannes 3,8).

auch den Menschen wieder verlassen, wie zum Beispiel bei Israels erstem König, Saul (1. Samuel 16,14).

∾ Welche Wirkungsweise hat der Heilige Geist im Neuen Testament?

In seinen Abschiedsreden verspricht Jesus, dass an seiner Stelle ein Anwalt, Fürsprecher oder Beistand (Luther übersetzt: Tröster) kommt (Johannes 14,16.26; Johannes 15,26; Johannes 16,7).

Mit der Ausgießung des Geistes an Pfingsten wurde diese Verheißung erfüllt: Seitdem erhält jeder Einzelne, der den stellvertretenden Tod des Herrn Jesus für sich persönlich in Anspruch nimmt, den Geist Gottes bei seiner Wiedergeburt. Der Heilige Geist wohnt von diesem Zeitpunkt an dauerhaft in jedem Christen und wirkt auf vielfältige Weise, zum Beispiel: Er ermahnt, er deckt Schuld auf und er hilft dem Gläubigen beim Gebet. Außerdem bewirkt er als „Frucht" die Entwicklung positiver Charaktereigenschaften (Galater 5,22).

Der Heilige Geist wohnt dauerhaft in jedem wiedergeborenen Christen; das Neue Testament bezeugt, dass jeder Gläubige mit dem Heiligen Geist „versiegelt" ist (2. Korinther 1,22; Epheser 1,13).

Doch wird jedes Kind Gottes auch ernsthaft ermahnt, sein Wirken nicht „auszulöschen", das heißt, ihn nicht zu unterdrücken oder zu dämpfen (1. Thessalonicher 5,19) und den Geist nicht zu betrüben (Epheser 4,30).

∾ Was erbittet David?

Ebenso wie sich König David bei seinem Flehen um Vergebung unbewusst im Voraus auf das vollkommene stellvertretende Opfer des Sohnes Gottes berufen kann, ersucht er
den himmlischen Vater auch um die (neutestamentliche)
Gnade, auf Dauer die Hilfe und den Beistand des Heiligen
Geistes zu bekommen.

David äußert in seinem Bußgebet drei konkrete Bitten:

* Erneuere in mir einen festen Geist,
* Den Geist deiner Heiligkeit nimm nicht von mir,
* Stütze mich mit einem willigen Geist.

Die erste und die dritte Bitte beziehen sich auf seinen
menschlichen Geist: Als vorbeugende Maßnahme, um eine
weitere Sündenkatastrophe zu verhindern, erhofft David
von Gott einen „festen und willigen Geist" – Beistand bei
der Selbstbeherrschung, damit er künftigen Versuchungen
besser widerstehen kann.

Diese Art geistlicher Unterstützung fällt natürlich in das
„Arbeitsgebiet" des Geistes Gottes; deshalb ist es dem Beter
außerordentlich wichtig, dass ihm der *Geist der Heiligkeit*
nicht genommen wird. David hat hautnah miterlebt, welche verheerenden Konsequenzen es für seinen Vorgänger,
König Saul, hatte, als diesem der Geist Gottes aufgrund seines ungehorsamen und eigenwilligen Lebensstils entzogen
wurde. Wenn David als gesalbter König Israels darum bittet, dass Gott trotz seiner Sünde seinen Heiligen Geist nicht
von ihm nimmt, dann bedeutet das nicht zuletzt, dass David vom Herrn erfleht, weiterhin König über Israel bleiben

zu dürfen. Der Geist wurde zur Zeit des Alten Bundes nur Priestern, Propheten und Königen dauerhaft gegeben. Die Hauptrichtung der Bitte Davids ist dementsprechend: *Lass mich trotz meiner Sünde noch dein gesalbter König mit dem Heiligen Geist sein!*

Als Gläubige des Neuen Bundes können wir Davids Sorge nachvollziehen: Wo wären wir ohne den Heiligen Geist?! Wir Christen haben allerdings heute ausnahmslos alle den Geist Gottes dauerhaft – und außerdem die göttliche Versicherung, dass er uns niemals entzogen wird.

Unser Herr Jesus Christus hat am Kreuz die Sünde und den Tod besiegt und uns den Geist geschenkt, durch dessen Kraft wir in der Lage sind, die Versuchung zur Sünde abzuwehren. Daher können wir mit Paulus jubeln:

> *Gott aber sei Dank, der uns den Sieg gibt*
> *durch unseren Herrn Jesus Christus!*
> ***(1. Korinther 15,57)***

∾ Rituale unerwünscht

> *Siehe, du hast Lust an der Wahrheit im Innern, und*
> *im Verborgenen wirst du mir Weisheit kundtun.*
> ***(Psalm 51,8)***

> *Denn du hast keine Lust am Schlachtopfer, sonst gäbe*
> *ich es; Brandopfer gefällt dir nicht. Die Opfer Gottes*
> *sind ein zerbrochener Geist; ein zerbrochenes und*
> *zerschlagenes Herz wirst du, Gott, nicht verachten.*
> ***(Psalm 51,18-19)***

Gott gab seinem Volk im Anschluss an die Rettung aus der Sklaverei in Ägypten umfangreiche Gesetzesvorschriften und genaue Vorgaben, welches Opfer für welche Gesetzesübertretung zur Sühnung dargebracht werden musste. Nach alttestamentlichem Verständnis ist ohne Schlacht- oder Brandopfer keine Vergebung möglich. Diese Opfer sind eine eindeutige Forderung Gottes, die im Alten Bund für jeden Sünder gilt.

Wie kann König David, der im direkten Wirkungsbereich dieser Gesetze lebte, kühn behaupten, Gott habe *keine Lust am Schlachtopfer* und das Brandopfer gefalle ihm nicht?

David geht es keineswegs darum, die Opfervorschriften zu umgehen oder lächerlich zu machen; er will allerdings in aller Deutlichkeit auf die wahre Bedeutung und den tieferen Sinn jedes Opfers hinweisen. Deshalb zeigt er auf, was vor Gott wirklich Bestand hat und welche Herzenseinstellung für die Vergebung unabdingbar ist: *Die Opfer Gottes sind ein zerbrochener Geist, ein zerbrochenes und zerschlagenes Herz.* Ein Sünder, der angesichts seiner Sünde zerknirscht ist und seine Verfehlungen zutiefst bereut, weiß, dass er eine gerechte Strafe verdient hat. Er ist sich voller Demut seiner Schuld bewusst und kann nur auf Gnade hoffen.

Ursprünglich kann jedes Tieropfer den Zusammenhang zwischen innerer (unsichtbarer) Reue und sichtbarer Identifikation mit dem Opfer veranschaulichen. Die bildhafte Darstellung hilft dem Sünder, die Gnade der Vergebung zu begreifen.

Doch das menschliche Herz kann tückisch sein. Es ist imstande, das Sinnbild der Vergebung, das blutige Opfer, zu einem blutleeren Ritual verkommen zu lassen – zum

„Dienst nach Vorschrift". Dieses Denkmuster ist dem Herrn ein Gräuel.

Jesus bezeichnet die Pharisäer und Schriftgelehrten als selbstgerechte Heuchler und zitiert ihnen gegenüber eine Stelle aus dem Buch des Propheten Jesaja:

> *„Dieses Volk ehrt mich mit den Lippen,*
> *aber ihr Herz ist weit entfernt von mir."*
> **(Matthäus 15,8)**

Diese Art der Heuchelei prangert David an, denn er weiß, was Gott wirklich erwartet: demütige Selbsterkenntnis – und kein gesetzliches, herzloses Befolgen von Vorschriften.

Gilt das nur für den Opferdienst des Alten Bundes? Selbstverständlich nicht! Auch Christen des 21. Jahrhunderts sind empfänglich für fromm erscheinende, aber leere Rituale. So steht zum Beispiel die sogenannte *Stille Zeit* manchmal in der Gefahr, zu einer äußerlichen Frömmigkeitsübung zu verkommen – niemand kann das beurteilen außer Gott selbst:

> *Denn der Mensch sieht auf das, was vor Augen ist,*
> *aber der HERR sieht auf das Herz.*
> **(1. Samuel 16,7b)**

∿ Bitte weitersagen!

> *Lehren will ich die von dir Abgefallenen deine Wege,*
> *dass die Sünder zu dir umkehren. Errette mich von*
> *Blutschuld, Gott, du Gott meines Heils, so wird meine*

*Zunge deine Gerechtigkeit jubelnd preisen. Herr, tue
meine Lippen auf, dass mein Mund dein Lob verkünde.*
(Psalm 51,15-17)

David hat es am eigenen Leib erfahren: Wenn Gott meine Sünde vergeben hat, dann ist wieder Platz für Freude. *Gott, du Gott meines Heils,* singt der König voller Hingabe und will Gottes *Gerechtigkeit jubelnd preisen.* Es liegt ihm sehr am Herzen, die Menschen in seinem Umfeld an seinen Erfahrungen mit Sünde und Umkehr, mit Gnade und Vergebung teilhaben zu lassen. David hat mit der Hilfe des Propheten Nathan die abscheuliche Fratze der Sünde durch die Augen Gottes gesehen und kann nun andere Sünder warnen. Er verspricht seinem Gott, *dass mein Mund dein Lob verkünde.* Je tiefer die eigene Sündenerkenntnis, desto größer ist die Erkenntnis der Gnade Gottes.

Begeisterung für Gott und Staunen über die Erlösung und das Geschenk des ewigen Lebens durch unseren Herrn Jesus Christus wollen auch wir als wiedergeborene Christen mit den Menschen in unserer Umgebung teilen: Das ist unser Auftrag, immer und überall.

19

Bitte um Vergebung

Das Treffen fand vor Beginn der Sommerferien bei Thomas und Sylvia statt – allerdings auf Heikes ausdrücklichen Wunsch nur mit Ralf und ohne Bettina. Ralf traf als Erster ein. Entgegen seiner sonstigen Gewohnheit nahm er keinen Kaffee. Er war blass und wirkte nervös. Heike kam kurz darauf in Begleitung ihrer Kinder. Ihr Schwiegersohn und Joels Verlobte waren als zusätzliche unbeteiligte und unbelastete Unterstützung mit dabei.

Joel hatte sich ursprünglich vehement gegen diese Begegnung gesträubt. Erst auf eindringliches Bitten seiner Verlobten hatte er dem Plan zugestimmt. „Du bist nicht mehr der kleine Junge, der seinen Vater verzweifelt liebt und gleichzeitig grimmig hasst, der sich täglich nach ihm sehnt und ihn niemals wiedersehen will. Du bist nicht mehr der kleine Junge, der sich ständig fragt, ob er schuld ist, dass Papa weg ist, der immer ergründen will, was er falsch gemacht hat. Du bist kein kleiner Junge mehr, du bist jetzt ein Mann von 27 Jahren. Du musst dich dieser Situation stellen."

Sonja war dankbar für den Beistand ihres Mannes. Sie hielt ihr Baby auf dem Arm; die lebhafte zweijährige Tochter hatten sie bei Freunden gelassen. Die Kinder waren der Grund dafür, dass Sonja überhaupt einmal Kontakt zu ihrem Vater aufgenommen hatte. Allerdings hatte sie bisher ein persönliches Treffen strikt vermieden und sich auf Karten zur Geburt der Kinder beschränkt.

Matthias hatte keinerlei Interesse an der „Versöhnungsparty" – wie er sich ausdrückte – gezeigt. „Mir hat Papa doch nichts getan. Ich brauche so einen Seelenstriptease nicht." Nach eigenen Angaben führte er kein „frommes" Leben; er hatte vollkommen mit Gott gebrochen. Ralfs ältester Sohn war inzwischen 35 Jahre alt; er bezeichnete sich selbst und seinen Lebenswandel gerne als „moralisch unabhängig". Als einziger der drei Geschwister hatte er sich sporadisch mit dem Vater getroffen.

Ralfs Anblick hatte Heike unerwartet ganz aus der Fassung gebracht. Natürlich, sie hatten sich alle mit den Jahren verändert; auch Ralf sah unverkennbar älter aus, als sie ihn in Erinnerung hatte: deutlich ergraut, weniger Haare, mehr Bauch. Nicht ungewöhnlich für einen 64-Jährigen. Heike starrte vor sich auf den Tisch. Obwohl sie sich ein paar Tage darauf hatte vorbereiten können, traf diese persönliche Begegnung mit ihrem Mann, der nicht mehr ihr Mann sein wollte und konnte, ihre Seele mit voller Wucht. 30 Jahre lang hatten sie ihr Leben miteinander geteilt; das konnte sie auch jetzt noch nicht einfach abschütteln. Heikes Gedächtnis zeigte ihr unvermittelt die seelische Trümmerlandschaft, mit der sie nach Ralfs Ehebruch eine geraume Zeitlang gelebt hatte: anfangs Suizidgedanken, dazu Herzbeschwerden und Panikattacken. Sie war durch eine tiefe

Talsohle gegangen, doch in ihrem Leid hatte sie sich so intensiv wie niemals zuvor an Gott geklammert. Sie hatte sich vorbehaltlos auf den Herrn geworfen, und er hatte sie langsam und behutsam wieder ins Leben zurückgeführt. Im Großen und Ganzen ging es ihr inzwischen gut; Heike hatte sich in den letzten Jahren mit der unabänderlichen Situation arrangiert. Sie hatte ihr Leben mit der Zeit neu organisiert, sich noch mehr in der Gemeinde engagiert. Es war ihr vor allem wichtig geworden, für alle Ratsuchenden jederzeit ein offenes Ohr und offene Türen zu haben.

Die Begrüßung der Menschen, die früher einmal eine ganz normale Familie gewesen waren, war knapp und distanziert ausgefallen. Thomas brach das unbehagliche Schweigen. Ihm war an einer geistlichen Gesprächsatmosphäre gelegen; daher eröffnete er den Austausch mit einigen Bibelstellen.

„*Wenn wir unsere Sünden bekennen, ist er treu und gerecht, dass er uns die Sünden vergibt und uns reinigt von jeder Ungerechtigkeit.*'[50] Wir alle kennen diesen Vers, wir alle haben schon einmal Sünden auf uns geladen, wir alle haben die gnädige Vergebung Gottes bereits erfahren dürfen. Vergebung ist wunderbar befreiend. Trotzdem fällt es schwer, Vergebung zu gewähren, wenn jemand an uns selbst schuldig geworden ist. Jesus lehrt seine Jünger beten: ,*... und vergib uns unsere Schulden, wie auch wir unseren Schuldnern vergeben haben.*'[51] Jesus erwartet von uns bedingungslose Versöhnungsbereitschaft. Der Verstand stimmt zu – aber das verletzte Herz bebt. Petrus hatte wohl

---

50 1. Johannes 1,9
51 Matthäus 6,12

auch seine Probleme damit. *,Dann trat Petrus zu ihm und sprach: Herr, wie oft soll ich meinem Bruder, der gegen mich sündigt, vergeben? Bis siebenmal?'*[52] Daraufhin erzählt der Herr das Gleichnis vom unbarmherzigen Knecht."

Thomas kommentierte die zitierten Bibelstellen noch kurz, dann beendete er die Gesprächseröffnung mit einem eindringlichen Gebet um Hilfe und Beistand durch den Geist Gottes. Anschließend nickte er Ralf zu. „Jetzt bist du dran."

Ralf hatte still zugehört. Äußerlich war ihm kaum etwas anzumerken; doch innerlich war er beim Anblick seiner Familie zerknirscht und voller Reue. Zu Beginn seiner längeren Rede, in der er detailliert von seiner Sünde und seiner Buße berichtete, zitierte Ralf das Gleichnis vom verlorenen Sohn aus Lukas 15. „Gott hat mich an die Schwelle des Todes gestellt", sagte er, „und da erst habe ich endlich kapituliert und gebetet: *,Vater, ich habe gesündigt gegen den Himmel und vor dir, ich bin nicht mehr würdig, dein Sohn zu heißen.'* Auch euch möchte ich hier und jetzt – endlich – um Vergebung bitten." Mit klaren Worten wandte Ralf sich insbesondere an Heike. „Bitte vergib mir, Heike, ich habe gesündigt gegen Gott im Himmel und gegen dich; ich bin nicht würdig, dass du mich überhaupt anhörst. Bitte vergib mir. Ich habe dich schändlich behandelt. Ich habe dich betrogen und dein Vertrauen missbraucht; ich habe dich verleumdet und innerlich verletzt. Ich habe deine selbstlose Hingabe in unserer Ehe und Familie, für unsere Kinder und die Gemeinde nicht geachtet. Das alles tut mir leid; ich kann nichts davon wiedergutmachen. Meine falschen und

---

52 Matthäus 18,21

sündigen Entscheidungen haben dein Leben ruiniert, und ich kann das nicht mehr rückgängig machen. Die bitteren Konsequenzen meiner Fehlentscheidungen sind nicht mehr wegzudiskutieren. Bitte vergib mir – wenn das überhaupt möglich ist." Ralf hielt den Kopf gesenkt.

Heike hatte nach den bereitliegenden Taschentüchern gegriffen. Sie wollte es sich selbst kaum zugestehen, doch sie liebte diesen Mann noch immer – vergebens. Heike schluckte und begann dann leise zu sprechen. „Ich weiß, dass ich auch Fehler gemacht habe. Ich war nicht immer für dich da. Das tut mir leid." Ralf schüttelte den Kopf. „Nein, Heike, dich trifft keine Schuld an dieser Misere. Ich weiß genau, ich allein bin schuldig; bitte vergib mir." Unter Tränen nickte Heike. „Ja, ich habe dir vergeben."

Die Atmosphäre war emotionsgeladen; mehrere in der Runde brauchten Taschentücher. Ralf richtete nun das Wort an Sonja und Joel. Auch seine beiden erwachsenen Kinder bat er um Vergebung. Sonja schluchzte, als sie ihrem Vater die Vergebung zusicherte. „Mit Gottes Hilfe", fügte sie hinzu. Joel wirkte vergleichsweise gefasst; auch er war bereit, Ralf zu vergeben, doch von seiner Seite aus war das Verhältnis distanziert.

Schließlich wandte sich Ralf mit persönlichen Worten an Thomas und Sylvia; durch Sylvias E-Mail war ihm bewusst geworden, dass er an seinen Freunden und Glaubensgeschwistern ebenfalls schuldig geworden war.

Nach einer kurzen Pause zog Ralf unvermittelt drei verschlossene Briefumschläge aus der Tasche. „Wir haben Verständnis dafür, dass ihr Bettina zu diesem Zeitpunkt nicht persönlich begegnen möchtet. Es ist ihr aber wirklich wichtig, euch auch selbst ausdrücklich um Vergebung zu bitten; deshalb hat sie mir diese Briefe mitgegeben." Ralf überreichte die Zeilen von Bettina an Heike, Sonja und Joel. Heike hätte das Scheiben am liebsten erst später und allein geöffnet; auf Sylvias Drängen hin riss sie es dennoch sofort auf. Wieder standen ihr Tränen in den Augen, als sie das Schuldbekenntnis und die Bitte um Vergebung der Frau las, die einmal ihre Freundin gewesen war – der Frau, zu der Ralf im Anschluss an dieses Treffen wieder zurückkehren würde. Heike starrte einen Augenblick still und mit leerem Blick auf das Papier. Dann sagte sie laut: „Ja, ich will vergeben." Unhörbar flüsterte sie einen Moment später: „Herr, hilf mir doch – es tut so weh." Sie wollte der neuen Ehefrau ihres Mannes vergeben, so wie Gott es von ihr erwartete. Aber sie wollte, wenn es sich irgendwie vermeiden ließ, keinen direkten Kontakt zu ihr haben.

Thomas fasste schließlich zusammen und nahm damit der gefühlsmäßig überladenen Situation die Spitzen. „Ralf, wir vergeben dir. Wir vergeben euch beiden, dir und Bettina – aber trotzdem kann es nie wieder wie früher sein. Das gilt vor allem für deine Familie. Aber jetzt, nach eurer Buße, können die Wunden endlich anfangen zu heilen. Wie eine alte Kriegsverletzung, die nicht richtig verheilt ist und immer weiter eitert, mussten auch diese seelischen Wunden heute neu aufgeschnitten, gesäubert, vernäht und verbunden werden. Das ist unweigerlich äußerst schmerzhaft. Aber unser Herr Jesus Christus wird uns helfen und tragen und trösten – auch wenn gewiss Narben zurückbleiben. Lasst uns jetzt beten."

Nach der Gebetsgemeinschaft blickte Sonja verstohlen zu ihrem Vater hinüber. Sie fühlte sich in ihrem Leben um 15 Jahre zurückversetzt, obwohl sie inzwischen 31 war –

und gewiss kein Teenager mehr. Kürzlich hatte sie ihre Tagebucheinträge von damals wieder gelesen: „Ich will überhaupt kein Leben haben, in dem er nicht mehr da ist." Ihre Emotionen reichten in diesen schrecklichen Tagen damals von Angst, Zweifel, Wut über Trauer, Sehnsucht, Verwirrung bis hin zu dem Gefühl, furchtbar verraten worden zu sein. Ohne ihre Beziehung zu Jesus und ohne die Unterstützung der Jugendgruppe und der ganzen Gemeinde, ohne den Beistand einiger Freunde aus christlichen Freizeiten wäre sie vermutlich völlig versumpft.

Langsam löste sich die Anspannung; man stand in Grüppchen zusammen und kam ins Gespräch; Heike und Ralf jedoch vermieden eine direkte Begegnung.

Sonja wollte von ihrem Vater vor allem eines wissen: „Warum hast du uns deine Buße so lange verschwiegen? War es denn keine echte Umkehr?" Ralf war im Nachhinein selbst ratlos. „Ich kann deine Zweifel verstehen, Sonja. Ich habe keine Antwort – aber bitte glaube mir: Meine Buße war ernsthaft." Es fiel ihr nicht leicht, doch Sonja war bereit, dem ihr fremd gewordenen Vater eine zweite Chance einzuräumen. Sie war sehr glücklich darüber, jetzt eine eigene Familie zu haben. Vielleicht konnte ihr Vater nun endlich ihren Ehemann – seinen Schwiegersohn – und ihre Kinder – seine Enkel – kennenlernen. Sie wünschte sich, dass ihre Kinder einen Opa haben könnten. Es irritierte Sonja allerdings, dass ihr der eigene Vater mittlerweile wie ein entfernter Bekannter vorkam.

Joel reagierte weiterhin zurückhaltend. Nach seinem Empfinden hatte sich sein Vater aus der Verantwortung gestohlen, und auch Buße und Vergebung konnten das Versäumte niemals wiedergutmachen. Ralf war für seinen jüngsten Sohn ein fast fremder Mann. Nach seinem zwölften Lebensjahr war Joel ohne Vater und ohne positives Vorbild aufgewachsen. Die geistliche und menschliche Orientierung war während der Pubertät besonders schwierig für ihn gewesen – Joel hatte häufig vorsichtig und abwartend reagiert. Diese Abwehrreaktion spiegelte seine Angst vor neuen Verletzungen. Erst im Erwachsenenalter hatte er sich davon befreien können; nicht zuletzt mit Hilfe seiner Verlobten. Sie wollten noch in diesem Jahr heiraten. Joel hatte sich entschieden, bei dieser Gelegenheit den Namen seiner Frau anzunehmen.

Während Joel seinem Vater reserviert begegnete, ging seine Verlobte offen auf Ralf zu. Sie war zutiefst beeindruckt von seiner ehrlichen Bitte um Vergebung; als Außenstehende empfand sie Bewunderung für diesen mutigen Schritt. Sie wollte für sich keine Vorbehalte zulassen und unbelastet von Emotionen aus der Vergangenheit zwischen Vater und Sohn vermitteln. Joels Verlobte war fest entschlossen, einen endgültigen Schlussstrich unter das frühere unrühmliche Geschehen zu ziehen und alles dafür zu tun, die Beziehungen innerhalb der Familie in weitestgehend normale Bahnen zu lenken. Ihre geplante Hochzeit im November könnte vielleicht einen Beitrag dazu leisten.

Während sie Ralf gerade darauf ansprechen wollte, fing sie einen traurigen Blick ihrer zukünftigen Schwiegermutter ein. Da kam ihr zu Bewusstsein, dass jedes Zusammentreffen mit Ralf – womöglich noch in Begleitung seiner neuen Frau – sicherlich für Heike extrem schwierig werden würde; in jedem Fall würde man sich auf emotional unwegsamem Gelände bewegen. Der Fluss der alltäglichen Normalität barg etliche Klippen … Einfach würde die Planung künftiger Familienfeiern definitiv nicht.

Bittere Konsequenzen

Du musst innewerden und erfahren, was es für Jam-
mer und Herzeleid bringt, den HERRN, deinen Gott,
zu verlassen und ihn nicht zu fürchten.
(Jeremia 2,19; LUT)

∿ Unvermeidliche Konsequenzen

Die Fakten liegen auf dem Tisch; die Sünde ist ans Licht gekommen. Nun muss David von Nathan erfahren, wie Gott
künftig mit ihm verfahren wird:

Nun denn, so soll das Schwert von deinem Haus auf
ewig nicht weichen, dafür dass du mich verachtet
und die Frau Urias, des Hetiters, genommen hast,
damit sie deine Frau sei. So spricht der HERR:
Siehe, ich lasse aus deinem eigenen Haus Unglück
über dich erstehen und nehme deine Frauen vor
deinen Augen weg und gebe sie deinem Nächsten,
dass er bei deinen Frauen liegt vor den Augen dieser
Sonne! Denn du, du hast es im Verborgenen getan;

ich aber, ich werde dies tun vor ganz Israel und vor
der Sonne!
(2. Samuel 12,10-12)

Gottes Ankündigung der Konsequenzen ist detailliert und schockierend, denn die Folgen von Davids falscher Entscheidung sind äußerst weitreichend und betreffen mittelbar zahlreiche andere Menschen. Aus dem weiteren Verlauf der Geschichte weiß der Bibelleser, dass alle diese göttlichen Vorhersagen natürlich eingetroffen sind.

- *… so soll das **Schwert** von deinem Haus auf ewig nicht weichen …* Die kurzfristige Erfüllung dieser Prophetie – betroffen sind drei Söhne Davids – findet man in 2. Samuel 13,28 (Absalom lässt Amnon umbringen); 2. Samuel 18,14 (Joab tötet Absalom); 1. Könige 2,25 (Salomo lässt Adonija ermorden). Die Dynastie des Königs David ist darüber hinaus über Jahrhunderte hinweg von blutigen Auseinandersetzungen geprägt.

- *… ich lasse aus deinem eigenen Haus **Unglück** über dich erstehen …* Davids unmittelbare Nachkommenschaft – im speziellen sein geliebter Sohn Absalom – trachtet ihm, dem gesalbten König, nach dem Leben (2. Samuel 16,11).

- *… nehme deine **Frauen** vor deinen Augen weg und gebe sie deinem Nächsten, dass er bei deinen Frauen liegt vor den Augen dieser Sonne…* David muss erleben, dass seine Nebenfrauen von seinem Sohn Absalom öffentlich vergewaltigt werden (2. Samuel 16,21-22).[53] Dieser Affront ist nicht nur eine Demütigung des Königs, sondern quasi ein offizieller Putschversuch.

Immer wieder steht Davids Sohn Absalom im Fokus der Ereignisse. Dessen Leben war von Anfang an überschattet von der Schuld seines Vaters; er erfüllt durch seine eigenen Entscheidungen zur Sünde das Gericht Gottes über Davids Ehebruch und seinen Mord an Uria.

Die in diesem Abschnitt angekündigten Folgen der Sünde gehen *nicht* auf ein konkretes Handeln Gottes zurück – es handelt sich vielmehr um „menschliches Fehlverhalten", möglicherweise ausgelöst oder motiviert durch die sündhaften Entscheidungen Davids.

∾ Ein Baby im Brennpunkt

Da sagte David zu Nathan: Ich habe gegen den
HERRN gesündigt. Und Nathan sagte zu David: So
hat auch der HERR deine Sünde hinweggetan, du wirst
nicht sterben. Nur weil du den Feinden des HERRN
durch diese Sache Anlass zur Lästerung gegeben hast,
muss auch der Sohn, der dir geboren ist, sterben. (…)
Und der HERR schlug das Kind, das Urias Frau dem
David geboren hatte, und es wurde schwer krank.
(2. Samuel 12,13-15)

---

53 In dieser Angelegenheit hört Absalom auf den Rat des Ahitofel; dieser Mann war ursprünglich Davids Ratgeber – und außerdem der Großvater der Batseba (vgl. 2. Samuel 11,3 und 23,34).

Der Urteilsspruch Gottes ist trotz Bestrafung eine Wohltat für David: Seine Sünden sind vergeben und ausgelöscht. David muss nicht sterben; er darf sogar König bleiben, denn er hat letzten Endes – wie Gott selbst bestätigt – *„seine Ordnungen und seine Rechtsbestimmungen bewahrt"* (1. Könige 11,33). Gott bescheinigt David ausdrücklich, er habe *seine Gebote bewahrt* und sei *„ihm nachgefolgt mit seinem ganzen Herzen, dass er nur tat, was Recht ist in Gottes Augen "* (1. Könige 14,8).

Diese Einschätzung des Herrn in Bezug auf den Sünder David zeigt, wie Gott mit vergebener Schuld umgeht: Gott vergibt, und dann erinnert er sich (und mich!) nicht mehr an meine Schuld. Der Prophet Micha aus dem Alten Testament schreibt, dass Gott buchstäblich alle unsere *„Sünden in die Tiefen des Meeres"* wirft (Micha 7,19).

Aber Vergebung schützt nicht vor Strafe: David muss als Folge seiner Sünde, *weil er den Feinden des HERRN durch diese Sache Anlass zur Lästerung gegeben hat,* schmerzhafte Konsequenzen erleiden. Die tatsächliche Bestrafung ist ein direktes und unmittelbares Eingreifen Gottes. Sie trifft allerdings vordergründig ein unschuldiges Baby. Das Kind ist die lebendige und sichtbare Folge des Ehebruchs von David und Batseba, die deshalb hier folgerichtig als *Urias Frau* bezeichnet wird. Der kleine Junge, den *Urias Frau* dem David geboren hatte, wird zunächst schwer krank – und Gott hat seinen Tod bereits beschlossen. Trifft diese harte Strafe nicht den Falschen?

∾ Ringen mit Gott

Und David suchte Gott um des Jungen willen. Und
David fastete lange. Und wenn er hineinkam, lag er die
Nacht über auf der Erde. Und die Ältesten seines Hauses
machten sich zu ihm auf, um ihn von der Erde aufzu-
richten. Aber er wollte nicht und aß kein Brot mit ihnen.
(2. Samuel 12,16-17)

David weiß, dass das Baby aufgrund der Sünde seiner Eltern
leiden muss. Dieses kleine Menschenkind trifft wahrlich keine Schuld an den sündhaften Umständen seiner Zeugung!
Der Säugling kann auch nicht im Geringsten etwas dafür,
dass seine Existenz während der Schwangerschaft zur Ermordung des rechtmäßigen Ehemanns seiner Mutter geführt hat. Das Kind ist absolut unschuldig – und David ist
diese Tatsache schmerzlich bewusst. Ihm ist völlig klar, dass
einzig und allein seine eigene falsche Entscheidung zur Sünde die unheilvollen Entwicklungen in Gang gesetzt hat.

David hat seine Schuld bereut und bekannt; Gott hat ihm
vergeben. Doch nun ringt der König mit Gott um das Leben
seines Kindes – ähnlich wie einstmals Abraham mit Gott ver-
handelte (1. Mose 18,23-32). Davids Fürbitte für seinen Sohn
ist intensiv und ausdauernd. Er unterstreicht die Ernsthaftig-
keit und Dringlichkeit seines Anliegens dadurch, dass er fastet.

∾ Warum fasten?

Fasten ist in der Bibel ein freiwilliger Verzicht auf Nah-
rung. Gefastet wurde aus verschiedenen Gründen: zum

Beispiel als Ausdruck der Trauer beim Tod nahestehender Menschen (1. Samuel 31,13; 2. Samuel 1,12), vor großen und entscheidenden Umbrüchen, die allein auf Gottes Handeln beruhen (2. Samuel 12,16.21-23; Ester 4,3.16), als Zeichen ernsthafter Buße (1. Samuel 7,6; 1. Könige 21,27; Esra 10,6; Nehemia 9,1; Jona 3,7-8) oder als Hilfe zu einer intensiven, ungestörten Gemeinschaft mit Gott (2. Mose 34,28; 5. Mose 9,9.18).

Für das Volk Gottes im Alten Bund war das Fasten vermutlich nur am Großen Versöhnungstag vorgeschrieben;[54] Gottes Wort kennt im Neuen Bund kein verpflichtendes Gebot zum Fasten an bestimmten Tagen. Ebenso wenig ist allerdings ein freiwilliger Nahrungsverzicht verpönt. Der Herr Jesus selbst fastete (Matthäus 4,2), er warnte jedoch auch ausdrücklich davor, das Fasten als heuchlerische Frömmigkeitsübung zu missbrauchen (Matthäus 6,16-18).

David fastet und betet – voller Verzweiflung über die bitteren Konsequenzen seiner Sünde, aber auch voller Vertrauen zu seinem Gott.

∾ Ein Kind muss sterben

Und es geschah am siebten Tag, da starb das Kind.
Und die Knechte Davids fürchteten sich, ihm zu berich-
ten, dass das Kind tot sei, denn sie sagten sich: Siehe,
als das Kind noch am Leben war, haben wir zu ihm

---

54 3. Mose 16 – es ist nicht wörtlich die Rede von Fasten, der verwendete hebräische Ausdruck wird aber in der Regel so aufgefasst.

geredet, und er hat nicht auf unsere Stimme gehört:
Wie könnten wir jetzt zu ihm sagen: Das Kind ist tot?
Er würde Unheil anrichten. Und David sah, dass seine
Knechte miteinander flüsterten. Da merkte David, dass
das Kind tot war. Und David sagte zu seinen Knechten:
Ist das Kind tot? Sie sagten: Es ist tot.
Da stand David von der Erde auf und wusch sich
und salbte sich und wechselte seine Kleider und ging
ins Haus des HERRN und warf sich vor ihm nieder.
Dann kam er in sein Haus zurück und verlangte zu
essen, und man setzte ihm Brot vor, und er aß. Da
sagten seine Knechte zu ihm: Was ist das für eine
Sache, die du tust? Als das Kind lebte, hast du um
seinetwillen gefastet und geweint, sobald aber das
Kind gestorben war, bist du aufgestanden und hast
gegessen! Da sagte er: Als das Kind noch lebte, habe
ich gefastet und geweint, weil ich mir sagte: Wer weiß,
vielleicht wird der HERR mir gnädig sein, und das
Kind bleibt am Leben. Jetzt aber, da es tot ist, wozu
sollte ich denn fasten? Kann ich es etwa noch zurück-
bringen? Ich gehe einmal zu ihm, aber es wird nicht
zu mir zurückkehren.
(2. Samuel 12,18-23)

Gott hatte es angekündigt, und auch Davids eindringliche
Fürbitte hat den Entschluss des allmächtigen Herrn über
Leben und Tod nicht ins Wanken gebracht: Nach einer Wo-
che schwerer Krankheit stirbt der kleine Junge.

Davids Reaktion verblüfft seinen Hofstaat. Sie rechnen
damit, dass er aus lauter Trauer und Verzweiflung randa-
lieren und irgendein Unheil anrichten wird. Doch ganz im

Gegenteil: David geht schnurstracks frischgewaschen ins Heiligtum Gottes.[55]

Sein Benehmen bei einem Trauerfall in der Familie ist befremdlich – er *wusch sich und salbte sich und wechselte seine Kleider*, statt nun, nach dem Tod des Kindes, als sichtbares Zeichen der Trauer erst recht zu klagen und zu fasten. Es war darüber hinaus üblich, bei der Totenklage Schmuck und Schuhe abzulegen, ein spezielles einfaches Trauergewand anzuziehen, Asche oder Staub auf den Kopf zu streuen und den Mund zu verhüllen. David tut das genaue Gegenteil; er ignoriert die gesellschaftlichen Gepflogenheiten und sucht weiterhin die persönliche Unterredung mit Gott – doch jetzt nicht mehr in seinem Königspalast, sondern im Haus Gottes.

Die Bibel schweigt zum Inhalt dieses sehr persönlichen Gesprächs – wir erfahren lediglich, dass David *sich vor dem Herrn niederwarf*. Diese Haltung entspricht dem orientalischen Hofzeremoniell, bei dem der Untertan als Zeichen der Demut und Ergebenheit in voller Länge vor seinem König lag. David demonstriert damit, dass er Gottes Souveränität uneingeschränkt respektiert und den unumstößlichen Entschluss des Allmächtigen demütig akzeptiert.

Als man ihn später auf sein ungewöhnliches Verhalten anspricht, berichtet König David von seiner Hoffnung, den Herrn während der Krankheit des Kindes umzustimmen. Seine innere Einstellung spiegelt wider, was das Neue Testament allen wiedergeborenen Christen nahelegt:

---

55 David hatte in Jerusalem ein Zelt für die Bundeslade errichtet (2. Samuel 6,17).

Seid um nichts besorgt, sondern in allem sollen durch
Gebet und Flehen mit Danksagung eure Anliegen vor
Gott kundwerden; und der Friede Gottes, der allen
Verstand übersteigt, wird eure Herzen und eure Ge-
danken bewahren in Christus Jesus.
(Philipper 4,6-7)

David weiß mit absoluter Gewissheit: Gott ist für alles zuständig! Er beweist sein Vertrauen, indem er alles im Gebet vor Gott bringt. Der Friede Gottes, der ihn daraufhin erfüllt, ist ein Geschenk, das der Herr jedem seiner Kinder machen möchte. Dieser Friede Gottes übersteigt zwar unser Denkvermögen, doch seine Auswirkungen sind unmittelbar sichtbar und spürbar – selbst bei David nach dem herben Ende seines kleinen Sohnes.

∾ Kleiner Ausblick auf die Ewigkeit

Ganz nebenbei erfährt der Bibelleser ein tröstliches Detail. David sagt im Hinblick auf sein totes Baby: *Ich gehe einmal zu ihm, aber es wird nicht zu mir zurückkehren.* An dieser Stelle wird deutlich, welche neutestamentlich anmutende Erkenntnis König David durch seine enge Beziehung zu seinem Herrn und Gott hat: Er weiß, dass sein verstorbener Sohn in einer anderen Dimension als der sichtbaren Welt weiterlebt. Ihm ist außerdem bewusst, dass er dieses Kind in der Gegenwart Gottes einmal wiedersehen wird. Der körperliche Tod ist der Wendepunkt des Lebens, nicht aber sein Schlusspunkt. Gott offenbart uns in seinem Wort, der Bibel, dass die menschliche Seele

und der menschliche Geist den körperlichen Tod über-
dauern.

Mit diesem Wissen kann man erahnen, warum der Tod
des ersten Sohnes von David und Batseba eine Bestrafung
der Eltern und nicht etwa eine Strafe für ein schuldloses
Kind ist. Die Eltern leiden an diesem schmerzlichen Verlust – doch das Kind darf sich unmittelbar an der Herrlichkeit des Herrn erfreuen!

∾ Das Leben geht weiter

*Und David tröstete seine Frau Batseba. Und er ging zu
ihr ein und lag bei ihr. Und sie gebar einen Sohn, und er
gab ihm den Namen Salomo. Und der HERR liebte ihn.
Und er sandte durch den Propheten Nathan hin; und
der gab ihm den Namen Jedidja um des HERRN willen.*
(2. Samuel 12,24-25)

David trägt zweifellos schwer am Tod seines Sohnes. Doch
welch eine Tragödie ist dieser Verlust für Batseba? Die Strafe Gottes trifft sie ins Herz.

Wo gibt es Trost für die Mutter nach dem Tod ihres Babys?
Mit großer Wahrscheinlichkeit erlebt sie den Kummer noch
viel unmittelbarer. Neben der tiefen Trauer um ihr Kind, die
wie ein Schleier auf ihrer Seele liegt, erlebt die junge Mutter
sogar körperliche Symptome: Nach der intensiven organischen
Verbindung während Schwangerschaft und Geburt ist Batsebas
Körper auf die Versorgung des Säuglings mit Muttermilch ein-
gerichtet. Ein schmerzhafter Milchstau erinnert Batseba tage-
und nächtelang unablässig an den Tod ihres Erstgeborenen.

David tut gut daran, seine Frau zu trösten.

Manchen „rechtschaffenen" Menschen mag es erstaunen: Die Vergebung umfasst sogar Davids Ehe mit Batseba – Gottes Wort bezeichnet sie nun nicht mehr als „Frau (oder Witwe) des Uria". Zwar waren die Umstände dieser Eheschließung absolut nicht im Einklang mit dem Willen Gottes, doch Davids Entscheidungen haben Fakten geschaffen, die nicht mehr rückgängig zu machen sind. Die Gnade des Herrn beginnt in dieser veränderten Ausgangsposition wieder neu mit David. Der Neubeginn zeigt sich nicht zuletzt ganz plastisch darin, dass dem Ehepaar ein weiterer Sohn geschenkt wird: König Davids späterer Nachfolger Salomo.

Diesen Namen gibt der Vater seinem Kind aufgrund einer früheren Verheißung. Bereits vor seiner Geburt hatte Gott diesen Namen festgelegt und Salomo (und nicht etwa den ältesten Sohn) als Davids Thronfolger bestimmt (1. Chronik 22,9-10). Der hebräische Name *Salomo* bedeutet: „Der Friedliche" oder „Der, dem es wohlergeht / gut geht" – und Salomos Herrschaft war von den besten Lebensbedingungen geprägt. Zusätzlich erhält das Neugeborene durch den Propheten Nathan den zweiten Namen *Jedidja*, das heißt: „Liebling des Herrn".

Es ist wahrhaftig überwältigend zu beobachten, wie weit die Barmherzigkeit Gottes reicht. Nach der Vergebung gibt es beim Herrn keine Distanzierung; er kennt weder Vorurteile noch Diskriminierung. Trotz der unabwendbaren Strafe ermöglicht unser liebender Gott jedem Sünder einen kompletten Neubeginn ohne Altlasten.

So einfach soll das sein?

Die Gemeindeversammlung konnte erst nach den Sommerferien stattfinden. Insbesondere Bettina hatte die Gelegenheit zur Versöhnung mit den Geschwistern in der Gemeinde wochenlang ungeduldig erwartet. Ralf war in einem Punkt weiterhin unerbittlich: Man werde sich einer neuen Gemeinde frühestens nach der umfassenden Versöhnung mit Familie und Gemeinde anschließen können. Er wollte unbedingt von Beginn an für klare Verhältnisse sorgen. In diesem Zusammenhang hatten Ralf und Bettina mehrfach versucht, mit Annika über die erfolgte Buße zu sprechen und auch sie um Vergebung zu bitten, doch sie hatte ausweichend reagiert und war auf Abstand gegangen. Schließlich hatte sie ihrer Mutter und deren neuem Ehemann klar eine Abfuhr erteilt: Sie könne nichts vergeben, sie wolle nichts mehr davon hören, das alles sei nicht ihre Sache, sondern ginge nur das Paar selbst etwas an. Bettina war von der Reaktion ihrer Tochter enttäuscht und ernüchtert. Es blieb ihr nichts anderes übrig – sie musste sich damit abfinden.

Thomas und Sylvia hatten in den letzten Wochen viel nachgedacht über die Situation der Gemeinde. Damals hatten sie alle einen schweren Schlag zu verkraften gehabt; manche Gemeindemitglieder hatten sich aus Enttäuschung abgewandt. Wer hätte nun Interesse an der Versöhnung? Die Gemeinde war gewachsen und hatte sich im Laufe der Jahre auf ganz natürliche Weise durch den unaufhaltsamen Generationswechsel verändert – aus den Kleinkindern von damals waren Jugendliche geworden; die Mitglieder der Jugendgruppe von damals waren jetzt größtenteils Eltern; die damalige Elterngeneration zählte inzwischen zu den Großeltern. Dazu kam die natürliche Fluktuation durch Umzug oder Tod. Alle diese Faktoren gemeinsam hatten bewirkt, dass nur noch ungefähr die Hälfte der aktuellen Gemeindemitglieder die Ereignisse vor 15 Jahren bewusst miterlebt hatten. Ralf war damals eine wichtige Integrationsfigur gewesen, die Enttäuschung über seine Sünde hatte die Gemeinde enorm belastet – doch nach den wilden Turbulenzen lief das Gemeindeschiff mittlerweile wieder in ruhigem Fahrwasser.

Im Auftrag der Gemeindeleitung hatte Thomas eine außerplanmäßige Versammlung der Gemeinde einberufen. Seine Ankündigung, dass die früheren Gemeindemitglieder Ralf und Bettina, die vor 15 Jahren aus der Gemeinde ausgeschlossen werden mussten, öffentlich um Vergebung bitten wollten, hatte im Vorfeld für Unruhe gesorgt. Als die Nachricht von der Buße der beiden ausgeschlossenen Gemeindemitglieder bei den Geschwistern bekannt wurde, waren die Reaktionen durchaus unterschiedlich: Viele der „alten Bekannten" zeigten sich begeistert, manche waren allerdings deutlich reserviert, einige geradezu empört über die „Dreistigkeit, sich mal eben so zu entschuldigen". So einfach soll das sein? Wie soll man vergeben können – nach allem, was sie Heike und den Kindern und auch der Gemeinde angetan haben?! Es gab energische Diskussionen mit ein paar Gemeindemitgliedern. Trotz der angestrebten Versöhnung, so hieß es, bleibe unweigerlich ein menschlicher Scherbenhaufen zurück – eine Spur der Verwüstung. Insbesondere ein Ehepaar und zwei Frauen, die mit Heike befreundet waren, empfanden es als geschmacklos und ungerecht Heike gegenüber, den Ehebrechern zu verzeihen. Durch den Ehebruch gab es einen erzwungenen „Rollentausch" zwischen Heike und Bettina: Zuerst war Bettina benachteiligt, einsam und unglücklich – jetzt ist es Heike. Und sie kann nichts dafür. Ist das etwa Gerechtigkeit? Sünde lohnt sich dann also doch – man muss bloß ein bisschen Buße tun, dann darf man das geklaute Spielzeug behalten?!

Thomas und Sylvia waren erschüttert von der polemischen und unversöhnlichen Argumentation. Sie beteten, dass die große Mehrheit der Gemeinde den Wunsch nach Versöhnung unterstützen würde.

Thomas eröffnete die Versammlung im Namen der Gemeindeleitung mit einem Gebet und einer kurzen Betrachtung über Josef in Ägypten. „Der Abschnitt aus 1. Mose 39 kann und muss sehr persönlich werden", warnte er und las dann das komplette Kapitel vor. Anschließend äußerte er ein paar Gedanken zum Text.

> „Josef ist offenbar am richtigen Ort – wenn auch nicht freiwillig; aber Gott will ihn dort gebrauchen. Vers 2: ,*Er war ein Mann, dem alles gelang*'; das ist auf das Wirken Gottes zurückzuführen. Sein Arbeitgeber

hat volles Vertrauen zu Josef, Vers 4: ‚*Alles, was er besaß, gab er in seine Hand*‘. Und Josef rechtfertigt dieses Vertrauen auch während einer äußerst delikaten Situation: einer sexuellen Versuchung. Josef hat das Gesetz Gottes noch nicht zum Nachlesen, aber der Herr hat es ihm ins Herz eingebrannt. ‚*Wie sollte ich dieses große Unrecht tun und gegen Gott sündigen?*‘, fragt er in 1. Mose 39,9b. Josef zeigt durch sein geradliniges Verhalten, dass Widerstand gegen eine massive Versuchung möglich ist – wenn auch nicht einfach. Es war mit Sicherheit nicht leicht für diesen jungen Mann, ein eindeutiges Angebot abzuwehren: Er war einsam, vermutlich hatte er als versklavter Ausländer Heimweh. Er hatte traumatische Erfahrungen hinter sich, war von engen Verwandten hintergangen und misshandelt worden. Ob ein junger Mann in dieser Situation wohl Sehnsucht nach menschlicher Wärme und nach körperlicher Nähe hat? Selbstverständlich! Josef widersteht trotzdem – das ist beachtlich, vor allem in Anbetracht seiner Lage.

Ein sexuelles Angebot ist im Übrigen immer höchst anziehend – da brauchen wir uns nichts vorzumachen. Sex wirkt jederzeit verlockend; will das jemand bestreiten? Wer von uns kann beispielsweise ernsthaft behaupten, völlig desinteressiert an Pornoseiten im Internet zu sein? Das merkt ja keiner, das ist ja nicht real … Ich fürchte, diese Versuchung kennt jeder; und allzu viele geben ihr auch dann und wann heimlich nach. Tatsache ist jedoch: Wir orientieren uns leider selten sofort und konsequent an einem Vorbild wie Josef. Warnungen vor sexueller

Versuchung und Sünde findet man selbstverständlich auch im Neuen Testament: *Ich aber sage euch, dass jeder, der eine Frau ansieht, sie zu begehren, schon Ehebruch mit ihr begangen hat in seinem Herzen*, stellt unser Herr Jesus in Matthäus 5,28 fest. Was kommt dabei heraus, wenn man diese Warnungen ignoriert? Sünde, für die ich Buße tun muss – ja, ich auch. Die meisten von uns werden sich hier wiederfinden.

Allerdings: Man sollte eine Sünde wie Ehebruch nicht sofort ausschließlich auf Sex reduzieren. Auch romantische Gefühle spielen dabei schließlich meist eine große Rolle: Anfangs ist es Verliebtheit, aber daraus kann sich eine tiefe, echte Liebe entwickeln. Das ist jedoch absolut keine Entschuldigung! Im Licht der Bibel handelt es sich immer um eine klassische krasse Fehlentscheidung, eine Sünde, wenn eine Ehe gebrochen wird.

Ich erinnere mich an eine Frage in der Seelsorge: Eine Frau meinte, es sei offensichtlich, dass sie nicht zusammen passen würden; ich könne ihr doch sicher zustimmen, dass sie mit dem falschen Mann verheiratet sei. Sylvia und ich mussten ihr klarmachen: Wenn sie mit diesem Mann nun einmal verheiratet ist, dann ist er zwangsläufig *der Richtige*, denn einen anderen gibt es für sie nicht, bis der Tod sie scheidet.

Hier sind wir an einem heiklen Punkt angelangt: Manche von euch haben schon gehört, dass Ralf und Bettina inzwischen seit elf Jahren verheiratet sind. Trotz der Sünde des Ehebruchs ist diese neue Ehe jetzt gültig vor Gott. Ihre Auflösung wäre dementsprechend ein neuer Ehebruch. Die neu geschaffene Situation ist also nicht wieder rückgängig machen.

Unsere Geschwister haben mit ihrer Entscheidung zum Ehebruch einen fatalen Fehler begangen. Ralf und Bettina haben ihre Sünde vor einiger Zeit eingesehen; sie haben sie vor Gott bekannt, und unser gnädiger Herr hat ihnen vergeben. Wir wollen die Sünde nicht verharmlosen, aber unser Herr Jesus ist für Sünder gestorben – auch für jeden von uns. Wer von uns ohne Sünde ist, werfe als Erster einen Stein. Nur durch den Opfertod unseres Erlösers ist jetzt auch die zwischenmenschliche Versöhnung bei uns möglich."

Thomas bat Ralf und Bettina nach vorne. Er bestätigte noch einmal ausdrücklich, dass beide bereits unter Zeugen Heike und die mitbetroffenen Kinder um Vergebung gebeten hatten. Dann trat Ralf ans Mikrofon.

Etliche Geschwister erinnerten sich an diesen Anblick: Ralf am Rednerpult. Heute stand er ein wenig gebeugt; er musste um Fassung ringen. Doch nach wenigen Momenten und einem stillen Gebet hatte er sich gefangen und berichtete ausführlich, wie er auf Abwege geraten war. Ralf bekannte, dass er in voller Absicht die falschen Entscheidungen getroffen hatte, und schilderte dann detailliert, wie Gott ihn nach Jahren drastisch zur Buße geführt hatte. Schließlich wandte er sich mit bewegenden persönlichen Worten an die versammelten Glaubensgeschwister und bat sie um Vergebung für den geistlichen Schaden, den seine Sünde auch in der Gemeinde angerichtet hatte.

Schließlich übergab Ralf das Wort an seine Frau. Bettina war aufgeregt. Für sie war es ungewohnt und beängstigend, sich vor so vielen Menschen zu verantworten. Sie dachte daran, wie sie zum ersten und bislang letzten Mal vor der ganzen Gemeinde gesprochen hatte: Vor ihrer Taufe hatte sie damals ihr sogenanntes Bekehrungszeugnis abgegeben und sich öffentlich zu Jesus Christus als ihrem Herrn und Erlöser bekannt. „Ich möchte mich kurz fassen; Ralf hat ja das meiste schon erzählt", begann Bettina. Sie blickte in scheinbar unbewegte Gesichter und registrierte skeptische Blicke. Doch dann fing sie ein aufmunterndes Lächeln von Lydia auf – Bettina hätte die alte Frau fast nicht wiedererkannt. Lydia saß ganz vorne und nickte ihr zu. Bettina atmete noch einmal tief durch und schilderte dann die Ereignisse aus ihrer Sicht. Sie sprach von ihrem schweren Unfall, der ihr zuerst die Augen für ihre eigene Schuld geöffnet hatte, bevor der gnädige Gott sie durch Ralfs Herzinfarkt endlich beide auf die Knie gebracht hatte. Bettina bekannte, dass sie sich ebenso wie Ralf bewusst für die Sünde entschieden habe. Sie sei sich darüber im Klaren, dass sie den Ehebruch hätte verhindern können. „Aber ich habe es nicht getan. Ich war verliebt und habe völlig egoistisch gehandelt. Ich bitte euch auch um Vergebung."

Thomas sprach im Namen der gesamten Gemeinde die Vergebung aus. „Ich bin fest davon überzeugt, dass der Versöhnung unter Geschwistern nun nichts mehr im Wege stehen sollte. Der Ausschluss aus der Gemeinde, den wir am 1. November 2000 aussprechen mussten, ist mit dem heutigen Tag beendet. Lasst uns in einer Gebetsgemeinschaft dem Herrn für sein kostbares Geschenk der Vergebung danken. Anschließend stehen Ralf und Bettina für Einzelgespräche bereit."

Unmittelbar nach dem gemeinsamen Gebet suchte Thomas die Aussprache mit den „Versöhnungs-Skeptikern", die glücklicherweise zumindest fast alle zur Gemeindeversammlung erschienen waren. „Ich bin selbst überrascht", meinte einer von ihnen, „aber Ralfs Rede klang tatsächlich überzeugend. Ich nehme jetzt an, er meint es wirklich ernst." Zögernd stimmten ihm andere zu.

Bettina fühlte sich immer noch fremd und unwohl. Sie war sehr dankbar, dass Sylvia an ihrer Seite blieb, als einige Frauen auf sie zusteuerten. Bettina kannte sie von früher; ihre Kinder und Annika waren im selben Alter gewesen, und die Mütter hatten sich manches Mal über die Schwierigkeiten der Pubertät ausgetauscht. Jetzt waren sie alle nicht mehr in erster Linie Mütter, sondern gehörten der Generation der Großmütter an. Bettina blickte zuerst betreten auf den Boden, doch Sylvia sprach die Frauen an. Sie reichten Bettina demonstrativ die Hand. „Willkommen zurück!"

Eine der Frauen hielt sich bei der Unterhaltung auffallend zurück und beobachtete stumm – doch in ihrem Inneren kochte es. Wenn man hier meine geheimen Gedanken lesen könnte … Wenn die Gemeinde wüsste, dass ich selbst einmal ganz rettungslos in Ralf verliebt war … Wenn jemand meine geheimen Fantasien von damals sehen könnte … Wer einen Mann voller Begehren ansieht – ich bin vor vielen Jahren ebenfalls schuldig geworden. Sie wusste ganz genau, dass nur ein Hindernis sie seinerzeit vor dem Ehebruch bewahrt hatte: Ralf hatte ihre Leidenschaft nicht bemerkt – oder einfach kein Interesse an ihr gehabt. Heute war ihr bewusst geworden: Ich muss auch Buße tun vor Gott, selbst wenn niemand davon weiß.

Später kam Lydia auf Bettina zu und nahm sie in den Arm. „Wie gut, euch wieder hier zu sehen." Für Lydia war diese Gemeindeversammlung ein ganz besonderes und kostbares Ereignis. Seit jenem grauenvollen Tag des Gemeindeausschlusses hatte sie nie aufgehört, für Ralf und Bettina zu beten. Auch in Lydias Leben hatten die vergangenen Jahre viele schlimme und schmerzvolle Erfahrungen mit sich gebracht: Nach Heinrichs Schlaganfall hatte sie ihren Mann noch vier Jahre lang gepflegt; inzwischen war sie 81 Jahre alt und schon seit mehr als zehn Jahren Witwe. All die Jahre war sie eine liebevolle und zuverlässige Stütze für Heike gewesen; trotzdem hegte sie Bettina gegenüber keinen Groll.

Als fast alle gegangen waren, fiel Bettina auf, dass sie eine ganz bestimmte Person gar nicht gesehen hatte. „Was macht eigentlich Zara?" Sylvia seufzte. Zara war ein trauriges Beispiel dafür, welche wirren Entscheidungen die Enttäuschung über Ralfs Treulosigkeit ausgelöst hatte. Zara hatte Thomas und Sylvia vor vielen Monaten noch einmal besucht. Sie machte auf Sylvia den Eindruck, als habe sie den Halt im Leben verloren. Nach Ralfs Gemeindeausschluss hatte sie sich wie verwaist gefühlt; sie war eine Weile später weggezogen. Eine lange Zeit besuchte Zara gar keine Gemeinde; nach Jahren erst konnte sie sich dazu durchringen, verschiedene Gemeinden „auszuprobieren". „Ich mache jetzt so eine Art Gemeindehopping", hatte sie Sylvia anvertraut. „Wenn ich irgendwo ein gutes Gefühl habe, bleibe ich manchmal auch etwas länger." Zara schien überall auf der Suche nach Orientierung zu sein, doch sie ließ weder Kritik noch Korrektur mehr zu – ganz gleich, ob sie von Menschen oder aus dem Wort Gottes kamen.

„Mein Lebensstil ist nur meine eigene Verantwortung, ich halte gar nichts von Gesetzlichkeit. Solche ultrakonservativen Gemeinden sind mir zu engstirnig. Man sieht ja an Ralf, wohin das führt: nur zum Ausbruch aus dem starren System." Nein, sie habe den Glauben nicht aufgegeben; sie habe bloß kein Vertrauen mehr zu irgendwelchen Autoritäten – die hielten sich schließlich oft nicht an ihre eigenen Regeln. Bedrückt hatten sich Thomas und Sylvia von Zara verabschiedet.

Sylvias Bericht hatte Bettina aufs Neue aufgewühlt. Sie und Ralf hatten sich nie bewusst gemacht, wie viele Menschen durch ihre „private" und vermeintlich harmlose Sünde in Mitleidenschaft gezogen worden waren. In einer grausamen Welt – voll von menschenverachtendem Terror und Gott verachtender Perversion – sind Vorbilder für ein Leben im Einklang mit Gottes Wertemaßstab unverzichtbar. Sie hatten als Vorbilder versagt und manche Christen zu fehlgeleiteten Entscheidungen inspiriert. Sünde zieht Kreise.

Ralf sprach unterdessen mit Oliver. Der junge Mann von einst war inzwischen schon leicht ergraut. Oliver erzählte Ralf, welche geistlichen Talsohlen er durchlebt hatte. Wie einige andere Gemeindemitglieder auch musste er in den letzten Jahren eine zwischenmenschliche Katastrophe überstehen. Kurz bevor Ralfs Ehebruch ans Licht gekommen war, hatte er geheiratet; Ralf erinnerte sich daran. Doch seine Frau hatte ihn nach acht Jahren Ehe verlassen; sie hatte die Kinder mitgenommen und wohnte ganz in der Nähe. Zwar hatte sie keinen neuen Partner, doch konnte man die Konstellation beim besten Willen nicht mehr als Ehe bezeichnen, und ein Familienleben gab es für die Kinder unter diesen Umständen natürlich auch nicht. Obwohl kein Ehebruch im Spiel gewesen war, litt Oliver sehr unter der dauerhaften Trennung von seiner Familie. „Es gibt Tage, da ist es für mich kaum zu ertragen", bekannte er. „Diese belastende Lebenssituation beeinträchtigt mich außerdem natürlich leider auch im Dienst für den Herrn. Ich habe Hemmungen, mich in der Jugendgruppe oder in der Gemeindeleitung mit voller Kraft eizubringen." Ralf hätte Oliver gern ein wenig Mut gemacht, doch er hatte das Gefühl, dass er sich bis auf Weiteres für Ratschläge disqualifiziert hatte.

Kurz bevor Ralf und Bettina aufbrechen wollten, trat ein Mann auf sie zu, den sie nicht von früher kannten. Als er sie ansprach, erinnerte sich Bettina sofort an seine Stimme, die bei der Gebetsgemeinschaft vorhin außerordentlich bewegend und intensiv für die Vergebung Gottes und die Versöhnung mit der Gemeinde gedankt hatte. Er stellte sich als neues Mitglied der Gemeinde vor und sagte: „Alle Achtung, ich bin tief beeindruckt von Ihrem Mut und Ihrer Aufrichtigkeit, mit der Sie öffentlich vor der ganzen Gemeinde um Vergebung gebeten haben. So etwas habe ich noch niemals erlebt. Dieser Schritt von Ihnen war ein ergreifendes Zeugnis für die verändernde Kraft Gottes; ich danke Ihnen dafür. Heute haben wir wirklich erfahren, was Gottes Liebe bewirken kann. Heute ist der rettende Glaube an Jesus Christus für mich greifbar geworden." Diese Einschätzung des Geschehens tat Ralf und Bettina nach der emotionalen Achterbahn der letzten Zeit besonders gut – auch wenn Ralf betonte, dass sie sich darüber im Klaren waren, dass letztlich jedes Puzzleteil dieser komplexen Geschichte von Schuld und Vergebung auf die Gnade des Herrn zurückzuführen war.

„Werden Sie jetzt zurückkommen in diese Gemeinde?", erkundigte sich ihr Gesprächspartner. Ralf schüttelte den Kopf. „Nein, das haben wir nicht geplant. Einerseits wohnen wir inzwischen etliche Kilometer entfernt … und andererseits wollen wir die alten Wunden nicht immer neu aufreißen; wir möchten sie – wenn irgend möglich – in Ruhe heilen lassen. Es gibt da eine andere befreundete Gemeinde in unserer Nähe. Wir möchten mit den Geschwistern dort Kontakt aufnehmen. Mir ist es nur enorm wichtig, von Anfang an mit offenen Karten zu spielen."

Willkommen zu Hause!

Aber man musste doch jetzt fröhlich sein und sich
freuen; denn dieser dein Bruder war tot und ist wie-
der lebendig geworden und verloren und ist gefunden
worden.
(Lukas 15,32)

Im 15. Kapitel des Lukasevangeliums findet man unmittelbar hintereinander drei Gleichnisse des Herrn Jesus zum selben Thema: Etwas Verlorenes wird gefunden.

Der Herr erzählt diese Geschichten von einem verirrten Schaf, einer verlorengegangenen Münze und einem jungen Mann auf Irrwegen speziell den Menschen, die sich darüber mokieren, dass Jesus *Sünder aufnimmt und mit ihnen isst*. Sich selbst hielten sie durchaus nicht für Sünder – eine fatale Fehleinschätzung.

Die ersten beiden Geschichten sind einander überaus ähnlich und beschränken sich in drei bis vier Sätzen auf eine knappe Argumentationskette: verloren – gefunden – Freude. Jesus betont, dass *„Freude im Himmel sein (wird) über einen Sünder, der Buße tut"* (V. 7). Das ist eine direkte

Antwort auf die verächtlichen Bemerkungen seiner Zuhörer in Bezug auf offensichtliche Sünder. Die Botschaft lautet: Jawohl, Gott legt sehr großen Wert darauf, dass tatsächlich *jeder* „verlorene" Mensch zu ihm zurückfindet.

Das dritte Gleichnis ist erheblich vielschichtiger; Jesus bringt etliche weitere Aspekte ins Spiel und erzählt besonders anschaulich und ausführlich.

In dieser letzten der drei Beispielgeschichten geht es um einen Vater und seine beiden Söhne. Ursprünglich münzte Jesus es natürlich auf seine skeptischen Zuhörer, die Pharisäer und Schriftgelehrten. Sie teilten die Bevölkerung gern in „ehrbare Leute" und „nutzloses Gesindel" ein, und Jesus machte ihnen durch das Gleichnis klar, dass sie alle denselben himmlischen Vater haben, denn sie gehören zum selben Volk Gottes, den Israeliten.[56] Zöllner und Konsorten – in der Geschichte dargestellt durch den jüngeren Sohn – sind erwartungsgemäß Sünder; doch kehren sie um, werden sie vom Vater freudig empfangen. Geradezu revolutionär ist der Gedanke, dass die vermeintlich Guten verblüffenderweise ebenfalls Sünder sind; Jesus tadelt damit deutlich die Arroganz der theologischen und politischen Elite.

❧ Gefährliche Abwege und der rettende Heimweg

Ein Gleichnis lässt bisweilen mehrere Anwendungen zu. Die erste und ursprüngliche Auslegung betrifft die unmittelbare

---

56 Man muss sich vor Augen halten, dass Jesus die Geschichte zur heilsgeschichtlichen Zeit des Alten Testaments erzählte, noch bevor mit seinem Opfertod und seiner Auferstehung der Neue Bund begründet wurde. „Wiedergeborene Christen" gab es demnach erst später.

Zuhörerschaft aus Pharisäern und Schriftgelehrten. Darüber hinaus wird die Geschichte (mit Schwerpunkt auf dem ersten Teil) häufig als klassische Bekehrungsgeschichte betrachtet. In diesem Kapitel fußt die Deutung (mit Schwerpunkt auf dem zweiten Aspekt des Gleichnisses) hingegen auf der Annahme, dass beide Söhne als Sinnbild für einen gläubigen Menschen stehen können. Dabei ist der Vater in der Geschichte zweifelsfrei ein Symbol für Gott; jeder der Söhne repräsentiert ein typisches menschliches Verhaltensmuster.

Im ersten Teil der Parabel geht es um offene Rebellion und reumütige Umkehr, im zweiten Teil steht ein neidischer und selbstgerechter Bruder im Mittelpunkt. Beide Söhne machen dem Vater viel Kummer und Mühe.

Ein Mensch hatte zwei Söhne; und der jüngere von ihnen sprach zu dem Vater: Vater, gib mir den Teil des Vermögens, der mir zufällt! Und er teilte ihnen die Habe. Und nach nicht vielen Tagen brachte der jüngere Sohn alles zusammen und reiste weg in ein fernes Land, und dort vergeudete er sein Vermögen, indem er verschwenderisch lebte.
(Lukas 15,11-13)

Der Sohn lebt anfangs beim Vater und profitiert von allen Vorteilen dieser „bevorzugten Wohnlage": Schutz vor allen Gefahren, absolute Sicherheit, ständige Gemeinschaft mit dem Vater – ein glückliches und sorgenfreies Leben scheint vorprogrammiert zu sein.

Als Christen dürfen wir auch ein solches Leben geistlicher „Sorgenfreiheit" führen, *denn ER sorgt für uns* (vgl. 1. Petrus 5,7; NGÜ). Dennoch bricht manch aufrechter

Durchschnittschrist plötzlich aus. Warum läuft der Mensch davon? Er will sich anscheinend jeglicher Kontrolle entziehen, akzeptiert keine Beschränkungen mehr und strebt nach selbstbestimmter, absoluter Freiheit. Er glaubt dem Trugbild der verlockenden Sünde, das Vergnügen ohne Gewissensqualen verspricht: ein tragischer Irrtum.

*Als er aber alles verzehrt hatte, kam eine gewaltige
Hungersnot über jenes Land, und er selbst fing an,
Mangel zu leiden. Und er ging hin und hängte sich an
einen der Bürger jenes Landes, der schickte ihn auf
seine Äcker, Schweine zu hüten. Und er begehrte seinen Bauch zu füllen mit den Schoten, die die Schweine fraßen; und niemand gab ihm.*
(Lukas 15,14-16)

Eine Zeitlang funktioniert das Leben eines Christen in der selbst gewählten Gottesferne. Doch früher oder später ist das göttliche Stoppschild nicht mehr zu ignorieren. Der Sünder muss sich entscheiden: Will ich wirklich so weiterleben und immer tiefer im Morast der Sünde versinken – oder kehre ich zum Vater zurück?

*Als er aber zu sich kam, sprach er: Wie viele Tagelöh-
ner meines Vaters haben Überfluss an Brot, ich aber
komme hier um vor Hunger. Ich will mich aufmachen
und zu meinem Vater gehen und will zu ihm sagen:
Vater, ich habe gesündigt gegen den Himmel und vor
dir, ich bin nicht mehr würdig, dein Sohn zu heißen!
Mach mich wie einen deiner Tagelöhner!*
(Lukas 15,17-19)

Die Umkehr muss von innen kommen. Buße ist eine ganz konkrete Entscheidung aus eigener Überzeugung, hervorgerufen und ermöglicht durch das Wirken des Heiligen Geistes, der keinen wiedergeborenen Sünder gleichgültig laufen lässt.

Und er machte sich auf und ging zu seinem Vater. Als er aber noch fern war, sah ihn sein Vater und wurde innerlich bewegt und lief hin und fiel ihm um seinen Hals und küsste ihn. Der Sohn aber sprach zu ihm: Vater, ich habe gesündigt gegen den Himmel und vor dir, ich bin nicht mehr würdig, dein Sohn zu heißen.
Der Vater aber sprach zu seinen Sklaven: Bringt schnell das beste Gewand heraus und zieht es ihm an und tut einen Ring an seine Hand und Sandalen an seine Füße; und bringt das gemästete Kalb her und schlachtet es, und lasst uns essen und fröhlich sein! Denn dieser mein Sohn war tot und ist wieder lebendig geworden, war verloren und ist gefunden worden.
Und sie fingen an, fröhlich zu sein.
(Lukas 15,20-24)

Die Rückkehr des Sünders, der Buße tut und vom Vater voller Freude in die Arme geschlossen wird, bildet den vorläufigen Höhepunkt der Erzählung. Diese bewegende Schilderung der vergebenden Liebe Gottes ist ein Kernstück des Evangeliums.

Bis zu dieser Stelle liest sich das Gleichnis ganz ähnlich wie die beiden vorangegangenen Kurzversionen, nur eben ausführlicher. Die dreifach bestätigte Kernaussage: Es herrscht in jedem Einzelfall *große Freude im Himmel über einen Sünder, der Buße tut.*

✎ Womit hat er das verdient?

Möglicherweise dachten die Pharisäer und Schriftgelehrten: Jesus hat die Lektion dreimal wiederholt, der Punkt scheint ihm sehr wichtig zu sein. Doch was hat das mit uns zu tun?

Zum Erstaunen der Zuhörer ist die Geschichte allerdings noch nicht zu Ende – Jesus erzählt weiter. Der Fokus verlagert sich plötzlich, und der unbescholtene große Bruder steht unvermittelt im Rampenlicht.

> *Sein älterer Sohn aber war auf dem Feld; und als er kam und sich dem Haus näherte, hörte er Musik und Reigen. Und er rief einen der Diener herbei und erkundigte sich, was das sei. Der aber sprach zu ihm: Dein Bruder ist gekommen, und dein Vater hat das gemästete Kalb geschlachtet, weil er ihn gesund wiedererhalten hat. Er aber wurde zornig und wollte nicht hineingehen. Sein Vater aber ging hinaus und redete ihm zu. Er aber antwortete und sprach zu dem Vater: Siehe, so viele Jahre diene ich dir, und niemals habe ich ein Gebot von dir übertreten; und mir hast du niemals ein Böckchen gegeben, dass ich mit meinen Freunden fröhlich gewesen wäre; da aber dieser dein Sohn gekommen ist, der deine Habe mit Huren durchgebracht hat, hast du ihm das gemästete Kalb geschlachtet.*
> **(Lukas 15,25-30)**

Unmittelbar müssen die Pharisäer und Schriftgelehrten begriffen haben, dass es jetzt um sie selbst ging. Und auch als wiedergeborener Christ kann man sich unschwer wiedererkennen.

Sieht man den jüngeren Sohn als Bild für einen Christen, der eine Zeit lang in Sünde lebt, dann aber Buße tut und zum Herrn zurückkehrt, so kann man den Älteren als „braven" Christen deuten, dem offene Rebellion gegen Gott scheinbar gar nicht in den Sinn käme.

Und dennoch: Unbeherrschter Zorn ist seine spontane Reaktion auf die Barmherzigkeit und Vergebung des gnädigen Vaters. Wie kann es nur zu diesem üblen Gefühlsausbruch kommen? Warum fühlt man sich plötzlich ungerecht behandelt von Gott und versucht, dem Herrn diesen Missstand vor Augen zu führen? *Schließlich bemühe ich mich schon seit Jahren, nach deinen Geboten zu leben und werde nicht dafür belohnt!* Bei solchen Gelegenheiten stellt man sich vielleicht die bockige Frage: *Warum mache ich das eigentlich? Warum bemühe ich mich um ein Leben nach Gottes Vorstellungen?*

Eine solche Unzufriedenheit, ein derartiges Aufbegehren sind definitiv nicht richtig in den Augen Gottes – diese Haltung ist Sünde. Welch ein abwegiger Gedanke: Man ärgert sich darüber, dass Gott gnädig und barmherzig ist und Sündern vergibt, wenn sie Buße tun. Man findet es ungerecht, dass ein Mitchrist ungeschoren davonkommt – hätte er doch eine göttliche Strafe mehr als verdient, Buße hin oder her. Man gleitet ab in die Selbstgerechtigkeit. Man blendet völlig aus, dass man selbst auch einzig und allein durch die Barmherzigkeit Gottes und die Gnade der Vergebung in einer lebendigen Beziehung mit Gott leben darf. Das ist das Gegenteil von Demut; das ist Egoismus! Gottes Wort aber erwartet, *„dass in der Demut einer den anderen höher achtet als sich selbst"* (Philipper 2,3).

Im Endeffekt unterscheiden sich die beiden Söhne kaum voneinander. Beide kreisen um sich selbst, beide suchen das eigene Wohlergehen – doch nur der Jüngere erkennt seine Sünde und kehrt um.

Der ältere Sohn bleibt zwar zu Hause und verhält sich immer unauffällig, aber die Sünde lauert auch bei ihm! Wie viele Kinder Gottes kennen Zeiten der „inneren Emigration" – sie bleibt von der Umgebung oft unbemerkt. Beschämt denke ich an eine Zeit zurück, in der ich meinen allmächtigen Herrn und Gott einfach „links liegen" ließ: Zwar nahm ich seinen Segen für mein Leben gern und wie selbstverständlich an, ansonsten jedoch beachtete ich Gott einfach nicht. Ich hörte viele Predigten – aber ich ließ das Wort Gottes nicht an mich heran. Ich gab sogar Gottes Wort weiter – aber an meiner eigenen Seele prallte es ab. Eine trostlose Zeit; leichtfertig und gedankenlos ließ ich die Beziehung zu meinem Herrn verkümmern.

Denken wir nicht manchmal auch genau wie der ältere Sohn, dass Gott uns segnen *muss*, weil wir ihm schon seit Jahren treu dienen und ihm gefallen möchten? Finden wir nicht manchmal insgeheim, dass Gott uns rechtschaffene Durchschnittschristen viel lieber haben müsste als die frommen Chaoten, die ihm so große Mühe machen? Wer sich als wiedergeborener Christ mit solchen unguten Gedanken herumplagt, sollte sich die ernste Frage stellen: Was für ein Gottesbild habe ich denn? Ist Gott vielleicht für mich doch nichts weiter als der Wunscherfüllungsautomat? Diene ich Gott nur, damit er mich belohnt, damit ich „etwas davon habe"? Nein, das wäre eine völlig falsche Motivation. Gott ist der Herr des gesamten Universums, unendlich viel größer und unendlich viel mächtiger, als meine Vorstellungskraft erahnen könnte. Er ist unendlich viel gerechter und unendlich viel heiliger als alles, was man als Vergleich heranziehen könnte. Und schließlich ist der Gott der Bibel gnädig, barmherzig und voller Liebe. Aus diesem Grund will ich Gott dienen: *Weil er Gott ist!*

Der ältere Sohn ist nicht nachlässig; er dient seinem Vater wirklich: pflichtgemäß und gesetzeskonform – aber anscheinend ohne Freude, ohne Liebe und ohne Begeisterung. Jesus weist mit diesem Gleichnis unmissverständlich darauf hin, dass es nicht auf der einen Seite einen guten und auf der anderen einen bösen Sohn gibt. Es gibt zwei „verlorene" Söhne, die ihre Herzenseinstellung ändern müssen. Ob der Ältere schließlich auch zu dieser Erkenntnis kommt?

Das Beispiel des älteren Sohnes im Gleichnis zeigt ganz deutlich: Wenn ich unzufrieden bin mit meinem eigenen „Schicksal", wenn ich der Auffassung bin, Gott behandle mich ungerecht, dann sind eindeutig mein eigenes Verhalten und meine Denkweise nicht in Ordnung. Der Herr erwartet, dass ich Buße tue für meine falsche Einschätzung, die falsche Blickrichtung: Wie oft habe ich nicht mehr auf den Herrn, sondern auf mich selbst gesehen! Wie oft habe ich mich im Vergleich mit anderen Menschen in falsche Gedanken und Gefühle hinein gesteigert, aus denen nicht selten falsche Worte und Taten erwachsen sind! Für diese Sünden muss ich Buße tun. Übrigens: Ob sich meine negativen Gefühle durch die Buße sofort ändern oder nicht, ist zweitrangig.

Er aber sprach zu ihm: Kind, du bist allezeit bei mir, und alles, was mein ist, ist dein. Aber man musste doch jetzt fröhlich sein und sich freuen; denn dieser dein Bruder war tot und ist wieder lebendig geworden und verloren und ist gefunden worden.
(Lukas 15,31-32)

Der Vater reagiert sanft und liebevoll. Er macht dem älteren Sohn keine Vorwürfe; er wirbt vielmehr um Einsicht und um Verständnis für den heimgekehrten Sünder. Er setzt sich für die Versöhnung seiner beiden geliebten Kinder ein.

∾ Versöhnung statt Groll

Unversöhnlichkeit und Unverständnis, wenn einem anderen die schwere Schuld gnädig erlassen wird – dieses Phänomen scheint leider nicht selten zu sein. Eine weitere Parabel des Herrn Jesus schildert ein erschütterndes Negativbeispiel: das Gleichnis vom unbarmherzigen Knecht (Matthäus 18,23-35). Das hartherzige Auftreten dieser Person wird nachdrücklich gerügt:

> *Jene ganze Schuld habe ich dir erlassen, weil du mich batest. Solltest nicht auch du dich deines Mitknechtes erbarmt haben, wie auch ich mich deiner erbarmt habe?*
> *(Matthäus 18,32b-33)*

Viele Christen tun sich schwer damit, selbst von Herzen zu vergeben. Der Mitchrist hat Buße getan, der Herr hat ihm vergeben – doch die eigene seelische Verletzung ist tief; der Groll dringt immer wieder an die Oberfläche. *Soll denn mit „ein bisschen Vergebung" wirklich so einfach alles in Ordnung sein? Wo bleibt die Strafe?*

Solche Gedanken fand der Apostel Paulus vielleicht auch in der Gemeinde in Korinth vor. Die Gemeinde musste zuerst nach Paulus' Anweisung disziplinarisch gegen ein Gemeindemitglied vorgehen (1. Korinther 5,1-13; vgl.

Kapitel 6 und 12). Doch später stellten sich anscheinend ganz andere Probleme ein. Paulus nimmt dazu Stellung:

Der, dessen Verhalten so viel Schmerz verursacht hat, hat nicht so sehr mir wehgetan als vielmehr euch allen (wenn auch – um nicht zu viel zu sagen – nicht allen im gleichen Ausmaß). Trotzdem ist die Strafe schwer genug, die die große Mehrheit von euch über den Betreffenden verhängt hat. Lasst es dabei bewenden! Vergebt ihm jetzt vielmehr und macht ihm wieder Mut. Sonst könnten Schmerz und Trauer ihn am Ende noch völlig überwältigen. Ich bitte euch also eindringlich, ihm ganz bewusst wieder eure Liebe zu erweisen. Es gab nämlich noch einen Grund, warum ich euch geschrieben habe: Ich wollte herausfinden, ob ihr euch bewähren und in allen Belangen gehorsam sein würdet. Wenn ihr dem Betreffenden jetzt also vergebt, vergebe auch ich ihm. Ja, ich für meine Person kann sagen: Weil ich mich Christus gegenüber verantwortlich weiß, habe ich ihm um euretwillen bereits vergeben – soweit von meiner Seite überhaupt etwas zu vergeben war. Denn wir wollen dem Satan nicht in die Falle gehen. Schließlich wissen wir genau, was seine Absichten sind!
(2. Korinther 2,5-11; NGÜ)

Paulus' Auffassung besagt, dass mit der Buße des Sünders das gesamte Verfahren der Gemeindezucht beendet und die Gemeinschaft unter den Glaubensgeschwistern wiederhergestellt werden müssen – es gibt keine Probe- oder Bewährungszeit.

Diese Verse aus dem 2. Korintherbrief sind die einzige Schriftstelle, die beschreibt, wie die Wiederaufnahme eines Sünders im Anschluss an die Vergebung praktisch aussehen kann. Gemeindezucht, das macht Paulus unmissverständlich klar, zielt immer auf die Wiederherstellung der Gemeinschaft ab – zuerst mit Gott, doch dann auch mit der Gemeinde.

> *Dem Betreffenden genügt diese Strafe von den meisten der Gemeinde, so dass ihr im Gegenteil vielmehr vergeben und ermuntern solltet, damit der Betreffende nicht etwa durch allzu große Traurigkeit verschlungen werde. Darum ermahne ich euch, zu beschließen, ihm gegenüber Liebe zu üben.*
> *(2. Korinther 2,6-8)*

Die Strafe bestand aus dem Ausschluss, und der Ausschluss gilt nach der Buße als beendet. Es ist anschließend für jede Gemeinde eine geistliche Herausforderung, denjenigen wieder freundlich und herzlich aufzunehmen, der so viel Schmerz und Leid verursacht hat, der durch sein Verhalten Außenstehende zu Spott und Hohn über Gott und die Christen veranlasst hat. Dennoch: Es geht um mehr als bloße Duldung. Wärme und Zuneigung werden von den Mitgläubigen erwartet. Alle Anzeichen von Härte oder Misstrauen sind unangebracht.

Albert McShane schreibt dazu: „Die tiefe Reue des Missetäters und sein tiefer Schmerz machen es der Gemeinde zur Pflicht, ihn wieder in die Gemeinschaft aufzunehmen. Sie werden ermuntert, ihm zu vergeben, ihm Liebe zu erweisen und Mut zu machen. Hierin zu zögern würde bedeuten, ihn in Verzweiflung zu stürzen. Wie der Aussätzige im AT wurde er mit den geistlichen Augen des Apostels begutachtet, natürlich nicht buchstäblich, und als ganz weiß erkannt (3. Mose 13,13). Damit war er lange genug außerhalb des Lagers und konnte jetzt wieder in die Gemeinschaft der Heiligen mit all den Segnungen zurückkehren. (…) Es könnte (…) sein, dass ein solcher, der unter Gemeindezucht steht, von einer Welle der Verzweiflung überrollt würde und ihm keine Hoffnung bliebe, geistlich gesehen jemals wieder Boden unter die Füße zu bekommen."[57]

Erscheint uns diese Forderung des Herrn, den Mitchristen vorbehaltlos wieder als Bruder, als Schwester zu akzeptieren, zu schwer? Dann messen wir wohl mit zweierlei Maß. Wir verhalten uns wie der ältere Bruder des „verlorenen Sohnes" oder wie der Knecht im Gleichnis, der Barmherzigkeit erfährt, aber selbst nicht gewährt.

∾ Bewährungsprobe

Warum erwartet der Herr solche emotionalen und geistlichen Kraftakte von uns? Paulus erläutert die Gründe in den Versen 9 und 11:

> *Denn dazu habe ich auch geschrieben, dass ich eure Bewährung kennenlernte, ob ihr in allem gehorsam seid.*
> *(2. Korinther 2,9)*

---

57 Quelle: *CV-Kommentar zum NT*, Bd. 2; *Der zweite Brief an die Korinther*, Christliche Verlagsgesellschaft mbH, Dillenburg 2009, S. 583

Offenbar betrachtet Gott die Versöhnung unter Christen als einen Akt des Gehorsams, denn wir haben den Auftrag, *unseren Nächsten zu lieben wie uns selbst.* Unvoreingenommene Versöhnungsbereitschaft spiegelt zudem die Liebe eines Christen zu Gott wider.

> *Wir lieben, weil er uns zuerst geliebt hat. Wenn jemand*
> *sagt: Ich liebe Gott, und hasst seinen Bruder, ist er ein*
> *Lügner. Denn wer seinen Bruder nicht liebt, den er gese-*
> *hen hat, kann nicht Gott lieben, den er nicht gesehen hat.*
> ***(1. Johannes 4,19-20)***

Gott lieben, wie geht das? Nicht zuletzt durch vorurteilsfreies Annehmen der Mitchristen bin ich meinem Herrn gehorsam; und auf diese Weise kann ich als Mensch meine Liebe zu Gott ausdrücken.

Die Quelle aller Liebe ist allein Gott. Johannes führt einen klaren Beweis für die Liebe zu Gott ins Feld: Wer Gott liebt, für den ist „Nächstenliebe" eine Selbstverständlichkeit. Die Liebe zu Gott zeigt sich unverkennbar in der Liebe zu meinen „Nächsten". Menschen, die Gott lieben („echte" Christen), erkennt man an der Liebe zu ihren Mitmenschen, vor allem zu den Glaubensgeschwistern; auch das zeigen zahlreiche Bibelstellen, zum Beispiel:

> *Daran werden alle erkennen, dass ihr meine Jünger*
> *seid, wenn ihr Liebe untereinander habt.*
> ***(Johannes 13,35)***

Wie kann man diese Liebe beschreiben oder definieren? Es handelt sich um eine Lebenseinstellung, die dem Gegenüber bedingungslos und treu dient. Diese Art von Liebe ist bereit, alles zu geben, um einem anderen Menschen (oder einer Gruppe von Menschen) in jeder Hinsicht beizustehen, ganz für ihn beziehungsweise sie da zu sein. Diese *Liebe* ist (beidseitig) nicht auf Sympathie angewiesen – man muss einen Menschen nicht unbedingt mögen, um ihn in dieser Weise zu lieben. Eines steht fest: Diese Liebe in der Bibel ist definitiv kein Gefühl. Sie zeigt sich – immer! – in Taten der Liebe.

∾ Achtung, Stolperstein!

> *… damit wir nicht vom Satan übervorteilt werden;*
> *denn seine Gedanken sind uns nicht unbekannt.*
> **(2. Korinther 2,11)**

Ein erschreckender Gedanke: Meine unversöhnliche Haltung gegenüber dem mit Gott versöhnten Menschen ist eine Falle Satans! Gottes Wort warnt ausdrücklich davor. Wollen wir etwa so naiv dem Teufel auf den Leim gehen?

Die vollständige Wiederaufnahme in die Gemeinschaft nach einem Ausschluss ist der Gemeinde Gottes nicht freigestellt – der Herr erwartet diesen Schritt von seinen Kindern. Für den Sünder gibt es nach erfolgter Buße und gewährter Vergebung durch Gott keine weitere Bestrafung; die Gemeinde soll keine zusätzlichen Maßnahmen ergreifen. Mit der Vergebung ist die Gemeindezucht abgeschlossen. Der notwendige nächste Schritt ist die Versöhnung der Glaubensgeschwister miteinander; denn wenn Gott vergibt, müssen auch wir vergeben.

Paulus übermittelt uns einen klaren Auftrag:

Ertragt einander und vergebt euch gegenseitig, wenn einer Klage gegen den anderen hat; wie auch der Herr euch vergeben hat, so auch ihr!
(Kolosser 3,13)

23

Ein Fest nach langer Trauer

Ganz unbekannt war Ralf die „neue" Gemeinde nicht. Früher war er gelegentlich als Gastprediger eingeladen worden. Wie lange war das her ... ? Die Erinnerung erschien Ralf wie ein blasses Bild aus einem anderen Leben. Bettina war überglücklich: Endlich rückte eine unbefangene Gemeinschaft mit anderen Christen wieder in greifbare Nähe.

Bettina und Ralf wurden bei ihrer Ankunft kurz vor dem Beginn des Gottesdienstes wie jeder neue Besucher freundlich begrüßt. Den meisten Gemeindemitgliedern waren sie sicher fremd; auch Ralf entdeckte nicht auf den ersten Blick sofort ein vertrautes Gesicht. Allerdings registrierte Bettina einige nachdenkliche Blicke – manche schienen zu grübeln, woher man dieses ältere Ehepaar kennen könnte. Ralf und Bettina setzten sich nach hinten. Sie genossen den harmonischen Ablauf der Stunde und die noch immer vertrauten Lieder. Vor Beginn der Predigt stand ein alter, gebrechlich wirkender Mann auf; er hatte die Gewohnheit, sonntags die jeweilige Tageslosung vorzulesen. Er gab dazu noch einen kurzen Kommentar im Textzusammenhang.

Ich bin gnädig, spricht der HERR, und will nicht ewiglich zürnen. Allein erkenne deine Schuld, dass du wider den HERRN, deinen Gott, gesündigt hast.
(Jeremia 3,12-13; LUT)

Ralf und Bettina sahen einander verstohlen an. Die Thematik der zitierten Bibelstelle war für sie ohne Weiteres ein passender Einstieg in die neue Gemeinde.

Nach dem Gottesdienst schaute Ralf sich suchend um; ein etwa gleichaltriger Mann fing seinen fragenden Blick auf und kam auf sie beide zu. „Willkommen in unserer Gemeinde! Ich bin Michael", stellte er sich vor. „Kann es sein, dass wir uns schon mal irgendwo begegnet sind?" Ralf lächelte ihn an. „Ja", antwortete er. „Es muss allerdings fast 20 Jahre her sein … Wir haben einmal zusammen an einem Seminar für Gemeindegründung teilgenommen." Als Ralf seinen Namen nannte, riss sein Gesprächspartner überrascht die Augen auf. „Ich nehme an", begann Ralf, „ihr habt in eurer Gemeinde in der Vergangenheit einige Aussagen und Gerüchte über meinen Lebenswandel gehört – ja, die schlimmen Befürchtungen entsprachen den Tatsachen, wie ich zu meiner großen Beschämung bekennen muss. Aber jetzt ist alles anders. Wir haben Buße getan. Ich möchte dir gerne davon berichten."

Michael bat Ralf um die Erlaubnis, noch einen weiteren Glaubensbruder aus der Gemeindeleitung hinzuziehen. Gemeinsam setzten sie sich in eine ruhige Ecke, und Ralf legte ohne Umschweife ihre Situation vom Anfang der Sünde bis zum Ende der Buße dar. Der ältere Bruder erinnerte sich – genau wie Michael – noch an den geistlichen Aufruhr, den Ralfs und Bettinas Gemeindeausschluss damals allenthalben ausgelöst hatte. Mehrfach hakte einer der beiden Männer nach, und Ralf gab bereitwillig und detailliert Auskunft. Schließlich nickte Michael. „Ich denke, wir haben jetzt alle wissenswerten Informationen. Wenn ihr beide, wie ihr sagt, in unsere Gemeinde aufgenommen werden möchtet, dann müssen wir in der Gemeindeleitung in den nächsten Tagen das weitere Vorgehen festlegen. Wir könnten uns anschließend am Donnerstag wieder mit euch treffen und alles besprechen."

Donnerstag, 3. September 2015

Mit Freude, dennoch nicht ohne Anspannung erwarteten Ralf und Bettina das Gespräch mit der Gemeindeleitung. Zum festgesetzten Termin wurden sie wohlwollend willkommen geheißen. Bei der netten Begrüßung fiel Bettina ein Stein vom Herzen – die erste Hürde schien schon genommen.

Man kam nach dem gemeinsamen Gebet ohne längere Vorrede gleich zum Kern der Sache. Michael berichtete, dass er sich inzwischen bei Ralfs ursprünglicher Gemeinde erkundigt habe, und dass Thomas alle Punkte bestätigt habe: Nach der Buße und der gewährten Vergebung sei die Gemeindezucht beendet. „Nachdem wir seit Sonntag intensiv dafür gebetet und außerdem ausführlich miteinander beraten haben, sind wir zu folgendem Schluss gekommen: Bevor ihr aufgenommen werden könnt, müsst ihr alle beide vor der Gemeinde Rechenschaft ablegen über alles, was geschehen ist. Ihr solltet am kommenden Sonntag allen Gemeindemitgliedern dazu Rede und Antwort stehen. Seid ihr mit dieser Bedingung einverstanden?" Bettina zitterte zwar bei der Vorstellung, noch einmal ihre Schuld und ihre demütige Umkehr öffentlich darlegen zu müssen, doch sie sah durchaus die Notwendigkeit eines solchen Schrittes. Daher hatten sowohl Ralf als auch Bettina keinerlei Einwände – auch sie selbst legten Wert darauf, dass die Gemeinde von Anfang an Bescheid wissen musste. Auf diese Weise gäbe es keine Geheimniskrämerei, keine Gerüchte und hoffentlich kein Gerede.

Sonntag, 13. September 2015

„Heute fängt für uns fast wieder ein neues Leben an!", strahlte Bettina, als sie sich am Morgen zeitig auf den Weg zur Gemeinde machten. Am Sonntag zuvor hatten sie – wie vereinbart – vor der gesamten Gemeinde alle Fakten knapp, aber deutlich auf den Tisch gelegt. Damit war wohl die allerletzte Hürde genommen, und diese schreckliche Geschichte sollte nun endlich zum Abschluss kommen können. Die Gemeindemitglieder hatten eine Woche Bedenkzeit bekommen, doch offenbar hatte niemand ernsthafte Bedenken geäußert; dementsprechend stand der Aufnahme in die neue Gemeinde nichts im Weg.

Dieser Sonntag war ein überwältigend glücklicher Tag für Ralf und Bettina. Bereits an der Eingangstür wurden sie von vielen Gottesdienstbesuchern herzlich begrüßt; eine Familie mit mehreren Kindern lud sie sogar kurzerhand zum Mittagessen ein. Sie gehörten nun wieder einer Gemeinschaft von wiedergeborenen Christen an; der selbstverschuldete Albtraum von Schuld und geistlicher Heimatlosigkeit war endgültig vorbei. Sie konnten in der neuen Gemeinde ganz neu anfangen; gerne wollten sie auch nach ihren Möglichkeiten mitarbeiten. Ralf hatte in diesem Zusammenhang allerdings klargestellt, dass für ihn bis auf Weiteres nur praktische und keine geistlichen Dienste in Frage kamen. Er fühlte sich noch nicht bereit, sich wieder unbefangen wie früher an Predigt und Lehre und an der Verantwortung für eine Gemeinde zu beteiligen.

Der unbestreitbare Höhepunkt des Tages war für Ralf und Bettina gleichermaßen die Teilnahme am Abendmahl gemeinsam mit den Glaubensgeschwistern. Die Bibelstellen, die während der Mahlfeier gelesen wurden, gingen ihnen heute mehr als je zuvor unter die Haut. Die alten Worte bewegten sie noch einmal ganz neu; die altbekannten Verse – wenn auch zum Teil in neuer Übersetzung – wirkten kraftvoll und absolut nicht abgenutzt.

Du bist würdig, das Buch zu nehmen und seine Siegel zu öffnen; denn du bist geschlachtet worden und hast durch dein Blut für Gott erkauft aus jedem Stamm und jeder Sprache und jedem Volk und jeder Nation. Würdig ist das Lamm, das geschlachtet worden ist, zu empfangen die Macht und Reichtum und Weisheit und Stärke und Ehre und Herrlichkeit und Lobpreis.[58]

Ja, Gott hat euch zusammen mit Christus lebendig gemacht. Ihr wart nämlich tot – tot aufgrund eurer

---

58 Offenbarung 5,9.12

Verfehlungen und wegen eures unbeschnittenen, sün-
digen Wesens. Doch Gott hat uns alle unsere Verfeh-
lungen vergeben. Den Schuldschein, der auf unseren
Namen ausgestellt war und dessen Inhalt uns anklag-
te, weil wir die Forderungen des Gesetzes nicht erfüllt
hatten, hat er für nicht mehr gültig erklärt. Er hat ihn
ans Kreuz genagelt und damit für immer beseitigt.[59]

Doch er war durchbohrt um unserer Vergehen willen,
zerschlagen um unserer Sünden willen. Die Strafe lag
auf ihm zu unserm Frieden, und durch seine Strie-
men ist uns Heilung geworden.[60]

Mit überschäumender Dankbarkeit nahmen sie Brot und
Wein. Beim Abschlusslied hatte Bettina Tränen in den Au-
gen; der Text drückte ihr eigenes Empfinden und ihre tiefe
Ergriffenheit aus.

Für mich gingst du nach Golgatha,
für mich hast du das Kreuz getragen,
für mich ertrugst du Spott und Hohn,
für mich hast du dich lassen schlagen.
Herr deine Liebe ist so groß,
dass ich sie nie begreifen kann,
doch danken will ich dir dafür.
Herr deine Liebe ist so groß,
dass ich sie nie begreifen kann.
Ich bete dich an.

---

59 Kolosser 2,13-14; NGÜ
60 Jesaja 53,5

Für mich trugst du die Dornenkron',
für mich warst du von Gott verlassen.
Auf dir lag alle Schuld der Welt,
auch meine Schuld; ich kann's nicht fassen.

Herr Jesus Christus, alle Schuld
hast du für immer mir vergeben.
Du hast mich froh und frei gemacht,
du schenkst mir neues, ew'ges Leben.
Herr deine Liebe ist so groß,
dass ich sie nie begreifen kann,
doch danken will ich dir dafür.
Herr deine Liebe ist so groß,
dass ich sie nie begreifen kann.
Ich bete dich an.[61]

Samstag, 3. Oktober 2015

Drei Wochen später fand kurzfristig eine besondere Veranstaltung statt: ein gemeinsames Grillfest der beiden beteiligten Gemeinden. Sylvia hatte das Fest zur Feier der Versöhnung angeregt und mit Frauen aus beiden Gemeinden zusammen organisiert. Sie hatten eine Grillhütte auf einer Waldwiese gemietet; etwas außerhalb, aber günstig gelegen für alle. Zum Glück spielte auch das Wetter mit: Es war zwar kühl, aber trocken. Es sollte ein fröhliches, gemeinsames Fest werden, und viele Familien waren der Einladung gefolgt. Einige hatten Spiele und Wettbewerbe für die Kinder

---

61 Text und Musik: Margret Birkenfeld; Musikverlag Klaus Gerth, Asslar

vorbereitet. Doch auch zahlreiche erwachsene Gemeindemitglieder aus beiden Orten waren gerne gekommen. Ralf
und Bettina standen inmitten von alten und neuen Glaubensgeschwistern. Mancher tat sich allerdings trotz allem
noch schwer damit, die beiden als Ehepaar zu sehen.

Das Fest war schon in vollem Gange, aber Sonja schaute
immer wieder zum Parkplatz hinüber. Ob sie wohl tatsächlich käme? Sie wartete auf Annika. In letzter Zeit hatte sie
sich häufig gefragt, was ihre frühere Freundin wohl machte – wie lange hatte sie Annika vermisst! Sylvia hatte auf
Sonjas Frage im Anschluss an die Versöhnung mit Ralf nur
stichwortartig Auskunft geben können: Von Bettina wusste sie, dass sich Annika anfangs mitschuldig gefühlt hatte,
als ob sie der Freundin den Vater weggenommen habe; seit
etlichen Jahren konzentriere sie sich auf ihre Karriere. Zu
ihrer Mutter habe sie nur noch eine oberflächliche Beziehung. Sonja hatte sich Annikas E-Mail-Adresse besorgt
und ihr kurzerhand eine E-Mail geschrieben.

Sonja schrieb zuerst von dem Wiedersehen und der Versöhnung mit ihrem Vater und schilderte dann offen, wie
es ihr damals ergangen war. Sie berichtete kurz von Joels
großen Schwierigkeiten – vor allem während der Pubertät
mit einigen geistlichen Abstürzen. „Trotzdem", fasste Sonja
zum Schluss zusammen, „bin ich letztlich durch alle diese
schmerzvollen Erfahrungen jetzt näher bei Jesus. Ob es dennoch vielleicht so etwas wie einen verlorenen Segen auch für
uns als Kinder oder für die Gemeinde gibt? Jemand vermu-
tete das neulich, aber ich denke, es ist einfach nicht mehr zu
ergründen. Auf jeden Fall haben in der Vergebung alle Beteiligten ganz persönlich die Realität und die Macht Gottes
erfahren. Für mich sind das überaus wertvolle Erfahrungen:

Leid kann sogar Segen bewirken." Bevor sie die E-Mail abschickte, hatte Sonja noch hinzugefügt: „Können wir uns mal irgendwo treffen?" Annika hatte prompt geantwortet und ein Gespräch am Rande des Grillfestes vorgeschlagen.

Die beiden jungen Frauen standen etwas abseits des Trubels. Sonja und Annika waren einander nicht so fremd geworden, wie sie befürchtet hatten. Erstaunlich schnell fanden sie ihre frühere Vertrautheit wieder. Annika erzählte, dass der Ehebruch ihrer Mutter mit Sonjas Vater eine furchtbare Enttäuschung für sie gewesen sei. „Ich habe die beiden angeklagt, weil sie das Gegenteil von dem getan haben, was sie als richtig definiert haben – das fand ich heuchlerisch. Ich habe Gott angeklagt, weil er es nicht verhindert hat. Eine Zeitlang habe ich verzweifelt gebetet; ich fühlte mich so einsam – und außerdem auf merkwürdige Art schuldig. Es war mir peinlich, euch sozusagen den Vater gestohlen zu haben … Obwohl ich trotzdem keinen Vater bekommen habe; er hat mir eher noch meine Mutter weggenommen. Nach einer Weile habe ich den Rat meiner Schulfreundin beherzigt. Sie meinte: Vergiss es, das war mal ein netter Versuch mit Gott, aber du kannst auch allein klarkommen. Daraufhin habe ich mich mit voller Energie auf meine eigene Entwicklung konzentriert und alles andere erstmal ausgeblendet. Ich wollte nur noch Karriere machen – und das hat ja auch funktioniert. Irgendwann war ich dann auch wieder auf der Suche nach zwischenmenschlichen Beziehungen … Doch ich fand nur flüchtige und häufig wechselnde Männerbekanntschaften. Ich konnte keine Nähe ertragen und kein Vertrauen aufbauen. Nach außen hin bin ich die erfolgreiche Karrierefrau, aber innerlich bin ich immer noch auf der Suche. Diese ganze Sache mit Buße und Versöhnung hat mich, ehrlich gesagt, doch ziemlich neugierig gemacht. Weißt du, Sonja, damals in der Jugendgruppe, da habe ich wirklich einen Anfang mit Gott gemacht – ich wollte mich sogar taufen lassen. Aber in der Zwischenzeit ist mein Glaube irgendwie verschüttet; ich war so lange Zeit störrisch … Aber vielleicht kann ich irgendwann einen neuen Anfang wagen."

„Ja, das kannst du, Annika. Traust du dich?" Sonja wollte ihre Freundin zu einer mutigen Entscheidung herausfordern. Sie überlegte. Eine Einladung zum nächsten Frauenfrühstück? Oder direkt zum Gottesdienst? Vielleicht besser zum Glaubenskurs? Nein, das ist viel zu unpersönlich, dachte Sonja. Ich glaube, wir sollten lieber weiter in Kontakt bleiben und an das Vertrauen der früheren Freundschaft anknüpfen. „Weißt du, ich freue mich so sehr darüber, dass wir wieder miteinander ins Gespräch kommen. Der Austausch mit dir ist mir wichtig. Was hältst du davon?"

Annika war froh darüber, dass ihre freundschaftliche Beziehung zu Sonja auf unkomplizierte Weise wieder aufleben konnte. Seit langem hatte sie sich in einer Unterhaltung nicht mehr so frei gefühlt. Möglicherweise könnte sie sich tatsächlich noch einmal ganz neu orientieren.

Sonja nahm ihre Freundin am Arm. „Komm, Annika, ich möchte gerne, dass du meinen Mann und meine Kinder kennenlernst." Als sie sich gemeinsam auf den Weg zur Spielwiese machten, sah Sonja erstaunt das Auto ihrer Mutter auf den Parkplatz einbiegen. Anscheinend hatte auch Sylvia Heikes Ankunft bemerkt; sofort eilte sie auf Heike zu.

„Es ist gut und richtig, dass du gekommen bist", sagte sie. „Ja", erwiderte Heike. „Anfangs habe ich mich gewehrt, das weißt du ja. Aber ich habe viel gebetet – ich habe mit Gott gerungen, wie Jakob. Ich habe auf der Suche nach Orientierung lange in seinem Wort gelesen. Der Herr hat mir aufs Neue gezeigt, dass Christsein bedeutet, sich an Jesus Christus auszurichten. Schließlich habe ich mich gefragt: *Was würde Jesus in meiner Situation tun?* Ich will sein Verhalten als Kopiervorlage für meine Entscheidungen nehmen. Und dann las ich: ,*Die Liebe lässt sich nicht erbittern, sie rechnet Böses nicht zu. Sie erträgt alles, sie glaubt alles, sie hofft alles, sie erduldet alles.*‘ [62] Wenn ich die Anforderungen des Neuen Testamentes, also ,*Liebe deinen Nächsten*‘ und so weiter, unter dem Gesichtspunkt der Liebe als Gefühl verstehen will, dann bin ich schon am Ende, sobald jemand mir nur unsympathisch ist – von seelischen Verletzungen ganz zu schweigen. Offenbar sind für Gott aber die Taten der Liebe entscheidend, nicht die Gefühle, die ich dabei habe. Meine Gefühle kann ich leider nicht unbedingt steuern, aber meine Taten sind dem Willen unterworfen – was ich tue oder nicht tue, ist eine Frage meiner eigenen Entscheidung. Es gibt sogar Menschen, Christen, die dem Mörder ihres Kindes vergeben und ihm die Hand reichen können. Ausgestattet mit der Kraft Gottes kann ich so etwas auch! Ich denke, wir müssen jetzt nicht unbedingt beste Freunde werden … Aber als Kinder unseres liebenden Vaters sollten wir ohne Verbitterung am selben Ort sein können. Es tut weh, ich fühle mich unfähig dazu, aber ich klammere mich an Verheißung meines Herrn: Meine Kraft ist in den Schwachen mächtig. [63] Trotzdem kommt mir vorerst jeder Schritt vor,

---

62 1. Korinther 13,5.7
63 2. Korinther 12,9; LUT

als ob ich auf ein scharfes Messer treten müsste. Dennoch: Ich bin sicher und geborgen in den Armen meines Herrn; er gibt mir den Mut und die Kraft." Sylvia legte Heike die Hand auf die Schulter. „Deine Entscheidung ist richtig", bekräftigte sie noch einmal. „Ich bleibe an deiner Seite. Hier und jetzt kannst du ein Zeichen setzen – ein Zeichen der Versöhnung in der Liebe Gottes."

Ein Raunen ging durch die Leute, die in der Nähe standen. Heike ging auf ihren Mann und seine neue Ehefrau zu und streckte ihnen die Hand entgegen.

Ein schaler Nachgeschmack

Wenn eure Sünden rot wie Karmesin sind, wie Schnee sollen sie weiß werden. Wenn sie rot sind wie Purpur, wie Wolle sollen sie werden.

(Jesaja 1,18)

Vergebung und Versöhnung sind etwas Wunderbares, das steht ganz außer Zweifel; es sind tief greifende und beglückende Erfahrungen im Leben eines Menschen und im Lebensgefühl einer Gemeinschaft. Ein intensives und nachhaltiges Hochgefühl lässt dann manchmal die Schrecknisse der Sünde verblassen, die die wohltuende Gnade Gottes frech herausgefordert hat.

Das Wort Gottes lässt uns nicht in Unklarheit darüber, wie der allmächtige und gerechte Gott die menschliche Sünde bewertet. In den Augen unseres Herrn ist jede Form von Sünde zunächst eine *Zielverfehlung,* denn der Mensch weicht eigenwillig von dem guten Weg Gottes ab, den Gott in der Bibel jedem seiner Kinder vorgibt. Wer den falschen Weg wählt, kann das vorgegebene Ziel nicht erreichen.

Des Weiteren beweist jede Sünde die eigenmächtige *Auflehnung* des Menschen gegen den Willen Gottes, gegen seine uneingeschränkte Souveränität und Majestät – Sünde ist Majestätsbeleidigung!

Schließlich verdeutlicht jede einzelne Sünde die unermessliche *Schuld* des Menschen vor Gott; denn der Sünder setzt leichtfertig seine Beziehung zu Gott aufs Spiel.

Doch wie leicht gewöhnt man sich sogar als Christ an die Sünde. Es gibt ja für uns immer einen Weg zurück … *Vergebung steht uns doch zu, oder?* Nein, niemand hat ein Anrecht auf die unverdiente Gnade der Vergebung!

Und Sünde als Mittel zur Verherrlichung der göttlichen Gnade: *je größer die Schuld, desto größer die Gnade?* Die altbekannte Milchmädchenrechnung geht im Computerzeitalter ebenso wenig auf wie zur Römerzeit. Schon Paulus kannte diese schräge Argumentation: mehr Sünde – größere Gnade … Im Römerbrief nimmt er dazu Stellung:

> *Was sollen wir nun sagen? Sollten wir in der Sünde*
> *verharren, damit die Gnade zunehme? Auf keinen*
> *Fall! Wir, die wir der Sünde gestorben sind, wie wer-*
> *den wir noch in ihr leben?*
> *(Römer 6,1-2)*

Unter welchem Blickwinkel man es auch betrachten mag: Sünde ist niemals und unter keinen Umständen zu rechtfertigen – auch wenn die Vergebung eine frohmachende Erfahrung ist. Unweigerlich bleibt ein schaler Nachgeschmack.

❧ Eine untragbare Last

Das Gerichtsurteil Gottes zur menschlichen Natur ist schonungslos realistisch. Paulus listet als Beleg in seinem Brief an die Christen in Rom einige göttliche Beurteilungen aus dem Alten Testament auf:

> *„Da ist kein Gerechter, auch nicht einer; da ist keiner, der verständig ist; da ist keiner, der Gott sucht. Alle sind abgewichen, sie sind allesamt untauglich geworden; da ist keiner, der Gutes tut, da ist auch nicht einer."* – *„Ihr Schlund ist ein offenes Grab; mit ihren Zungen handelten sie trügerisch."* – *„Viperngift ist unter ihren Lippen."* – *„Ihr Mund ist voll Fluchens und Bitterkeit."* – *„Ihre Füße sind schnell, Blut zu vergießen; Verwüstung und Elend ist auf ihren Wegen, und den Weg des Friedens haben sie nicht erkannt."* – *„Es ist keine Furcht Gottes vor ihren Augen."*
> ***(Römer 3,10-18)***

Ich versuche, mir die Last meiner eigenen Sünden einmal bildlich vorzustellen. Selbst wenn ich so vollkommen und heilig leben könnte, dass ich nur einmal pro Woche einen einzigen kleinen gehässigen Gedanken hätte, wäre der Berg meiner Sünden mittlerweile auf 55 (Lebensjahre) x 52 (Kalenderwochen), also insgesamt 2860 einzelne Bösartigkeiten angewachsen! Die wenigsten Sünden muss man übrigens „öffentlich" begehen. Meine bitteren Gefühle anderen Menschen gegenüber – Sünden, die ich Jesus bekennen muss. Meine unbedachten Worte, unnötig und verletzend – sie beleidigen auch Gott.

Angenommen, jede einzelne Sünde hätte bloß ein Gewicht von 100 g, so viel wie eine Tafel Schokolade. Das ist nicht schwer: Sogar ein Kleinkind kann diese kleine Menge tragen. Nach zehn Wochen hätte sich die Last auf ein Kilo summiert, das entspricht dem Gewicht einer Milchtüte. Das hebt man doch „mit links", nicht wahr? Innerhalb eines Jahres erreicht man insgesamt etwas über fünf Kilo – so viel wiegen zwei Beutel Kartoffeln. Selbst nach zwei Jahren könnte man die angehäufte Last noch locker bewältigen: Ein gefüllter Putzeimer kommt auf das gleiche Gewicht. Haben sich die Sünden dann aber zehn Jahre lang unbehandelt – unvergeben – angesammelt, sind schon 52 Kilo zu tragen; das ist selbst für einen ausgewachsenen Mann keine Kleinigkeit. Inzwischen hätte ich persönlich nach dieser Rechnung eine Sündenlast von 286 Kilo aufgehäuft! (Zum Vergleich: Der russische Gewichtheber Leonid Taranenko, Rekordhalter im Superschwergewicht, stemmt „nur" 266 Kilo.)

Welch eine Gnade Gottes, die diesen riesigen Sündenberg vergibt und vergisst, weil Jesus Christus die Strafe Gottes für mich am Kreuz übernommen hat!

Christus hat ja für euch gelitten (…) er, der unsere Sünden an seinem eigenen Leib ans Kreuz hinaufgetragen hat, sodass wir jetzt den Sünden gegenüber gestorben sind und für das leben können, was vor Gott richtig ist.
(1. Petrus 2,21b.24; NGÜ)

Jesus hat tatsächlich *unsere Sünden an seinem eigenen Leib ans Kreuz hinaufgetragen*. Nicht „nur" meine (symbolischen) 286 Kilo – sondern die gesamte Sündenlast von Milliarden von Menschen, vom Sündenfall bis zum Ende der

Erde. Ich danke Gott, dass ich täglich aufs Neue Vergebung empfangen darf. Allerdings: Ich bin ja nicht dazu *verpflichtet*, jeden Tag zu sündigen. Auch nicht in Gedanken.

So herrsche nun nicht die Sünde in eurem sterblichen Leib, dass er seinen Begierden gehorche; stellt auch nicht eure Glieder der Sünde zur Verfügung als Werkzeuge der Ungerechtigkeit, sondern stellt euch selbst Gott zur Verfügung als Lebende aus den Toten und eure Glieder Gott zu Werkzeugen der Gerechtigkeit!
(Römer 6,12-13)

∾ Was hat es Jesus gekostet?

Ein anderes Bild drängt sich auf, das meinen Sündenberg in Beziehung setzt zu dem, der die Last meiner Sünde ans Kreuz getragen hat:

Bewegungsunfähig liegt er auf dem Boden, blutüberströmt. Rasende Schmerzen lassen jedes unwillkürliche Zucken eines Muskels zur Tortur werden. Sengende Hitze durchflutet den gefolterten Körper. Jeder Atemzug ist eine Qual. Spottende Rufe, Schreie des Entsetzens überall: Sie sind da.

Sie nehmen die Handgelenke und schlagen grobe Nägel hinein. Dann die Fußgelenke. Die Schmerzen sind unerträglich, entziehen sich jeder Beschreibung. Sie reißen ihm die Kleider vom Leib. Unter Gejohle richten sie den rohen Holzbalken senkrecht auf.

Wie ein Stück Fleisch. Er wird erniedrigt, gedemütigt, seine Würde wird mit Füßen getreten.

Und Jesus hat Mitleid mit seinen Henkern. Er betet für die, die ihn quälen. Nur ein Wort, ein Gedanke von ihm, und die Qual hätte ein Ende. Er lässt alles mit sich geschehen, als ob er wirklich hilflos wäre. Sie zerstören gedankenlos einen menschlichen Körper, den ER erdenken und erschaffen kann. Sie können nur atmen, weil ER sie erhält. Selbst die Erde, auf der das Kreuz steht – durch sein Wort war sie einst entstanden.

In seinem Denken ist kein Platz für Selbstmitleid. Jesus hat eine andere Perspektive. Er hat die Menschen im Blick, die er ins Dasein gerufen hat.

Er hat Misshandlungen, Folter und Tod freiwillig auf sich genommen – aus Liebe. Er hat die Schuld meines ganzen Lebens freiwillig mit seinem Tod bezahlt – aus Liebe. *„Er wurde um unserer Übertretungen willen durchbohrt, wegen unserer Missetaten zerschlagen; die Strafe lag auf ihm, damit wir Frieden hätten, und durch seine Wunden sind wir geheilt worden"* (Jesaja 53,5).

Nach den grausamen Qualen und der Finsternis des Todes schließlich die Auferstehung, die Vollendung einer einzigartigen Rettungsaktion.[64]

---

64 Aus: Irmgard Grunwald, *Gott schenkt mir eine Rose*, Christliche Verlagsgesellschaft mbH, Dillenburg, 2011.

～ Die Last des Kreuzes

Die Last des Kreuzes war die Last meiner Sünde
Nicht das Gewicht des Baumstamms,
den er tragen musste
Meine Schuld und meine Schande
trug Jesus an meiner Stelle
Auf dem Weg nach Golgatha,
unter der Last des Kreuzes.[65]

Kein (von Natur aus sündiger) Mensch kann jemals ein Opfer darbringen, das auch nur eine einzige Sünde sühnen könnte – das konnte einzig und allein der heilige und absolut sündlose Sohn Gottes, unser Herr Jesus Christus. Stellvertretend für meine Schuld ist ER am Kreuz gestorben, damit Gott mir vergeben kann – welch ein Opfer! Ich hätte die Strafe verdient, doch er hat sie getragen.

Zwar konnte und kann ich nichts zu meiner Erlösung beitragen, doch ich will ihm danken, ihn immer und überall loben und preisen und mein Leben völlig auf IHN ausrichten.

---

65 Übersetzt nach: „The weight of the cross" von der CD „Christ Only, Always", Galkin Evangelistic Team, 2008.

Aus Psalm 32

Glücklich der, dem Übertretung vergeben,
dem Sünde zugedeckt ist!
Glücklich der Mensch,
dem der HERR die Schuld nicht zurechnet
und in dessen Geist kein Trug ist!

Als ich schwieg, zerfielen meine Gebeine
durch mein Gestöhn den ganzen Tag.
Denn Tag und Nacht lastete auf mir deine Hand;
verwandelt wurde mein Saft in Sommergluten.

So tat ich dir kund meine Sünde
und deckte meine Schuld nicht zu.
Ich sagte: Ich will dem HERRN
meine Übertretungen bekennen;
und du, du hast vergeben die Schuld meiner Sünde.

Irmgard Grunwald

Gottes Gnadenkette
Entdeckungen im Alltag

Es ist immer wieder erstaunlich zu sehen, wie Gott die Dinge führt. Wie man, oft erst im Nachhinein, sein Wirken in
Ereignissen erkennen kann, die wunderbar einandergreifen
wie die Glieder einer Kette. Davon berichtet Irmgard Grunwald in diesem Buch. Davon und von vielen weiteren Entdeckungen, die sie in ihrem Alltag macht. Die Geschichten,
die sie erzählt, sind mal zum Schmunzeln, mal nachdenklich stimmend, aber immer kurzweilig und tiefgehend.

Gebunden, 144 Seiten
Best.-Nr.: 271 147
ISBN 978-3-86353-147-8

Irmgard Grunwald

Gott schenkt mir eine Rose

Kann es in einem Leben, das von Krankheit gezeichnet ist,
Freude und Dankbarkeit geben? Die Autorin, seit 15 Jahren
an ALS erkrankt und vollständig gelähmt, erzählt von ihren
täglichen Erfahrungen mit Gottes Fürsorge und zeigt: Aus
Dankbarkeit erwächst Lebensqualität.

Gebunden, 128 Seiten
Best.-Nr.: 273 885
ISBN 978-3-89436-885-2

Irmgard Grunwald

Bei Gott ist mein Zuhause

Glaubens- und Lebensweisheiten
auf den Punkt gebracht

Neue Berichte von alltäglichen Erfahrungen der Autorin
mit Gott. Dabei sind es oft ganz kleine Begebenheiten, die
ihr die Augen für seine Fürsorge und Liebe öffnen.

Gebunden, 128 Seiten
Best.-Nr.: 271 001
ISBN 978-3-86353-001-3

Irmgard Grunwald

Auf der Suche nach dem Sinn im Leid

„Warum lässt Gott das zu?" Diese Frage ist so alt wie die Menschheit und drängt sich immer auf, wenn wir oder andere von Krankheit, Tod oder Nöten getroffen werden. Auf der Suche nach Antworten richtet die Autorin den Blick auf die Bibel und findet eine erstaunliche Perspektive.

Taschenbuch, 192 Seiten
Best.-Nr.: 271 127
ISBN 978-3-86353-127-0

Irmgard Grunwald

Gottes Gnadenkette

Es ist immer wieder erstaunlich zu sehen, wie Gott die Dinge führt. Wie man, oft erst im Nachhinein, sein Wirken in Ereignissen erkennen kann, die wunderbar ineinandergreifen wie die Glieder einer Kette. Davon und von vielen weiteren Entdeckungen, die sie in ihrem Alltag gemacht hat, handelt dieses Hörbuch mit den vertonten Geschichten von Irmgard Grunwald. Die Geschichten sind mal zum Schmunzeln, mal nachdenklich stimmend, aber immer kurzweilig und tiefgehend.

Hörbuch, Jewelcase
186 min Spielzeit
Best.-Nr. 271 405
ISBN 978-3-86353-405-9

Jacob Thiessen

Schöpfung und Menschenwürde

Grundlegende exegetische Ansätze zu Ehe und
Homosexualität

Immer wieder gibt es Diskussionen und Auseinandersetzungen über Ehe, Scheidung und Wiederheirat aus biblischer Sicht sowie über die Haltung der Bibel zur Homosexualität. Der Autor zeigt, dass nur eine sorgfältige Exegese der biblischen Schlüsseltexte zu verlässlichen und verantwortbaren Antworten führen kann. Dieses Buch bietet Rüstzeug zur Klärung wichtiger ethischer Fragen und Handlungsempfehlungen in der Gemeinde sowie im persönlichen Leben.

Taschenbuch, 96 Seiten
Best.-Nr. 271 416
ISBN 978-3-86353-416-5